GW01229197

**Je sais faire
la pâtisserie**

OUVRAGES DE GINETTE MATHIOT
AUX ÉDITIONS ALBIN MICHEL

Je sais cuisiner
Plats exquis, Recettes simples, Conseils rationels
PRÈS DE 2 000 RECETTES
Édition courante et édition de luxe illustrée
(TRADUIT EN AMÉRICAIN, ESPAGNOL, RUSSE, YOUGOSLAVE, JAPONAIS)

Je sais faire les conserves
Conserves, Plats cuisinés, Charcuterie
600 RECETTES
(TRADUIT EN ESPAGNOL)

Je sais cuisiner en vacances
Camping, Caravaning, Yachting
(EN COLLABORATION AVEC SACHA NELIDOW)
(Épuisé)

Cuisine étrangère et exotique
Je sais cuisiner autour du monde
PLUS DE 600 RECETTES DU MONDE ENTIER
(TRADUIT EN SUÉDOIS)
(Épuisé)

À table avec Édouard de Pomiane

365 plats du jour
et l'art d'accommoder leurs restes
(Épuisé)

La cuisine à l'école et à la maison
(Épuisé)

Pain, cuisine et gourmandises
(EN COLLABORATION AVEC LIONEL POILÂNE)
(Épuisé)

GINETTE MATHIOT

Je sais faire
LA PÂTISSERIE

NOUVELLE ÉDITION

**Plus de 900 Recettes
de gâteaux, d'entremets, de confiserie**

ALBIN MICHEL

Précédentes éditions :
© Albin Michel S.A., 1938, 1966 et 1991
Nouvelle édition : © Albin Michel S.A., 2003
22, rue Huyghens, 75014 Paris
www.albin-michel.fr

Tous droits réservés.

ISBN 2-226-14276-2

Sommaire

Consulter la table alphabétique à la fin du volume

	Pages
AVANT-PROPOS	7

L'art de recevoir ... 9

- Diverses réceptions ... 9
- – Le goûter ... 10
- – Le thé ... 11
- – L'apéritif ... 12
- – Le cocktail ... 13
- – Composition d'un buffet ... 14
- – Contenance de divers récipients ... 15

Généralités sur la pâtisserie 15

- Explication des termes principaux employés en pâtisserie ... 15
- Ustensiles nécessaires pour faire de la pâtisserie ... 18
- Matières premières utilisées 23
- Les diverses sortes de pâtes 28
- La cuisson ... 34
- Préparations complémentaires ... 39
- Cuisson du sucre ... 49

LES RECETTES DE PÂTISSERIE

Les gâteaux secs ... 54

- Les sablés ... 71
- Les gâteaux salés ... 77

Les biscuits ... 80

- Les gâteaux au chocolat ... 93
- Les cakes ... 99
- Les brioches ... 100
- Les babas ... 105
- Les gaufres ... 109
- Le pain d'épice ... 110

La pâte à choux ... 115

Les tartes ... 122

- Pâtisserie à base de pâte feuilletée ... 133

Les petits fours ... 138

- Fours secs ... 138
- Pâtes variées ... 144
- Fours glacés ... 149

Les sandwiches ... 153

Les entremets ... 166

- Les crèmes et les flans ... 167
- Les mousses et les soufflés 183
- Les puddings ... 193
- Les fritures sucrées ... 211
- Les entremets aux fruits ... 233
- Les fromages sucrés ... 292

Les glaces et les sorbets ... 295

- Les glaces ... 295
- Les sorbets ... 305

	Pages		Pages
Les boissons	309	Les truffes et les bonbons au chocolat	338
Les jus de fruits	309	Les bonbons aux fruits	340
Les sirops	314		
Les boissons alcoolisées	317	**Post-scriptum**	348
Les boissons chaudes	319	Les coulis	349
		Les sorbets	350
La confiserie de ménage	323	Le granité	353
Les bonbons au sucre	326	Les desserts aux fruits	354
Les pastilles	330	Les entremets	358
Les fondants	331	Les gâteaux	359
Les fruits déguisés	332		
Les caramels	334	**TABLE ALPHABÉTIQUE DES RECETTES**	361

AVANT-PROPOS

Toute personne qui aime faire un peu de cuisine a aussi le désir de faire de la pâtisserie. Trop souvent, les livres que l'on consulte sont décevants, car les recettes sont compliquées et coûteuses. Au contraire, Je sais faire la pâtisserie, qui a été vendu, à ce jour, à un million d'exemplaires, est le livre qui rend de réels services.

Contrairement à ce que l'on a cru et pensé pendant longtemps, la pâtisserie et les entremets ne doivent pas être considérés, dans un foyer, comme un luxe. Composés de farine, sucre, matière grasse et œufs, ils ont une valeur alimentaire certaine. On sait, en effet, qu'en faisant soi-même un entremets ou un gâteau destiné à remplacer un plat coûteux, on a augmenté la valeur alimentaire du repas et diminué son prix de revient.

Que dire, enfin, de la satisfaction réelle de celui ou celle qui a préparé et décoré un dessert ou inventé, quelquefois, un entremets ?

Encouragée par le succès de Je sais cuisiner, nous avons voulu répondre à la demande de nombreux utilisateurs qui désiraient des recettes simples de gâteaux et d'entremets.

Il ne s'agit pas ici d'un guide pour professionnels, mais d'un ouvrage fait pour tous ceux qui désirent réaliser, avec le minimum de matériel et de produits courants (de bonne qualité) des desserts sains et savoureux.

Nous n'avons fait figurer, comme plats régionaux ou étrangers, que ceux qui appartiennent actuellement à la cuisine courante. En effet, certaines recettes locales ne peuvent être réussies et appréciées que par les habitants du pays même ; et sans habitude, la ménagère inexpérimentée s'exposerait fatalement à un insuccès.

Toutes les explications sont données dans des termes simples. Les proportions et les temps de cuisson sont indiqués avec précision.

Grâce à cet ouvrage, nous espérons rendre service aux maîtresses de maison, faire plaisir aux vrais amateurs et convaincre les moins gourmands.

Ginette Mathiot

On nous a signalé, parfois, qu'il conviendrait de préciser le nombre de gâteaux obtenus selon les recettes.
Si les proportions indiquées au cours de cet ouvrage conviennent approximativement pour 6 personnes, il est presque impossible de donner davantage de précisions, sous peine d'imposer toujours les dimensions et formes des moules, emporte-pièce, etc.
Ce qui compliquerait beaucoup trop le travail entrepris et risquerait aussi de gâcher le plaisir de celui ou de celle qui a décidé de faire de la pâtisserie.
Pour des raisons techniques, et on le comprendra, il est presque impossible de remplacer le sucre dont on se méfie, à tort, par des sucres de remplacement (appelés faux sucres) afin d'obtenir des gâteaux « allégés ». Par sagesse, il vaut mieux se priver de pâtisseries !

Avertissement de l'éditeur

La réglementation en matière d'hygiène et de consommation a bien sûr évolué depuis la première édition de cet ouvrage. L'éditeur tient à remercier Monsieur Michel Maincent, professeur technique et responsable de production à l'École hôtelière de Paris Jean Drouant, qui a bien voulu relire cet ouvrage et y apporter les corrections nécessaires au respect de la réglementation en vigueur.

Néanmoins, l'éditeur a tenu à conserver intactes certaines techniques « à l'ancienne » de Ginette Mathiot, véritable témoignage d'une cuisine certes d'un autre temps, mais que chacun appréciera à sa juste valeur.

L'art de recevoir

Il y a un réel plaisir à recevoir ses amis et à leur offrir mille choses exquises faites à la maison. Il n'est guère nécessaire d'avoir recours au pâtissier, au glacier ou au traiteur. Mais il faut, en dehors des connaissances culinaires, quelque méthode afin de tout prévoir, tout organiser.

Les préparatifs devront se faire dans le calme : tout se fera plus vite et les invités seront mieux accueillis.

Diverses réceptions

Goûter, thé, apéritifs, cocktails, anniversaires, soirées.
Ces réceptions ont naturellement des degrés d'intimité ou de solennité très variés. Chacune d'entre elles demande des préparations particulières. On n'offre pas à un thé les mêmes gâteaux et les mêmes rafraîchissements qu'à une soirée.
La perfection de la réception dépendra :
– de la composition du buffet,
– de sa présentation et du décor,
– du service qui doit être parfait.

Le goûter est la forme la plus simple de la réception. En général, il est destiné à réunir quelques amis autour d'une tasse de thé qui est naturellement accompagnée de pâtisseries. Le goûter se prend en général assis autour d'une table. Celle-ci est recouverte d'une nappe. Le linge à thé, pour la famille ou la très grande intimité, est de toile de couleur ou décorée. Chaque convive dispose d'une petite serviette, de même toile, carrée, triangulaire ou rectangulaire. Il est difficile, du reste, de conseiller du linge de table d'un style particulier. La mode varie quelquefois d'une saison à l'autre. Au centre de la table, on met sur un plateau le service à thé : théière, passoire, sucrier, petit pot de lait, pot d'eau chaude (des pots en verre isolant munis d'un bouchon sont très élégants et fort pratiques), l'assiette garnie de tranches de citron.

La théière peut être en métal, en porcelaine ou en terre. Les vrais amateurs estiment davantage le thé infusé dans une théière de terre. On peut servir, suivant les goûts des convives, du thé de Ceylan ou du thé de Chine. De toute façon, il doit être très chaud et suffisamment parfumé, c'est-à-dire bien infusé[1].

Pour accompagner le thé, il est bon d'offrir du lait cru et du lait bouilli ou de la crème fraîche.

Si la maîtresse de maison connaît parfaitement les habitudes de ses invités, elle peut leur offrir seulement du chocolat, du café ou des boissons rafraîchissantes. Cependant, une sage précaution est de prévoir toujours du thé, quelle que soit la boisson choisie.

Si le goûter est pris à table, on dispose régulièrement sur la nappe, aux places prévues, l'assiette, de petite taille, destinée à recevoir les pâtisseries. Sur celle-ci, on place la petite serviette et on met alors la soucoupe et la tasse.

L'anse de la tasse doit être placée à droite et, du même côté, sur la soucoupe, la petite cuillère.

Sur la nappe, ou sur l'assiette à pâtisserie, on place une petite fourchette à gâteaux. Celle-ci, à trois dents, a une face tranchante. Elle tient lieu à la fois de fourchette et de couteau et est particulièrement pratique dans ces circonstances.

Pour un goûter, on peut accompagner la boisson :

---

1. Voir formule 832.

– de toasts grillés et beurrés,
– de pain bis beurré,
– de pain d'épice beurré,
– de galettes au fromage,
– de petits gâteaux secs,
– de tartes ou tartelettes,
– de petits fours frais,
– d'amandines,
– de brownies,
– de cookies,
– de cakes,
– de madeleines ou de quatre-quarts.

Une autre façon d'offrir un goûter est d'apporter boissons et pâtisseries, ainsi que la vaisselle, sur une table roulante.

On dispose alors, à côté de chaque invité, une petite table. Puis, sur chaque petite table, la tasse à thé, l'assiette à gâteaux et la petite serviette, la cuillère et la fourchette.

Le service est plus compliqué à faire car on est obligé de circuler pour offrir le thé. En revanche, les invités font circuler eux-mêmes les plats. Cette façon de servir rafraîchissements et pâtisseries est utilisée quelquefois pour le thé-bridge. Cependant, nous déconseillons ce procédé : la partie de bridge se poursuit tout en mangeant. Ce n'est ni pratique pour les joueurs ni facile pour le service. Dans ce cas, il vaut mieux convier les invités à s'approcher du buffet dressé dans une pièce où ne se trouvera aucune table de jeu.

Le thé. Lorsque les invités atteignent ou dépassent le nombre de douze, on ne peut plus compter sur une atmosphère d'intimité. La conversation n'est plus générale. Les convives se groupent suivant leurs affinités, et ils peuvent se restaurer à un buffet disposé dans la salle à manger, sur une grande table.

Celle-ci est recouverte d'abord d'un molleton, puis d'une nappe blanche unie ou brodée, et garnie de dentelle. Dans ce dernier cas, mettre sous la nappe, un fond de couleur pâle : or, vert pâle, rose. Le joli travail de broderie prend alors plus d'importance.

Mettre au centre de la table une jardinière basse, remplie de mousse, dans laquelle on pique des fleurs de saison.

Sur le devant, et placées l'une à côté de l'autre, disposer les assiettes, les tasses et leur soucoupe, et mettre une serviette par assiette.

Pour les autres rafraîchissements, prévoir dans un coin de la table, en retrait, mais à portée de la main de la personne préposée au service, des verres de différentes tailles suivant les boissons offertes.

Dans un thé de ce genre, on offre comme boissons, outre le thé :
– des jus de fruits (orange, pamplemousse),
– du café chaud ou glacé selon la saison.

À la demande de l'invité, le serveur verse du jus de fruits dans un verre de grande taille et offre ce verre posé sur une assiette ou un petit plat de métal. L'invité prend le verre à la main.

Le café glacé se sert en tasse, accompagné d'une petite cuillère.

Les jus de fruits se servent dans des verres de grande taille remplis à moitié.

Le buffet se compose de plats de sandwiches, de pâtisseries (un ou deux gros gâteaux), de petits fours.

Il faut éviter de préparer des gâteaux difficiles à manger : accompagnés de crèmes ou de sauces, ou trop croquants et qui se cassent avec peine.

L'apéritif. Il est offert en général de 18 h à 20 h. On propose du vin sucré (porto, banyuls, malaga, frontignan) mais également des préparations à base d'alcool (anis, gentiane, américano) des eaux-de-vie et des liqueurs (whisky, vodka), des cocktails mais aussi des jus de fruits variés et quelquefois du champagne.

Les vins sucrés doivent être frais.

Les jus de fruits seront, eux, très frais.

Le champagne doit être frappé.

On a pris l'habitude d'accompagner ces boissons et apéritifs de friandises salées. Il faudra donc disposer sur la table, avec art, c'est-à-dire en se souciant des couleurs et des formes :
– des olives,
– des bâtonnets salés,
– des amandes salées,
– des pommes de terre chips,
– des galettes au fromage,
– des baguettes salées,

– des sandwiches et canapés variés : au fromage, à la viande, au poisson.
Ne pas oublier, cependant, quelques friandises sucrées. Il faut toujours songer que, parmi les invités, il peut y en avoir quelques-uns qui n'aiment pas les fantaisies salées.
On pourra donc préparer des petits fours frais et secs, une assiette de tartelettes aux fruits, de gâteaux aux noisettes, à la noix, aux amandes, des tuiles, des langues de chat.

Le cocktail. Il s'organise en général en l'honneur d'un événement (baptême, première communion, fiançailles). On n'invite pas moins de cinquante personnes : il faut prévoir, naturellement, des boissons plus variées et des pâtisseries et petits fours nombreux.

Comme boissons et rafraîchissements :
– Jus de fruits variés ;
– Thé, café, chocolat chaud éventuellement ;
– Punch, whisky, champagne ;
– Sorbet aux fruits, fruits rafraîchis au champagne (servis en coupe).

Comme garniture de buffet :
Sandwiches (une dizaine de variétés) et canapés froids.
Tartelettes diverses.
Pâtisseries salées chaudes (miniquiches, pizzas, bouchées).
Gâteaux secs (palmiers, tuiles).
Petits fours frais et secs[2].
Éventuellement, en fonction de l'événement, un gros gâteau (moka ou baba, cake ou pain de Gênes), décoré et paré de la plus jolie façon ; les tranches, de petite taille, doivent être coupées d'avance.
Dans certaines soirées dansantes, les convives restent longtemps ; il faut donc prévoir un buffet mieux garni, permettant d'offrir aux invités quelques plats substantiels pour remplacer le dîner.
Le *buffet dînatoire* peut se prendre debout, devant le buffet garni de préparations qui seront énumérées plus loin, ou par petites tables. Cette dernière façon de recevoir est fort agréable, mais nécessite du personnel et est certainement beaucoup plus coûteuse.

2. Voir Les petits fours, p. 138.

14 *Je sais faire la pâtisserie*

Composition d'un buffet pour soirée. De 22 h à minuit, le buffet doit être garni comme pour un cocktail (voir p. 13).

À partir de minuit, des plats plus substantiels doivent être apportés : consommé froid, jambon en gelée, filet de bœuf, galantine, salade de légumes à la mayonnaise.

Pour accompagner ces plats, des petits pains. Comme boisson, du champagne ou des vins rouges ou blancs de qualité.

Après le souper, on doit songer encore à rafraîchir ses convives. On peut le faire alors en passant des plateaux qui portent des verres remplis de jus de fruits ; des coupes de champagne ou des coupes remplies de glace ou de fruits rafraîchis.

Quantités approximatives de boissons pour 50 personnes :
3 litres de jus d'orange
3 litres de jus de pamplemousse
2 litres de jus d'ananas
2 litres de café glacé
6 bouteilles de champagne
2 litres de punch
50 petites glaces aux fruits
1 litre de chocolat
Thé, punch peuvent se faire au fur et à mesure

Quantités approximatives de pâtisseries :
300 canapés assortis (6 par convive)
250 g de palmiers
250 g de tuiles
1 moka
1 baba
200 pièces de petits fours variés (tartelettes aux fruits, choux, chocolats, mousses de fruits)

Contenance approximative de divers récipients :

	CUILLÈRE RASE	
	Café	Soupe
Eau	5 g	18 g
Sirop	6 g	20 g
Sucre en poudre	4 g	15 g
Farine	3 g	10 g

1 grand verre à eau	25 cl
1 verre à vin fin	10 ou 15 cl
1 verre ordinaire	10 cl
1 verre à madère	6 cl
6 cuillerées d'eau	10 cl
1 verre à liqueur	2,5 cl
1 grand bol	50 cl

1 litre ordinaire (8 à 10 verres d'eau)
1 bouteille de bordeaux (6 à 7 verres à bordeaux)
1 bouteille de champagne (6 à 7 coupes)
1 bouteille de porto (8 à 10 verres à porto)
1 bouteille de Badoit (5 verres à eau)
1 bouteille de liqueur (35 à 40 verres à liqueur)

Généralités sur la pâtisserie

Explication des principaux termes de pâtisserie

Abaisse. Morceau de pâte amincie par le rouleau.

Appareil. L'ensemble de la préparation (mélange d'ingrédients).

Bain-marie. L'eau bouillante dans laquelle on met le récipient contenant une préparation à cuire ou à chauffer.

Battre. Agiter la préparation avec un fouet, une fourchette ou une cuillère à pâte (spatule).

Beurrer. Étendre sur les plaques ou tourtières, à l'aide d'un pinceau, du beurre fondu.

Blanchir. Mélanger intimement du sucre avec des jaunes d'œufs (crème anglaise, pâtissière...).

Canapé. Tranche de pain de mie parfois toastée recouverte de garnitures diverses (beurre de crevette, saumon, magret fumé...).

Caraméliser. Enduire un moule de caramel. (Voir cuisson du sucre, p. 49).

Généralités sur la pâtisserie

Chemiser. Appliquer, contre la paroi intérieure d'un moule beurré, une feuille de papier sulfurisé et graissé, des biscuits, des lamelles de fruits...

Concasser. Piler grossièrement.

Couverture. Chocolat professionnel, riche en cacao, contenant peu de sucre, qui, fondu au bain-marie avec un peu d'eau, est destiné à recouvrir des bonbons et certains gâteaux.

Détrempe. Pâte composée de farine, de sel et d'eau.

Dorer. Enduire à l'aide d'un pinceau le dessus d'une pâtisserie : soit avec du lait, soit avec de l'œuf entier battu en omelette, soit avec du jaune mélangé à un peu d'eau.

Émincer. Couper en tranches minces (amandes, fruits).

Fariner. Saupoudrer de farine une plaque ou un moule beurré, et taper ensuite pour faire tomber la farine qui n'a pas adhéré au beurre (chemiser).

Foncer. Garnir l'intérieur d'un moule ou d'une tourtière avec de la pâte brisée, sucrée ou à pâté.

Fontaine. Tas de farine au centre duquel on creuse un trou pour y mettre du liquide (œufs, lait, eau, etc.).

Fouetter. Battre avec un fouet des blancs d'œufs ou une pâte.

Fraiser. Travailler une pâte (brisée, sucrée) à plat, avec la paume de la main, afin de la rendre homogène et très souple.

Frapper. Faire prendre en glace (au moyen d'un mélange réfrigérant).

Glacer. – Recouvrir la pâtisserie de fondant, de caramel, ou de sucre glace à l'eau.
– Saupoudrer de sucre et caraméliser à feu nu ou à la chaleur du four.

Manier. Travailler beurre et farine ensemble, avec les mains en général, pour obtenir un mélange homogène.

Masquer. Recouvrir uniformément une pâtisserie d'une préparation nappante : crème, fondant, chocolat fondu.

Monder. Enlever la peau des amandes après les avoir ébouillantées.

Monter. Même signification que fouetter.

Napper. Recouvrir une tarte de nappage ou de gelée.

Piquer. Faire des trous dans la pâte à l'aide d'une fourchette ou d'un couteau pour l'empêcher de se boursoufler à la cuisson.

Sangler. Entourer un moule de glace ou d'un mélange réfrigérant (glace et sel) pour le faire saisir par le froid.

Tremper. Arroser (imbiber, puncher) un gâteau avec un sirop (ex. : baba, génoise).

Zeste. Écorce d'orange ou de citron non traités et soigneusement lavés employée râpée, ou coupée en fines lanières pour parfumer diverses préparations.

On peut aussi frotter des morceaux de sucre contre l'écorce ; le sucre s'imprègne des principes odorants.

Ustensiles nécessaires pour la pâtisserie

Il n'est pas nécessaire, pour faire de la pâtisserie dans un ménage, d'acquérir l'outillage dont se sert un professionnel. Celui-ci, en effet, pour parvenir à satisfaire la clientèle, doit faire des gâteaux d'aspects ou de dimensions très variés. En famille, on est presque toujours le même nombre de convives : les proportions seront donc presque toujours les mêmes et les préparations auront toujours les mêmes dimensions. Il y a cependant un certain nombre d'objets indispensables. Ce sont :

Balance de précision. Toutes les recettes sont données dans cet ouvrage avec la plus grande précision. Les quantités sont exprimées en grammes. Une préparation peut fort bien ne pas réussir parce que les proportions n'auront pas été strictement observées. Une balance de précision est indispensable.

Généralités sur la pâtisserie 19

Calottes, terrines ou culs-de-poule. Pour faire les pâtes, battre les œufs, etc.

Corne. Instrument en corne, mince, ovale et souple, permettant de racler complètement les récipients. La corne est plus pratique que la simple cuillère.

Douille. Ustensile en acier inoxydable ou en exoglass que l'on met dans la poche à douille pour garnir les gâteaux. L'extrémité de ce petit ustensile ayant toujours la forme d'un cône tronqué porte au petit bout une ouverture qui peut varier de forme : elle peut être ovale, ronde, cannelée, etc.

Emporte-pièce. Appareil en métal ou en plastique alimentaire destiné à couper la pâte en lui donnant une forme régulière et déterminée. L'emporte-pièce peut avoir la forme d'un cœur, d'une fleur, d'un animal, etc. (fig. 1).

Fig. 1

Fouet. Pour battre les pâtes, les œufs. Il y a plusieurs sortes de fouets : le fouet allongé, qui peut servir à tous les usages ; le fouet électrique, permettant un travail facile dans un bol, mais réservé seulement au battage des blancs.

Grille. En fil de fer de forme ronde, d'environ 25 cm de diamètre, ou rectangulaire. La grille est très utile pour faire refroidir les gâteaux (fig. 2).

Fig. 2

20 Je sais faire la pâtisserie

Mixeurs. On trouve de nombreux modèles de robots ménagers qui permettent de faire toutes les opérations exigées par une recette sans travailler à la main. Ces appareils, souvent polyvalents, permettent de battre, broyer, mixer, pétrir, hacher, râper...

Moules. La plupart des moules récents sont recouverts d'un revêtement antiadhésif qui facilite le démoulage. Voici les moules les plus utiles (fig. 3) :

Dessous de tourtière ou plaque à pâtisserie. Plateau en tôle, de forme ronde, entouré d'un rebord, sur lequel on cuit les gâteaux. Les bonnes dimensions sont : 15 cm pour 2 personnes ; 23 cm pour 4 personnes ; 30 cm pour 6 personnes.

Moules. À cake, 20 cm de diamètre, environ 500 g de gâteaux ; *à baba, à savarin*, 25 cm de diamètre ; *à tarte* avec fond mobile, 25 cm de diamètre, taille moyenne ; *à madeleine* ; *à biscuit*.

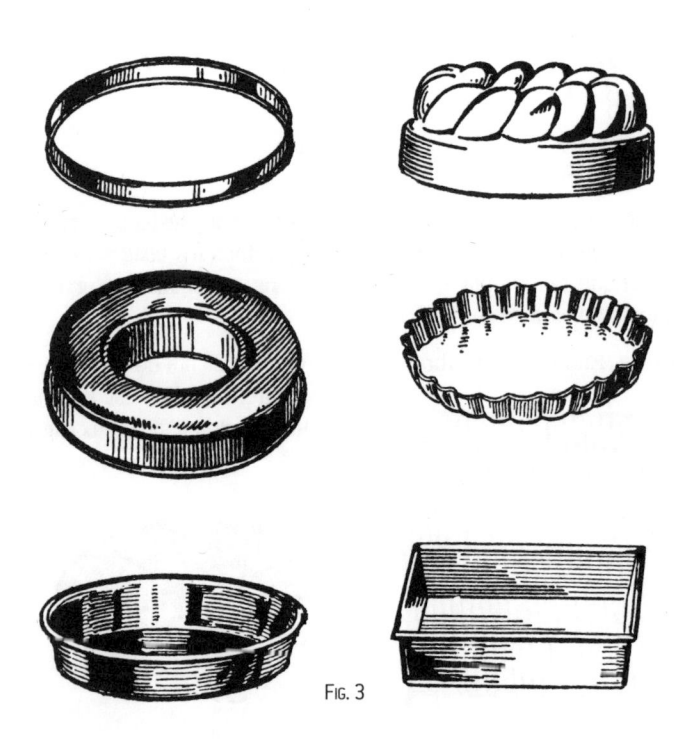

Fig. 3

Les choisir de préférence antiadhésifs.

Moules à petits gâteaux, de formes variées. Ronds, ovales, barquettes, hauts à cannelures, unis, etc. (fig. 4).

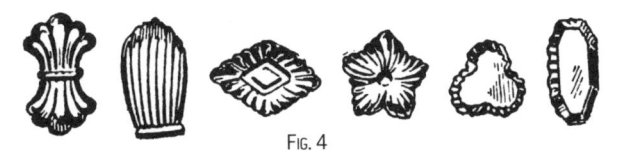

Fig. 4

Palette ou **triangle.** Pour prendre les gâteaux non cuits et cuits sans y mettre les mains. On peut la remplacer par un couteau ayant une lame assez large (fig. 5).

Fig. 5

Pèse-sirop. Aéromètre indiquant la densité du sirop de sucre, autrefois gradué en degrés Baumé (de 0° à 45°). Depuis le 3 mai 1961, un décret interdit la fabrication et la vente d'instruments de mesure gradués en degrés Baumé. Le pèse-sirop est donc gradué, depuis le 1er janvier 1962, en densité (de 1 000 à 1 400) (fig. 6).

Fig. 6

Pince. Appareil en métal à deux branches terminées par de petites dents et permettant de chiqueter (anneler) le bord relevé de certaines pâtes, des tartes principalement (fig. 7).

Fig. 7

Pinceau. Pour recouvrir la pâte, soit d'un mélange de jaune d'œuf et d'eau, soit de sirop, soit de confiture.

Planche à pâtisserie. Elle doit être d'une bonne taille. Trop petite, elle gêne le travail. Trop grande, elle est encombrante. Un rebord de 3 à 4 cm sur trois côtés sera très utile. Dimensions : 70 cm sur 70 cm. On peut remplacer, à la rigueur, la planche par une toile cirée fixée à une table, ou par la table elle-même, à condition qu'il n'y ait pas de rainures dans le bois et que la table soit de la plus extrême propreté.

Poche à douille. Sac de grosse toile plastifiée en forme d'entonnoir. La petite ouverture sert à retenir la douille. On met dans la poche l'appareil destiné à faire les gâteaux ou à les garnir (fig. 8).

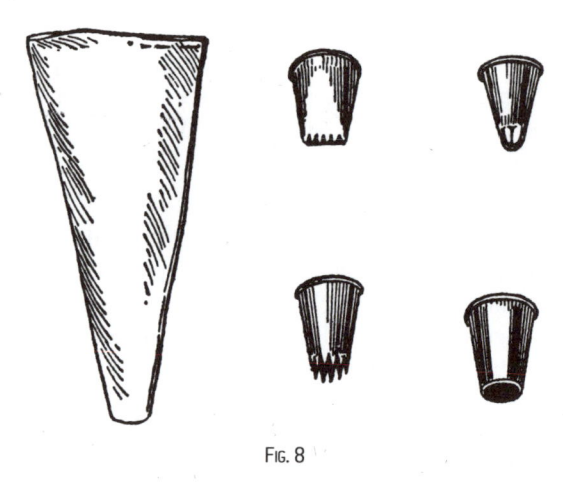

Fig. 8

Raclette ou **coupe-pâte.** Plaque de métal munie d'une poignée en bois avec laquelle on peut racler complètement les pâtes collées à la planche (fig. 9). On peut également utiliser un simple couteau.

Fig. 9

Rouleau. En bois bien lisse (hêtre de préférence). On peut remplacer le rouleau par une bouteille dont la forme se rapproche le plus du cylindre.

Roulette. Instrument formé d'un manche et d'une petite roue dentelée permettant de couper la pâte sans la déchiqueter, mais en y faisant des petits festons (fig. 10).

Fig. 10

Sorbetière. Appareil électroménager destiné à contenir la préparation nécessaire à la fabrication du sorbet ou de la crème glacée.

Spatule ou **cuillère en bois.** Pour faire les mélanges des divers éléments consistants.

Matières premières utilisées en pâtisserie

Il est extrêmement utile de connaître, aussi exactement que possible, la nature des matières premières employées dans la pâtisserie de ménage. Chacun des éléments, du reste, joue un rôle particulier.
Il n'est pas inutile de dire ici qu'il n'existe qu'un rapport très lointain, parfois, entre la pâtisserie faite maison et certaines pâtisseries industrielles.
Dans celles-ci, on emploie par exemple de la margarine ou des graisses de deuxième qualité à la place du beurre; des poudres d'œufs à la place d'œufs frais; des aromates artificiels, des colorants : éosine, fuchsine (prévus et autorisés par la loi dans certaines proportions).
Dans celles-là, au contraire, on s'attache à n'utiliser que des produits frais, dont la source ou l'origine est reconnue et contrôlée.

Principaux éléments composant les pâtisseries de ménage :
La farine (presque toujours de blé).
La fécule de pomme de terre.
L'eau et le lait.
Matière grasse : crème, beurre ou huile.

Les œufs.
Le sucre.
Le sel.
La levure (chimique et de boulanger).
Les fruits : frais, secs, confits, en confiture.
Les essences, liqueurs ou alcools.
La gomme.
Et encore quelques aliments : miel, chocolat, vanille, thé.

La farine. Elle entre dans la composition de presque toutes les pâtisseries. C'est la poudre obtenue en broyant les graines de certaines céréales.

On utilise quelquefois la farine de maïs, de sarrasin, d'orge ou de marron. Mais c'est la farine de blé la plus courante. Elle se compose d'amidon, environ 75 % ; de gluten, 10 % ; de graisse, 1 % ; d'eau, 13 %, et de sels minéraux, 1 %.

L'amidon représente l'élément nutritif de la farine.

Le gluten (albumine) est important par le rôle qu'il joue : c'est grâce à la gliadine, que contient le gluten, que le mélange de farine et d'eau forme une pâte élastique et cohérente.

Une bonne farine doit être d'un blanc jaunâtre, douce au toucher, d'odeur agréable. Elle se conserve peu de temps, quelques mois au plus. Un excès de farine dans une pâte lui donne un goût un peu amer et une très grande sécheresse.

La fécule. Elle provient de la pomme de terre. Elle est composée essentiellement d'amidon. Utilisée en pâtisserie, elle donne des produits légers se conservant bien. Mais une pâte faite avec de la fécule n'a jamais la cohésion d'une pâte réalisée avec de la farine. On peut cependant remplacer la farine par la fécule dans une pâtisserie qui n'a pas à subir de fermentation. La fécule est très blanche, brillante, très douce au toucher, et forme de petits craquements sous les doigts qui l'écrasent. La fécule se conserve bien.

L'eau et le lait. Ils sont utilisés pour détremper la pâte. Il ne faut pas oublier que le lait augmente la valeur alimentaire de la pâte.

On a quelquefois intérêt, lorsqu'on ignore la provenance des liquides, à les faire bouillir pour supprimer les microbes qu'ils peuvent contenir. En effet, certains gâteaux sont cuits sans avoir atteint une température supérieure à 70 °C.

La matière grasse. On peut utiliser de la crème, du beurre ou de l'huile.

– *La crème.* Elle est très souvent utilisée comme garniture des pâtisseries : fouettée, sucrée, vanillée. Elle doit être fraîche ; dans ce cas, elle a un goût fin, fort agréable.

– *Le beurre.* Très riche en matière grasse (environ 85 %), il joue un rôle important en pâtisserie. Il faut l'employer doux. Dès qu'un commencement d'oxydation se produit, le beurre devient rance et donne un goût détestable aux préparations. On doit surveiller la température du beurre avant de l'utiliser : il doit être toujours – à moins d'une indication spéciale – de la même consistance que la pâte à laquelle on l'incorpore.

– *L'huile.* On ajoute volontiers un peu d'huile dans certaines pâtes afin de les rendre plus croustillantes.

Un excès de beurre dans une pâte peut la rendre plus moelleuse mais aussi trop friable. Pour éviter cela, lorsque la pâte doit lever, il faut compter plus de temps pour cette opération, ou augmenter la quantité de levure.

Les œufs. Le poids d'un œuf moyen est de 50 g environ. On utilise, en pâtisserie, soit l'œuf entier, soit seulement le jaune, ou seulement le blanc.

Le jaune, riche en matières grasses, a la propriété de « lier » les pâtes, de les colorer et de leur procurer une saveur caractéristique.

Le blanc (albumine) possède une viscosité spéciale permettant de le transformer en « neige » par battage énergique. Cette neige est formée de petites bulles d'air qui donnent à la pâte, à laquelle on l'ajoute, une très grande légèreté.

Pour battre les blancs, commencer doucement et lentement, et augmenter de plus en plus la vitesse. Pour faciliter l'opération, on peut mettre une goutte de jus de citron ou un peu de sel. Avec un mixeur, il n'y a aucun problème.

Pour cuire une pâte contenant des blancs, utiliser un four progressivement chaud, afin de permettre aux bulles d'air une dilatation régulière.

On doit toujours employer immédiatement un œuf qui a été cassé : le blanc et le jaune s'abîment vite. Nombreux sont les entremets et les gâteaux qui permettent d'utiliser *aussitôt* la partie de l'œuf qui ne doit *jamais* être jetée.

Il faut, pour faire de la pâtisserie, être sûr de la fraîcheur de l'œuf. Les œufs vendus en boîte de 6 donnent toutes garanties. (Poids de l'œuf, date de l'emballage et avec la mention « extra-frais ».)

Le sucre. C'est, le plus souvent, du sucre de betterave ou de canne (saccharose) qui est utilisé. Il se présente sous divers aspects, et peut, grâce à cela, être employé différemment : sucre en morceaux, cristallisé, en poudre, glace. Chaque dénomination indique une présentation en grains plus ou moins fins. Le sucre glace est une poudre très fine, aux grains impalpables additionnée d'amidon.

Le sucre attaque le fer. Il faudra donc bannir ce métal du matériel utilisé en pâtisserie ou confiserie.

La saccharose a la propriété de cristalliser. Très souvent, on ajoute au sirop (mélange d'eau et de sucre plus ou moins concentré) du glucose, qui, au contraire, ne cristallise pas. Les pâtisseries et confiseries industrielles contiennent quelquefois, frauduleusement, du glucose, qui sucre trois fois moins que la saccharose.

On use aussi, en cuisine, de cassonade et de mélasse.

Enfin, par divers procédés de cuisson, on modifie l'aspect du sucre transformé en sirop par l'addition d'eau, et on obtient le sucre au filet, au boulé, au cassé ou le caramel[3]. Une quantité de sucre ajoutée à une pâte peut :
– la colorer et la faire dorer à la cuisson ;
– la rendre plus sablée.

Le sel. Il est indispensable à la fabrication des gâteaux. Il modifie heureusement le goût trop doux, sucré et qui serait fade, de la préparation dans laquelle n'entrerait que du sucre.

---

3. Voir cuisson du sucre p. 49.

Généralités sur la pâtisserie 27

La levure. On utilise le levain ou levure de boulanger et la levure chimique.

– *Le levain.* Il renferme des bactéries lactiques, des ferments, des cellules de levure de bière qui ont besoin, pour manifester leur activité, d'humidité et de chaleur douce[4]. C'est à cette condition que les cellules se développent, dissocient les éléments d'une pâte renfermant du *gluten*, et produisent du gaz carbonique. Il faut compter de deux à trois heures pour que la pâte puisse monter. Les bulles de gaz carbonique poussent la pâte, la font gonfler et lui donnent, en même temps qu'un volume plus grand, une plus grande légèreté. Le levain doit être de première fraîcheur pour avoir une activité quelconque ;

– *La levure chimique.* C'est une poudre blanche fabriquée avec du bicarbonate de soude, de l'acide tartrique, un peu d'amidon et des phosphates de magnésie, soude et chaux. Il se produit un dégagement instantané de gaz carbonique, qui est encore augmenté par la cuisson.

On peut quelquefois remplacer la levure chimique par une petite quantité de bicarbonate de soude ou de bicarbonate d'ammoniaque, mais un excès de ces produits peut donner un goût désagréable.

Un excès de levure ou de levain rend la pâte tellement légère qu'elle se trouve complètement dissociée. Les parcelles de pâte n'ont plus aucune cohésion entre elles. Et quand la pâte se trouve très dilatée, elle retombe rapidement.

Les fruits. Ce sont des éléments importants de la pâtisserie. Ils permettent d'abord d'augmenter la valeur alimentaire de la préparation (sels minéraux, acides, sucre de fruit, vitamines).

Ils permettent, en outre, d'en modifier agréablement le goût et la présentation. Ce sont des éléments de décoration fort importants : fruits crus, fruits cuits, confitures, fruits confits, fruits secs.

Les amandes, noix, noisettes, les cacahuètes quelquefois permettent, grâce à leur grande valeur nutritive, d'obtenir des gâteaux agréables et très nourrissants.

---

4. Éviter les chocs et un abaissement brusque de température.

Les essences, liqueurs, alcools. Citons les essences de fleurs, de fruits; les liqueurs et les vins dont on doit faire un usage prudent et modéré.

La gomme. La gomme en sirop est très utilisée pour glacer les gâteaux auxquels on veut donner un aspect brillant. Ou bien on enduit les gâteaux lorsqu'ils sont encore chauds, ou bien on fait chauffer la gomme avant l'emploi.

Et encore quelques aliments. Ajoutons à cette énumération : le chocolat, en poudre ou en tablettes, le café, le thé, la vanille, le miel.

Remarque importante. – La tendance actuelle est à la diminution des quantités de sucre utilisées dans la réalisation des desserts ou à l'utilisation d'édulcorants de synthèse. Néanmoins il ne faut pas oublier que le sucre joue un rôle important dans la conservation des desserts et des pâtisseries.

Les diverses sortes de pâtes

Les produits que nous venons d'énumérer : beurre, œufs, farine, sucre, etc., sont donc toujours, ou à peu près toujours, utilisés en pâtisserie. Mais la façon dont ils sont travaillés et la variabilité des proportions, font que les résultats peuvent être excessivement différents. Les pâtissiers connaissent et utilisent journellement douze à quinze sortes de pâtes. Dans un ménage, il est bien difficile, par manque d'habitude, de connaissances techniques ou de matériel, de réussir autant de préparations diverses. C'est pourquoi, dans ce manuel de pâtisserie ménagère, nous avons réuni seulement les recettes pouvant être réussies aisément : il suffit de se conformer aux proportions et aux conseils donnés en vue de l'exécution.

Si l'on connaît bien la fabrication de six types principaux de pâte, on pourra exécuter, à l'infini, des gâteaux excellents. Rien n'empêche, en effet, en dehors des essais qu'on fera d'après les recettes, de créer soi-même des gâteaux nouveaux : nouvelles douceurs, nouveaux chefs-d'œuvre.

Chacune des pâtes présentées dans cet ouvrage a naturellement ses propriétés particulières et, de ce fait, elle sera propre à telle ou telle utilisation.

Nous distinguerons, pour plus de facilité :
– la pâte à gâteaux secs ;
– la pâte à biscuits ;
– la pâte à foncer (pâte brisée, pâte sablée, pâte sucrée) ;
– la pâte feuilletée ;
– la pâte à choux ;
– la pâte ou appareil à meringue.

La pâte à gâteaux secs (p. 54)

Il y a de multiples façons de procéder et la pâte n'aura pas toujours la même consistance.

a) Elle peut être *liquide* et se travaille alors à la spatule dans une terrine. En général, à la cuisson, elle s'étale encore. On peut préparer les gâteaux soit en les disposant par petits tas, à l'aide d'une cuillère, soit en utilisant la poche à douille. Avec un peu d'habitude et de dextérité, on laisse tomber toujours la même quantité de pâte. Avec cet instrument, les gâteaux sont plus réguliers.

Remarque. – Prendre soin d'espacer suffisamment chacun des gâteaux, sous peine de les voir tous réunis au moment où commence la cuisson.

b) Elle peut être *épaisse*. Dans ce cas, elle est travaillée sur la planche à pâtisserie et étalée au rouleau.

À moins d'indications spéciales, la planche et le rouleau doivent toujours être farinés et la pâte doit avoir, en général, un demi-centimètre d'épaisseur.

Couper la pâte à l'emporte-pièce (les formes en sont extrêmement variées) ou à l'aide d'une roulette à pâte. Tous ces gâteaux se cuisent sur tourtières beurrées et farinées. Les gâteaux se détachent mieux. Il est de bonne précaution de retirer les petits gâteaux au moment où ils sont encore chauds, au sortir du four. Certains d'entre eux (surtout ceux contenant beaucoup de sucre et de blancs d'œufs) se détacheraient mal ou pas du tout, comme par exemple les langues-de-chat, les tuiles. Enfin, on ne doit jamais placer des gâteaux les uns sur les autres lorsqu'ils sortent du four et qu'ils sont encore chauds. En refroidissant, ils dégagent de la vapeur d'eau qui imprègne les autres gâteaux et les ramollit. Pour la même raison, il ne faut jamais ranger des gâteaux chauds dans une boîte en fer-blanc.

Tous les gâteaux secs, bien cuits et bien refroidis, peuvent se conserver en bocaux, hermétiquement fermés, ou dans des boîtes en fer-blanc, pendant une dizaine de jours. S'ils ne contiennent pas de beurre, ils peuvent se conserver une quinzaine de jours.

La pâte à biscuits (p. 80)

Étymologiquement, biscuit signifie : cuit deux fois. Il y a, en effet, quelques variétés de gâteaux qui sont passés à l'étuve après la cuisson. La plupart des gâteaux, faits dans un ménage et appelés de ce nom, sont cuits en une seule fois.

La pâte utilisée contient en général un élément destiné à la rendre plus légère en la faisant gonfler : la levure chimique ou les blancs d'œufs battus en neige.

Ainsi, par divers moyens, on introduit de l'air dans la préparation. Chacune des bulles se dilate sous l'action de la chaleur et fait augmenter le volume de la pâte. C'est pourquoi la cuisson doit se faire à chaleur progressive (four moyen, puis chaud), mais régulièrement progressive. La porte du four, ouverte ou fermée trop brusquement, peut anéantir un gâteau. En effet, de l'air froid, pénétrant trop vite, appuie sur la pâte, en abaisse la température et la fait « tomber ». Il est bon, par conséquent, d'ouvrir le moins possible la porte du four et de ne pas remuer le gâteau trop souvent. Les moules seront toujours chemisés (beurre fondu et farine)[5]. En général, on fait fondre un peu de beurre dans le moule lui-même et, à l'aide d'un pinceau, on en badigeonne les parois, les cannelures, etc. Certains gâteaux (cake, pain de Gênes) attachent facilement au moule, bien que beurré. On prend dans ce cas la précaution de « chemiser » le moule, c'est-à-dire d'appliquer soigneusement contre le métal beurré un papier sulfurisé ou siliconé, de la forme du moule, badigeonné lui aussi de beurre liquide. Le gâteau est enrobé de papier et se démoule facilement. On

---

5. Certains moules ont un revêtement intérieur de téflon. Inutile de les beurrer.

peut découper aux ciseaux les bords dépassant afin de faire une garniture.

Un biscuit augmente toujours de volume à la cuisson. La pâte non cuite devra arriver, en général (à moins d'indications spéciales), à mi-hauteur du moule.

Afin de s'assurer que la cuisson est parfaite, une bonne précaution consiste à piquer, en plein centre du gâteau, une lame de couteau : le trou qui est fait est imperceptible et si la lame en ressort sèche, c'est que le gâteau est cuit. Sinon, elle est enduite de pâte encore liquide.

Lorsque le gâteau est doré, mais que l'intérieur n'est pas complètement cuit, on peut le recouvrir de papier sulfurisé ou d'aluminium légèrement beurré. On évite ainsi de trouver, après parfaite cuisson, une croûte trop brune ou même brûlée.

La pâte à foncer (p. 122)

Il y a plusieurs variétés de pâtes à foncer. Elles servent toutes à faire le *fond* de diverses pâtisseries. Les recettes les plus utilisées et les plus faciles à exécuter sont exposées dans cet ouvrage. Ce sont :
– la pâte brisée,
– la pâte sablée,
– la pâte sucrée.

On ne peut pas, du reste, les employer indifféremment l'une pour l'autre. Elles présentent des particularités qui ont leurs avantages et leurs inconvénients.

La pâte brisée (218). Elle doit être faite rapidement et légèrement : de ces deux conditions dépend sa légèreté. Le beurre la rend particulièrement croustillante. Faite environ 12 h à l'avance, elle est encore plus légère.

Cette pâte, une fois cuite, s'imprègne très vite des jus de fruits. Il vaut donc mieux l'utiliser pour la confection de tartes à fruits peu juteux, ou la cuire indépendamment des fruits eux-mêmes.

La pâte brisée ne se conserve pas croustillante, une fois qu'elle est cuite.

La pâte sablée (219). Comme son nom l'indique, cette pâte a l'aspect du sable lorsqu'on la prépare. Cependant, comme elle contient de l'œuf, elle est plus compacte que la pâte brisée, moins friable. Elle gonfle moins en cuisant (on peut même éviter de la recouvrir de noyaux) et elle résiste beaucoup mieux à l'humidité. Des tartelettes aux fruits (fraises, framboises) resteront longtemps croustillantes et fermes.

La pâte sucrée (220). Elle offre les mêmes avantages que la pâte brisée, mais elle est beaucoup moins sucrée. Elle peut servir de fond à n'importe quelle pâtisserie qui est par elle-même très parfumée ou très garnie, y compris les quiches, les tartes salées et les tourtes.

Les tartes sont préparées sur des tourtières rondes ou carrées. On peut aussi leur donner une forme rectangulaire très allongée. Les tourtières à fond mobile sont pratiques, car elles permettent de démouler très facilement le gâteau. Se méfier cependant des garnitures extrêmement liquides qui risquent de s'infiltrer dans la pâte et de couler ensuite dans le four. On trouve dans le commerce des pâtes toutes faites surgelées ou non.

La pâte feuilletée (p. 221)

Lorsqu'elle est cuite, cette pâte présente des feuillets disposés régulièrement : c'est la façon dont est incorporé le beurre à la pâte de farine d'une part, et la façon dont on la plie pendant le travail qui permettent cette réalisation. De plus, un repos de 15 à 20 min, entre chaque tour, est indispensable à la réussite.

Le beurre doit avoir la même consistance que la pâte faite de farine et d'eau : autrement, la cohésion de l'un et de l'autre se fait mal. En hiver, il faut donc penser à amollir un peu le beurre. En été, il faut le faire durcir.

Les proportions de beurre et de farine peuvent varier légèrement et, naturellement, la qualité de la pâte s'en ressent. Plus il y a de beurre, plus la pâte est fine. Il n'est pas nécessaire, toutefois, de mettre plus de beurre que de farine : la pâte serait trop grasse. Pour avoir une pâte feuilletée fine, mettre le même poids de beurre que de farine. Pour une pâte feuilletée demi-fine, mettre 1/5 de moins de beurre que de farine. Pour une pâte feuilletée ordinaire, mettre en beurre la moitié du poids de farine.

En coupant la pâte feuilletée crue pour la placer sur une tourtière, il faut faire très attention de ne pas toucher les côtés : la pâte gonflerait mal. Placer les gâteaux sur la tourtière légèrement mouillée.

Lorsque la plus grande partie du feuilletage a été utilisée, il reste encore des rognures. On peut les placer les unes à côté des autres en respectant le sens parallèle des couches et refaire des gâteaux qui seront aussi bien feuilletés que les premiers. Cependant, les rognures qui resteront ensuite n'auront plus les mêmes propriétés. On les pétrit légèrement et on les utilise comme pâte à foncer. On trouve dans le commerce d'excellentes pâtes feuilletées surgelées ou non.

La pâte à choux (p. 115)

C'est la seule pâte qui se prépare à chaud.

Il y a, dans sa préparation, une petite difficulté au moment où la farine est jetée dans le liquide bouillant. Quelquefois elle s'incorpore mal au début : le seul moyen est de cuire assez vite et de battre très rapidement afin de défaire les grumeaux qui ont commencé à se former.

On doit faire « dessécher » la pâte à choux. Si on omet de le faire, les gâteaux gonfleront moins à la cuisson. Si on pousse trop loin cette dessiccation, la pâte se déformera davantage à la cuisson et absorbera plus d'œufs : ce sera, par conséquent, moins économique. De toute façon, il est difficile de prévoir le nombre d'œufs nécessaire, certaines farines absorbant plus ou moins. Il faut que la pâte ne soit ni trop dure ni trop coulante.

La quantité de sucre ajoutée à la pâte a une grosse importance : une coloration plus foncée est obtenue en en augmentant la dose.

La pâte à choux se cuit par petits tas espacés (elle gonfle beaucoup) sur plaque beurrée ou papier sulfurisé.

On utilise la même pâte pour faire des beignets soufflés. On peut, dans ce cas, diminuer de façon très importante la quantité de beurre et mettre un peu de cognac dans la pâte.

L'appareil ou la pâte à meringue (214 à 216)

Elle est à base de blancs d'œufs et de sucre. Les résultats obtenus peuvent être assez différents suivant la façon dont ils sont travaillés.

Pour faire les meringues ordinaires, on mélange blancs battus et sucre.

Mais on peut aussi mélanger les blancs battus à un sirop de sucre. L'opération est plus délicate : c'est la *meringue italienne*. On l'utilise beaucoup pour les petits fours.

Enfin, on peut travailler à chaud, mais sur feu très doux et avec un fouet, les blancs et le sucre jusqu'à ce qu'ils soient parfaitement montés : c'est la *meringue suisse*, utilisée de façon moins courante.

La pâte à meringue est délicate à cuire : il faut une chaleur très douce. Le four doit être tiède et cette température doit être maintenue pendant près d'une heure. Puis laisser encore sécher soit dans le four arrêté, soit dans une étuve.

On cuit en général les meringues sur papier beurré. Une fois fermes (elles ne doivent pas avoir pris de couleur), elles se décollent très bien.

Elles se conservent en bocaux hermétiquement fermés ou dans des boîtes en fer-blanc.

La cuisson

La cuisson est, en pâtisserie, l'opération la plus délicate. Il n'est pas suffisant de préparer très soigneusement une pâte et d'utiliser des produits de première qualité. Au dernier moment, un four trop chaud ou, au contraire, trop doux peut donner un résultat lamentable. Afin de bien cuire, il faut savoir distinguer parfaitement les différentes températures que l'on peut obtenir avec un four. Il faut aussi connaître l'instrument de cuisson et savoir le manier sans hésitation ni tâtonnement.

Étude de la température du four

Les fours sont gradués de 1 à 10 ou en degrés centigrades. En règle générale, il faut évaluer à 30 °C la différence de température d'une graduation à l'autre.

Exemple : un four préchauffé à 7 correspond à une température d'environ 210 °C. On peut aussi mettre dans le four, sur la plaque où l'on

Généralités sur la pâtisserie **35**

doit placer le gâteau pour la cuisson, un morceau de papier sulfurisé. La couleur de celui-ci se modifiera et passera, suivant l'élévation de la température, par différentes nuances dont voici le détail.

Four tiède : 100 à 110 °C. Le papier est blond.
Convient aux biscuits, aux meringues, aux gros gâteaux légers, aux préparations riches en sucre.
Four moyen : 150 à 180 °C. Le papier est jaune pâle.
La main a une impression de chaleur.
Convient à certains petits fours, aux petits gâteaux et aux grosses pièces, quatre-quarts, pain de Gênes.
Four chaud : 180 à 220 °C. Le papier est brun clair.
La main a une impression de chaleur vive.
Convient aux pâtes levées, feuilletages, brioches, cakes.
Il fait fondre le sucre mis au dernier moment pour glacer le gâteau.
Four très chaud : 220 à 270 °C. Le papier est brun foncé.
Impression de grande chaleur sur la main.
Convient aux choux, aux feuilletages, aux petites pièces demandant une cuisson rapide.
Lorsque le papier noircit instantanément, le four est trop chaud pour une cuisson quelconque.

Conseils pour surveiller la cuisson

Lorsque l'on sait que la chaleur du four convient au commencement de la cuisson, on y met la préparation. Dans certains cas, la chaleur doit rester égale. Dans d'autres, elle doit aller en augmentant : on peut, soit mettre la pièce à cuire dans la partie supérieure du four, soit élever la chaleur générale du four.
Il est utile de regarder, de temps à autre, comment s'effectue la cuisson. Mais il est prudent de ne pas regarder trop souvent : chaque fois que la porte du four s'ouvre, on fait entrer une certaine quantité d'air froid. D'une part, on retarde la cuisson ; d'autre part on risque de faire « tomber » la pâte.
Toutes les grosses pièces demandent une chaleur moins forte mais plus longue que les petites pièces.
On peut isoler les gâteaux de la sole trop chaude, en mettant une deuxième plaque.

Lorsque le gâteau se colore trop vite, on peut le couvrir avec du papier mouillé.

Pour s'assurer que l'intérieur du gâteau est cuit, on peut y plonger une aiguille à tricoter en métal ou une lame de couteau. Mais il ne faut faire cet essai que lorsque la cuisson est suffisamment avancée. Si la pâte est encore liquide, le métal en est recouvert.

Emplacement de la préparation à cuire

Placée en bas du four, la préparation cuit plus rapidement (quiches, tartes épaisses, soufflés).

Placée au milieu, la cuisson est, en principe, équilibrée.

Placée dans la partie haute, la préparation colore plus rapidement sur le dessus (gratins).

Le four à gaz

Les modèles des fours à gaz actuellement dans le commerce sont très variés. Les fours font généralement partie d'un ensemble complet appelé suivant son importance : réchaud-four ou cuisinière.

Le réchaud-four comporte une table de travail à deux ou trois feux permettant les ébullitions et les mijotages. Au-dessous se trouve le four, qui est généralement combiné avec un grilloir rayonnant escamotable, situé au plafond et destiné aux grillades et gratins.

La cuisinière est un appareil sur pied, qui comporte trois, quatre ou cinq feux sur la table de travail. Le four est de dimensions spacieuses.

Le grilloir est, soit placé dans le haut du four, dont il est isolé en temps normal par un plafond calorifugé amovible, soit indépendant, dans une petite enceinte spéciale.

À aucun prix, il ne faut cuire les gâteaux au grilloir ; la flamme bleue apparente portant à l'incandescence des plaquettes métalliques est très vive. Elle ne convient pas aux cuissons douces ou progressives exigées souvent en pâtisserie ; de plus, le fond du gâteau ou de l'entremets ne serait alors jamais bien cuit.

Le four est une enceinte métallique à double paroi, soigneusement calorifugée, chauffée par un brûleur à gaz, à une ou plusieurs rampes, qui est situé sous sa partie inférieure.

Les gaz chauds montent entre les parois latérales, puis pénètrent à l'intérieur de l'enceinte et sont enfin évacués par des orifices situés dans le fond.

Toutes les parois du four, de la sorte, émettent de la chaleur et, grâce à la circulation rationnelle de ces gaz chauds, la température est uniforme tout autour de la pièce à cuire.

Il n'est donc pas nécessaire de surveiller sans arrêt la cuisson d'un plat pour obtenir, en toute certitude, des résultats satisfaisants.

Il est indispensable de préchauffer le four pendant 15 min. Au bout de ce temps, enfourner la pièce à cuire en la posant sur une grille ou sur une plaque, mais jamais à même le fond du four. Au bout du temps prescrit par la recette, éteindre le four et sortir la pièce qui est alors cuite à point.

Tous les constructeurs s'efforcent de fabriquer des appareils tous plus tentants les uns que les autres. Le choix serait impossible s'il n'existait pas un « label de qualité » NF ou/ et CE accordé à ceux qui ont subi avec succès de rigoureux essais de laboratoire, suivis de contrôle de fabrication : cette estampille de qualité garantit non seulement la sécurité et le bon rendement de l'appareil, mais aussi sa solidité, sa commodité d'emploi et son fonctionnement irréprochable.

Le four électrique

a) *Four indépendant*. Le four électrique se compose d'une enceinte métallique à double paroi entre lesquelles se trouve tassé un produit calorifuge, généralement de la laine de verre. Au plafond du four se trouve un élément chauffant, qui devient incandescent lorsque le courant le traverse, en moins de 2 à 3 min. On l'appelle *le corps de chauffe de voûte*. Un élément semblable se trouve placé au bas du four. Il est protégé par une tôle ou une plaque de fonte qu'on appelle la sole du four. Cet élément de chauffe s'appelle *le corps de chauffe de sole*.

Les deux éléments de chauffe sont commandés soit par le même commutateur, soit par deux commutateurs différents. Cette dernière disposition permet une plus grande souplesse et une plus grande variété dans les allures.

On peut donc chauffer, de façon indépendante : soit le haut (ou voûte du four), soit le bas (ou sole), isolément et avec une grande allure.

Il est nécessaire de procéder à un chauffage préalable du four pendant 10 à 15 min, selon le genre de cuisson désirée. Pour la pâtisserie, il faut d'abord effectuer le chauffage par la sole du four pendant 15 min environ. Mais la fin des cuissons peut toujours s'effectuer sans consommation de courant. Le four est calorifugé : la chaleur reste invariable pendant 10 à 15 min.

Pour obtenir une température douce, il suffit d'un chauffage à grande allure de 15 min par le bas.

Pour obtenir une température moyenne, il faut un chauffage de 20 min par le bas du four.

Le four très chaud s'obtient par le chauffage à grande allure par le bas pendant 20 min et par le haut pendant 10 min.

b) *La cuisinière.* La cuisinière électrique réunit en un seul appareil plusieurs foyers chauffants et un four.

Les appareils électriques dont la qualité a été vérifiée portent, de façon apparente, une estampille avec ces lettres : NF ou/ et CE.

Cette marque de qualité apporte un élément de confiance à l'acheteur hésitant devant certains appareils qui, sous des apparences favorables, ne possèdent pas toutes les garanties de solidité, de sécurité ou de bon fonctionnement.

Le four à micro-ondes

Les ondes électromagnétiques produites par le magnéton sont absorbées par les aliments riches en eau et provoquent une agitation des molécules et un échauffement, voire une cuisson pour les aliments de faible épaisseur. Les ondes sont réfléchies par les matériaux brillants ; c'est la raison pour laquelle on ne doit pas utiliser de matériel métallique (acier inoxydable) ni de papier aluminium. Cet appareil est principalement utilisé pour décongeler ou remettre en température les plats cuisinés. Les fours à micro-ondes bénéficient également des estampilles de qualité NF ou/ et CE.

Généralités sur la pâtisserie 39

Préparations complémentaires

Il est bien souvent nécessaire de préparer une crème destinée à garnir un gâteau, soit pour le fourrer, soit pour le décorer. Ces préparations complémentaires qui ne sont pas la partie essentielle des gâteaux, jouent pourtant un rôle fort important dans l'art de la pâtisserie. C'est d'elles, bien souvent, que dépend le bel aspect du dessert ou de l'entremets. C'est grâce à elles que le gâteau aura le goût indéfinissable et plein de finesse qui charmera les convives.

Nous avons réuni, dans ce court chapitre, des préparations très faciles à réussir. Quelques-unes peuvent être faites à l'avance (fondant, crème ganache, etc.) et peuvent se conserver à l'abri de l'air.

1. Glace à l'eau
Préparation : 5 min

200 g de sucre glace
Eau en quantité suffisante

Délayer le sucre avec l'eau de façon à obtenir une pâte molle mais pas trop coulante. Étaler ce glaçage sur le gâteau froid.

2. Glaçure blanche dite glace royale
Préparation : 10 min

200 g de sucre glace
1 blanc d'œuf
Quelques gouttes de jus de citron

Travailler le sucre avec le blanc d'œuf et quelques gouttes de jus de citron. Battre au fouet jusqu'à formation d'une crème blanche. Étendre sur le gâteau froid qui doit être glacé. Passer le gâteau à l'entrée du four tiède et le retirer dès que la glaçure, en séchant, est devenue d'un blanc opaque.

3. Glace au kirsch
Préparation : 5 min

200 g de sucre glace
Kirsch

Lorsque le sucre est mouillé avec le kirsch, on doit obtenir une pâte blanche.

Étendre sur le gâteau avec un couteau à grande lame, en faisant une croix et en trempant de temps en temps la lame dans l'eau bouillante.

4. Glace au chocolat

Préparation : 5 min – Cuisson : 10 min

60 g de chocolat
60 g de beurre
2 œufs

Faire ramollir le chocolat et le beurre. Incorporer les jaunes puis les blancs battus. Étendre cette préparation sur le gâteau avec une grande lame de couteau. Cette crème durcit en refroidissant.

5. Glace au chocolat

Préparation : 10 min

250 g de sucre glace
50 g de chocolat en poudre
3 c. à s. de kirsch
1 c. à s. d'eau

Mélanger tous les ingrédients et utiliser cette préparation pour glacer des gâteaux.

6. Fondant

De nos jours, on prépare rarement le fondant soi-même, il existe une préparation industrielle vendue en boutique spécialisée qui sert principalement à glacer les choux, les éclairs et les mille-feuilles.

7. Fondant au café

Préparation : 20 min – Cuisson : 10 min

250 g de sucre en poudre
10 gouttes de jus de citron
1/2 verre à liqueur d'extrait de café
10 cl d'eau

Faire fondre le sucre au filet (36). Le couler sur un marbre. L'aplatir, dès qu'il est froid, avec une palette ou un triangle pour le rendre blanc. Ajouter le citron et travailler cette pâte sucrée à la main pour la réduire en boule. Remettre le sucre à fondre sans laisser bouillir, ajouter l'extrait de café et utiliser, soit pour glacer un grand gâteau, soit pour glacer des petits choux.

Remarque. – On trouve dans le commerce du fondant tout préparé. Dans ce cas, l'amollir au bain-marie.

8. Crème Chantilly
Préparation : 10 min

250 g de crème liquide UHT ou crème fleurette	
Sucre en poudre à volonté	
Vanille en poudre à volonté	

Mélanger soigneusement la crème, le sucre et la vanille. Battre jusqu'à ce que le mélange devienne mousseux et ferme. Travailler au frais ou sur glace (en été surtout), la crème devenant facilement du beurre.

9. Crème ganache
(à préparer la veille)
Préparation : 20 min – Cuisson : 10 min

- 200 g de chocolat
- 125 g de crème fraîche
- 50 g de beurre

Faire fondre le chocolat au bain-marie. Le délayer peu à peu avec la crème et le beurre. Travailler pour obtenir une crème assez molle. Elle durcit en refroidissant.

10. Crème au beurre, au chocolat
Préparation : 20 min – Cuisson : 10 min

- 125 g de sucre en poudre
- 10 cl d'eau
- 3 blancs d'œufs
- Chocolat en poudre
- 125 g de beurre

Mettre le sucre dans un poêlon d'office, ajouter l'eau et le faire chauffer pour obtenir un sirop grand filet ou petit boulé (115 °C) (36).

Battre les blancs en neige. Verser en filet le sucre, en battant les blancs sans arrêt. Le sirop ne doit pas être versé au milieu de l'appareil, mais entre les blancs et le bord du récipient, de façon à refroidir un peu le sirop et surtout à obtenir un mélange parfait.

Ajouter alors la quantité de chocolat nécessaire (selon le goût) et pour finir le beurre divisé en petits morceaux et ramolli à la consistance d'une pommade.

11. Crème au beurre, au café
Préparation : 20 min

200 g de beurre doux
200 g de sucre glace
3 jaunes d'œufs
Café : extrait ou lyophilisé

Travailler le beurre à la spatule pour l'amollir suffisamment. Ajouter alors le sucre glace, puis les jaunes, l'un après l'autre.

Parfumer avec le café, en en mettant une quantité qui convient au goût.

On peut remplacer le café par du chocolat. Mais, dans ce cas, il faut diminuer la quantité de sucre : 90 g de sucre glace et parfumer avec 150 g de chocolat en poudre.

12. Crème au beurre, chocolat ou café
Préparation : 25 min – Cuisson : 15 min

100 g de sucre en poudre
4 jaunes d'œufs
250 g de beurre
Chocolat râpé ou café soluble

Faire avec le sucre et très peu d'eau un sirop. Lorsqu'il est au grand filet ou petit boulé (115 °C) (36), le verser doucement sur les jaunes en travaillant avec le fouet. Laisser refroidir sans arrêter de fouetter. Travailler le beurre à part, à la spatule, en incorporant chocolat ou café. Puis mélanger les deux préparations, afin d'obtenir une crème parfaitement lisse et homogène.

13. Crème au beurre pralinée
Préparation : 30 min – Cuisson : 30 min

Pour la crème :
3 œufs
125 g de sucre en poudre
270 g de beurre doux
Pour le pralin :
100 g de sucre en poudre
100 g d'amandes ou de noisettes décortiquées

Pour le pralin : mettre le sucre dans un poêlon d'office, ou dans une casserole en acier inoxydable, avec très peu d'eau. Faire fondre le sucre. Ajouter les amandes ou noisettes coupées en filets avec leur peau. Tourner jusqu'à ce que le sucre ait la couleur du caramel et que les amandes soient grillées. Verser le tout sur un marbre ou sur une plaque légèrement huilée. Laisser refroidir puis piler au mortier pour obtenir une poudre très fine.

Pour la crème : travailler (blanchir) les œufs entiers avec le sucre, mais à chaud (dans une terrine au bain-marie à 45 °C) avec le fouet. Continuer de fouetter jusqu'à complet refroidissement de l'appareil. D'autre part, malaxer le beurre pour obtenir une crème.
Ajouter celui-ci à la crème froide ; lorsque le tout est homogène, incorporer le pralin.
Remarque. – On trouve du pralin prêt à l'emploi dans les commerces spécialisés.

14. Crème mousseline, au rhum ou au kirsch
Préparation : 20 min – Cuisson : 20 min

3 jaunes d'œufs
90 g de sucre en poudre
Sel
40 g de farine
7,5 cl de lait
180 g de beurre
10 cl de rhum ou de kirsch

Mélanger les jaunes avec le sucre et un peu de sel. Ajouter la farine, délayer ensuite avec le lait tiède et faire cuire à feu doux pour obtenir une crème épaisse.
Lorsque cette crème a épaissi, continuer à la travailler au fouet pour la rendre légère et ajouter peu à peu le beurre, divisé en petits morceaux. Parfumer avec du rhum ou du kirsch.

15. Crème moka
Préparation : 25 min

200 g de beurre doux
150 g de sucre en poudre
Café : extrait ou soluble en quantité suffisante

Travailler le beurre en crème, à la spatule.
Ajouter peu à peu le sucre et le café. On doit obtenir une crème absolument lisse.

16. Crème au beurre (économique)
Préparation : 20 min

25 cl de crème anglaise
200 g de beurre fin
Parfum à volonté

Préparer une crème anglaise selon la formule 343 avec 25 cl de lait et 2 jaunes d'œufs. Ajouter le parfum.
Travailler le beurre en pommade et incorporer peu à peu la crème anglaise à peine tiède au beurre.
Laisser refroidir avant emploi.

17. Crème pâtissière à fourrer
Préparation : 5 min – Cuisson : 10 min

Ingrédients
30 g de fécule de pomme de terre
25 g de farine
50 cl de crème fraîche ou 25 cl de lait et 10 cl de crème
2 œufs
4 jaunes d'œufs
125 g de sucre en poudre
Kirsch selon goût

Mélanger la fécule, la farine et la crème. Ajouter les œufs entiers et les jaunes, le sucre. Bien mélanger. Placer sur le feu et remuer sans arrêt, jusqu'à épaississement. Ajouter le kirsch une fois que la préparation a refroidi, pour éviter que l'arôme ne se volatise.

Remarque. – Si la crème paraît un peu épaisse, on peut battre en neige bien ferme 1 ou 2 blancs d'œufs et les incorporer à l'appareil, lorsqu'il est encore chaud.

18. Crème à la liqueur (pour fourrer un gâteau)
Préparation : 5 min – Cuisson : 15 min

Ingrédients
100 g de sucre en poudre
3 jaunes d'œufs
2 blancs d'œufs
50 g de farine
25 cl litre de lait et 10 cl de crème fraîche
Liqueur au choix (kirsch, cointreau, etc.)

Battre ensemble, avec une spatule ou un fouet, les jaunes et le sucre. Ajouter la farine, le lait et la crème, bien mélanger. Faire cuire en remuant sans cesse, sans laisser bouillir.

Battre les blancs en neige bien ferme. Les incorporer au mélange avant son complet refroidissement et finir en mettant la liqueur.

19. Crème au chocolat
Préparation : 15 min

Ingrédients
180 g de beurre doux
100 g de sucre en poudre
2 jaunes d'œufs
100 g de chocolat en poudre ou 2 fortes cuillerées de cacao
Amandes effilées

Travailler le beurre en crème. Ajouter le sucre puis les jaunes et le chocolat. Bien mêler le tout.

Lorsque le gâteau est garni de cette crème, saupoudrer de chocolat râpé et d'amandes effilées et grillées.

20. Crème Saint-Honoré (économique et rapide)
Préparation : 15 min – Cuisson : 8 à 10 min

Ingrédients
65 g de farine
250 g de sucre en poudre
2 œufs
2 blancs d'œufs
75 cl de lait
Vanille en poudre ou zeste de citron non traité râpé, à volonté

Travailler la farine, le sucre et les œufs entiers avec la vanille ou le zeste de citron. Ajouter peu à peu le lait bouillant. Faire épaissir sur feu doux et laisser cuire 1 min. Fouetter jusqu'à refroidissement. Incorporer ensuite les 2 blancs battus en neige très ferme.

21. Crème à Saint-Honoré
Préparation : 25 min – Cuisson : 15 min

Ingrédients
100 g de sucre en poudre
20 g de farine
25 cl de lait
2 feuilles de gélatine
3 jaunes d'œufs
5 blancs d'œufs
Vanille en poudre

Faire ramollir les feuilles de gélatine dans un peu d'eau froide, 15 min avant de les utiliser.
Mélanger les jaunes avec le sucre. Ajouter la farine, le lait et la gélatine soigneusement égouttée. Faire chauffer à feu doux le mélange en ajoutant la vanille et tourner jusqu'au moment où la crème a épaissi. Laisser bouillir durant 1 min. Battre les blancs en neige bien ferme. Incorporer alors la crème encore chaude, mais pas bouillante, en remuant délicatement le mélange tout le temps que dure l'opération pour ne pas faire retomber les blancs.

22. Crème frangipane
Préparation : 5 min – Cuisson : 10 min

Ingrédients
100 g de sucre en poudre
50 g de farine
30 g de beurre
2 œufs
1 jaune d'œuf
30 cl de lait
60 g d'amandes en poudre

Mélanger le sucre, les œufs entiers et le jaune avec la farine et le beurre. Ajouter le lait bouillant et cuire en tournant constamment jusqu'à ce que le mélange épaississe. Incorporer les amandes en poudre.

23. Crème pâtissière
Préparation : 10 min – Cuisson : 10 min

50 cl de lait
Vanille en poudre ou en bâton
100 g de sucre en poudre
60 g de farine
4 jaunes d'œufs

Faire bouillir le lait avec la vanille. Travailler, dans une terrine, la farine, le sucre et les jaunes d'œufs. Verser peu à peu le lait bouillant en tournant avec soin. Mettre le mélange dans la casserole, faire cuire à feu doux en tournant toujours. Retirer du feu au premier bouillon. La verser immédiatement dans un autre récipient. Couvrir d'un film alimentaire pour éviter la formation d'une croûte en surface. Refroidir rapidement.

Remarque. – On peut parfumer cette crème pâtissière en ajoutant du chocolat râpé, du café soluble, du kirsch ou du rhum.

24. Crème d'amande
(pour dartois, tartelettes, amandines, galettes des Rois)
Préparation : 15 min

100 g de sucre en poudre
2 œufs
Vanille en poudre
100 g de beurre
125 g d'amandes en poudre
Rhum

Travailler le sucre avec les jaunes et la vanille. Ajouter les amandes en poudre et le beurre amolli au four. Battre les blancs en neige très ferme, les incorporer au mélange. Parfumer au rhum.

25. Sirop au rhum ou au kirsch pour baba
Préparation : 5 min – Cuisson : 10 min

250 g de sucre en poudre
50 cl d'eau
1/2 gousse de vanille
1/4 de citron non traité (zeste)
Kirsch ou rhum à volonté

Mettre dans une casserole le sucre, l'eau, la vanille et le zeste de citron. Faire bouillir. Retirer du feu et ajouter la quantité de rhum ou de kirsch, selon le goût, pour parfumer le sirop.

Généralités sur la pâtisserie 47

26. Sauce au rhum (chaude)
Préparation : 5 min – Cuisson : 10 min

Faire chauffer le vin avec le sucre et cuire très, très doucement pour obtenir un sirop épais.
Délayer la fécule avec du rhum et l'incorporer au sirop. Faire épaissir. Battre le jaune à la fourchette et le mêler au sirop chaud. Ne plus faire bouillir. Tenir au chaud au bain-marie.

2 verres de bon vin blanc
Sucre en poudre à volonté
5 g de fécule de pomme de terre
Rhum à volonté
1 jaune d'œuf

27. Sirop pour baba
Préparation : 3 min – Cuisson : 5 min

Faire chauffer l'eau, le sucre, les arômes et le rhum ou le kirsch. Retirer du feu au moment où commence l'ébullition.
Arroser le baba chaud de ce sirop chaud.

50 cl d'eau
250 g de sucre en poudre
1/2 gousse de vanille
Zestes d'orange ou de citron non traités
20 cl de rhum ou de kirsch

28. Sauce aux abricots
Préparation : 10 min – Cuisson : 20 min

Dénoyauter les abricots. Cuire les demi-abricots quelques minutes à l'eau bouillante. Les réduire en purée à l'aide d'un mixeur. Réserver cette purée. Travailler dans une terrine le sucre et les jaunes d'œufs pendant 10 min. Ajouter le vin blanc, peu à peu, et faire épaissir au bain-marie. Incorporer alors la purée d'abricots et le jus de citron. Faire cuire encore quelques minutes à feu doux au bain-marie.

125 g d'abricots
125 g de sucre en poudre
2 jaunes d'œufs
20 cl de très bon vin blanc (bourgogne)
Quelques gouttes de jus de citron

29. Sauce à l'abricot et au kirsch
Préparation : 10 min – Cuisson : 10 à 20 min

Dénoyauter les abricots. Cuire les demi-abricots à l'eau bouillante (très peu d'eau) avec le sucre pendant 5 min environ. Réduire les fruits en purée et réserver.

125 g d'abricots
15 g de crème de riz
10 cl de kirsch
50 g de beurre fin
125 g de sucre en poudre

Délayer dans un bol la crème de riz avec le kirsch. Ajouter peu à peu la purée d'abricots et si c'est nécessaire, un peu d'eau de cuisson des fruits. Faire épaissir à feu moyen, en tournant sans arrêt. Finir en mettant le beurre en petits morceaux. Arrêter la cuisson.
Si cette sauce doit être servie chaude, la maintenir au bain-marie.

30. Sauce à la framboise
Préparation : 10 min – Cuisson : 10 min

Prendre les mêmes quantités que pour la sauce à l'abricot, mais remplacer les abricots par 250 g de framboises qui ont été passées au mixeur puis au chinois pour enlever les pépins.

31. Sauce à la groseille
Préparation : 3 min – Cuisson : 5 min

Prendre de la gelée de groseille en quantité nécessaire pour garnir l'entremets. La délayer avec un peu d'eau et de kirsch. Faire chauffer quelque temps pour rendre le mélange bien sirupeux.

32. Sabayon au madère
Préparation : 10 min – Cuisson : 15 min

- 4 œufs
- 125 g de sucre en poudre
- 1 c. à s. d'eau
- 10 cl de madère

Casser les œufs. Séparer le blanc du jaune et travailler seulement les jaunes avec le sucre et l'eau, pendant 10 min environ. Faire épaissir et mousser à feu doux, au bain-marie, en tournant toujours. Parfumer avec le madère. Servir chaud. Peut se faire également au marsala.

Généralités sur la pâtisserie **49**

33. Sabayon au lait
Préparation : 15 min – Cuisson : 15 min

3 jaunes d'œufs
60 g de sucre en poudre
Sel
Vanille en poudre
20 cl de lait

Battre les jaunes d'œufs avec le sucre et un peu de sel pendant 10 min. Ajouter la vanille et le lait. Verser le tout dans une casserole. Battre sans arrêt avec un petit fouet. Mettre la casserole dans un bain-marie. Et faire épaissir en fouettant jusqu'au moment où l'eau du bain-marie atteint l'ébullition. Servir aussitôt le gâteau qui doit accompagner le sabayon, le napper légèrement de préparation et servir le reste en saucière.

34. Sabayon au madère ou au malvoisie
Préparation : 15 min – Cuisson : 15 min

2 jaunes d'œufs
1 jaune d'œuf
75 g de sucre en poudre
Sel
20 cl de vin (madère ou malvoisie)
Vanille en poudre
Sel

Procéder exactement comme la recette précédente.
Servir chaud, une moitié sur l'entremets et l'autre moitié en saucière.

Cuisson du sucre

Le sucre joue un rôle très important dans la fabrication des entremets, de la pâtisserie et de la confiserie.
Pour de nombreux usages, on le transforme en sirop. Mais ce sirop est soumis à la cuisson, et à cause de cette cuisson, le sucre passe par divers états qui sont naturellement utilisés pour de multiples préparations.
Lorsqu'on soumet à la chaleur une certaine quantité de sucre et d'eau, on obtient d'abord un sirop dont la consistance se modifiera au fur et à mesure que l'eau qu'il contient s'évaporera. Il y a un moyen très rigoureux de connaître la densité du sirop de sucre, c'est d'utiliser le densimètre.
Pendant la transformation du sirop, on peut remarquer des phases

très nettes, qui portent chacune un nom et auxquelles correspondent un certain nombre de degrés au pèse-sirop, instrument que l'on utilisait autrefois et qui était gradué en degrés Baumé. Le décret du 3 mai 1961 a interdit la fabrication et la vente de cet instrument de mesure. Cependant, il est possible que certaines personnes en possèdent toujours et d'anciennes recettes peuvent encore comporter des indications en degrés Baumé. Nous les indiquons donc ci-dessous en plus des degrés Celsius.

Afin de faire une mesure aussi exacte que possible, on verse une partie du sirop de sucre dans une éprouvette spéciale. On y plonge le pèse-sirop pour y lire le nombre inscrit en face de la graduation où s'arrête le niveau du liquide.

À défaut de cet instrument de précision, les phases de cuisson sont appréciées à la main. Il faut avoir, près du poêlon où se fait la cuisson, un récipient contenant de l'eau froide. Lorsque la cuisson du sucre est assez avancée, on plonge les doigts d'abord dans l'eau froide, puis très rapidement dans le sirop et immédiatement, à nouveau, dans l'eau froide.

35. Proportions pour le sirop de sucre

Pour 80 cl de sirop de sucre, faire cuire 500 g de sucre dans 50 cl d'eau pendant 1 min.

Lorsque le sucre est destiné à devenir du fondant ou doit être cuit au grand cassé, il faut ajouter au sucre, sitôt mouillé, 50 g de glucose. On peut également mettre 3 ou 4 gouttes de vinaigre ou 4 gouttes de jus de citron ou d'acide citrique.

36. Cuisson du sucre

– La *nappe* ou le *nappé*, 105 °C (28° Baumé - densité 1,2407) : il forme sur l'écumoire une couche assez mince.
– Le *petit filet* ou *petit lissé*, 107 °C (29° Baumé - densité 1,2515) : pris entre les doigts (trempés au préalable dans l'eau froide), il forme un petit filament d'environ 1 cm qui se brise aussitôt.
– Le *grand filet* ou *grand lissé*, 109 °C - 110 °C (30° Baumé - densité 1,2624) : on obtient entre les doigts un filament de 2 à 3 cm.

Généralités sur la pâtisserie 51

– Le *petit perlé*, 111 °C (33° Baumé - densité 1,2964) : le sucre, en cuisant, forme à la surface de petites perles rondes. Pris entre les doigts, il forme un filament de 4 à 5 cm.
– Le *grand perlé* ou *soufflé*, 114 °C (35° Baumé - densité 1,3199) : petites perles à la surface du sirop. Si l'on souffle dans une écumoire recouverte de sirop, il y a formation de bulles.
– Le *petit boulé*, 115 °C - 117 °C (37° Baumé - densité 1,344) : si l'on souffle dans l'écumoire, les bulles se détachent.
– Le *boulé*, 120 °C : pris entre les doigts, le sirop forme une petite boule molle, de la taille d'un petit pois.
– Le *grand boulé*, 125 °C - 130 °C (38° Baumé - densité 1,357) : pris entre les doigts, le sirop forme une boule assez dure et grosse comme une noisette.
– Le *petit cassé*, 135 °C - 140 °C (39° Baumé - densité 1,369) : la petite boule de sucre est dure et craquante. Elle colle aux dents.
– Le *grand cassé*, 145 PC - 150 °C (40° Baumé - densité 1,383) : dans les doigts, la boule se casse avec un bruit sec (de même sous la dent).
– Le *caramel clair*, 155 °C - 165 °C, et le *caramel brun*, 166 °c - 175 °C : le sucre a perdu toute son eau et commence à caraméliser. Il ne faut jamais laisser dépasser la couleur brune.

Pour caraméliser un moule, retirer le récipient de la source de chaleur au moment où le degré de coloration est atteint. Tourner le moule pour qu'il s'enduise de caramel. Celui-ci, en refroidissant, épaissit et durcit en se collant aux parois du moule. Verser la préparation de l'entremets quand le caramel est refroidi.

Les recettes de pâtisserie

Les gâteaux secs

N.B. – Dans nos recettes, les proportions sont établies pour 6 personnes.

37. Tuiles
Préparation : 15 min – Cuisson : 15 min

Dans une terrine, mélanger le beurre tiède, le sucre, la farine, les amandes effilées et les amandes en poudre, le sel et les blancs d'œufs légèrement battus.

Disposer par petits tas assez espacés sur une plaque beurrée.

Cuire à four moyen. Les tuiles doivent être dorées sur le pourtour. Rouler sur le goulot d'une bouteille à la sortie du four.

- 3 blancs d'œufs
- 150 g d'amandes effilées
- 30 g d'amandes en poudre
- 150 g de sucre en poudre ou glace
- 25 g de farine
- 25 g de beurre
- 1 pincée de sel

38. Tuiles aux noisettes
Préparation : 10 min – Cuisson : 10 min

Mélanger dans une terrine, à l'aide d'une spatule en bois, les blancs et le sucre. Ajouter ensuite la farine, le jaune d'œuf et la vanille. Bien mélanger. Disposer des tas espacés sur plaque beurrée. Saupoudrer une pincée de poudre de noisettes sur chaque tas. Cuire à four moyen 5 min, puis chaud 5 min. Les tuiles doivent être dorées sur les bords. Les rouler sur le goulot d'une bouteille à la sortie du four.

- 2 blancs d'œufs
- 1 jaune d'œuf
- 95 g de sucre en poudre
- 60 g de farine
- 60 g de noisettes en poudre
- Vanille

Les gâteaux secs 55

39. Langues-de-chat aux noisettes
Préparation : 20 min – Cuisson : 15 min

175 g de noisettes mondées	
3 œufs assez gros	
225 g de beurre	
200 g de farine	
210 g de sucre glace	

Faire dorer les noisettes au four. Les laisser refroidir puis les réduire en poudre et les broyer dans un mixeur avec les œufs entiers, mais en ajoutant un œuf après l'autre. Dans une terrine, travailler à la spatule le beurre au bain-marie jusqu'à ce qu'il ait la consistance d'une crème, retirer la terrine du bain-marie et ajouter la pâte de noisettes, la farine et le sucre glace.

Beurrer une plaque à langues-de-chat (fig. 11). Garnir chaque division de pâte. Cuire à four bien chaud.

On peut remplacer les noisettes par des noix.

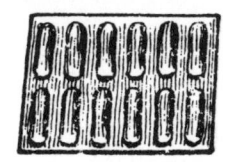

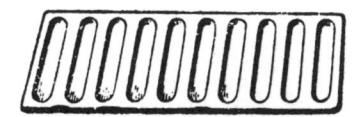

Fig. 11

40. Langues-de-chat à la crème
Préparation : 15 min – Cuisson : 10 min

200 g de crème épaisse	
250 g de sucre en poudre	
250 g de farine	
1 citron non traité (zeste)	
4 blancs d'œufs	

Mélanger la crème et le sucre. Ajouter la farine et le zeste de citron râpé. Terminer en mettant les blancs battus en neige très ferme.

Cuire à four doux, puis chaud, dans un moule à langues-de-chat bien beurré.

41. Langues-de-chat
Préparation : 10 min – Cuisson : 10 min

250 g de beurre	
250 g de sucre glace	
8 blancs d'œufs	
250 g de farine	
Vanille en poudre	

Travailler le beurre en crème, ajouter le sucre glace, la vanille, puis les blancs d'œufs, un par un, sans cesser de travailler. Finir par la farine, jetée en pluie.

42. Croquantes
Préparation : 10 min – Cuisson : 20 min

Dans une terrine, mélanger le sucre, les œufs entiers et un peu de sel. Ajouter la farine et bien mélanger pour obtenir une pâte lisse.

Sur une tôle beurrée, disposer des petits tas espacés. Cuire à four chaud.

Lorsque les gâteaux sont cuits, les rouler sur eux-mêmes. Faire refroidir sur une grille.

3 œufs
240 g de sucre en poudre
Sel
125 g de farine

Quand le tout est bien homogène, verser cette pâte, cuillerée par cuillerée, dans les divisions d'une plaque à langues-de-chat beurrée. Cuire 10 min environ à four chaud.

43. Copeaux
Préparation : 15 min – Cuisson : 10 min

Mélanger, dans une terrine, la farine, le sucre, les amandes et la vanille. Battre les blancs en neige, les incorporer au mélange. Beurrer soigneusement une plaque et couler, à l'aide d'une poche à douille, ou d'une cuillère, des rubans de pâte ayant environ 20 cm de long. Cuire à four moyen 5 min., puis chaud 5 min.

Lorsqu'ils sont cuits, les rouler aussitôt sur un bâton et les laisser prendre la forme de copeaux.

125 g de farine
130 g de sucre en poudre
60 g d'amandes en poudre
Vanille en poudre
3 blancs d'œufs

44. Cigarettes
Préparation : 10 min – Cuisson : 7 à 10 min par plaque

Battre légèrement les blancs dans une terrine. Ajouter le sucre, la farine, un peu de sel, la vanille et les amandes en poudre. Faire amollir le beurre. Le mélanger à la pâte.

Verser dans une poche à douille. (La douille aura 1 cm de diamètre.) Disposer sur une plaque beurrée en espaçant. Cuire à four moyen.

4 gros blancs d'œufs
150 g de sucre en poudre
100 g de farine
50 g d'amandes en poudre
Vanille en poudre
Sel
75 g de beurre

Décoller de la plaque avec soin et rouler chaque gâteau, chaud, sur un petit cylindre de la grosseur d'un crayon.
Les cigarettes doivent être d'un blond doré.

45. Madeleines
Préparation : 20 min – Cuisson : 15 à 18 min

125 g de beurre	
2 gros œufs	
150 g de sucre en poudre	
1 pincée de sel	
150 g de farine	
1 citron non traité (zeste)	

Faire fondre le beurre dans une casserole. Réserver.

Mélanger dans une terrine les œufs entiers avec le sucre et le sel. Travailler jusqu'à ce que le mélange soit blanc.

Incorporer peu à peu la farine, le beurre fondu et le zeste de citron râpé. Remplir à moitié chaque moule à madeleines (fig. 12) beurré et fariné. Cuire à four doux pendant 5 à 8 min, puis à four chaud 10 min environ.

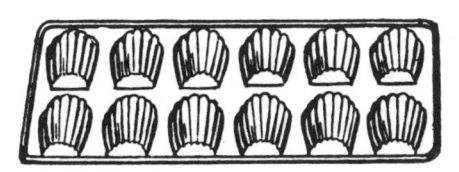

Fig. 12

46. Financiers
Préparation : 20 min – Cuisson : 40 min

150 g de beurre	
250 g de farine	
160 g d'amandes en poudre	
300 g de sucre en poudre	
6 blancs d'œufs	

Travailler, dans une terrine chauffée à l'avance, le beurre, afin de le transformer en crème. Ajouter peu à peu la farine.

Mélanger ensemble le sucre et les amandes en poudre. Battre les blancs en neige très ferme et y incorporer sucre et amandes.

Puis mélanger cette dernière préparation à la pâte de beurre et de farine. Verser la pâte dans des moules à financiers bien beurrés. Cuire à four doux pendant 40 min environ.

47. Gâteaux secs (économique)
Préparation : 10 min – Cuisson : 8 min

Pour 1 blanc d'œuf :
30 g de beurre
50 g de sucre en poudre
50 g de farine

Faire fondre le beurre au bain-marie ; ajouter le sucre, la farine et le blanc battu en neige. Parfumer à volonté (mais pas d'arôme liquide). Verser dans des petits moules plats bien beurrés. Cuire à four chaud pendant 7 à 8 min.

48. Visitandines
Préparation : 25 min – Cuisson : 30 min

125 g de farine
250 g de sucre en poudre
100 g d'amandes en poudre
5 blancs d'œufs
125 g de beurre
1/2 citron non traité (zeste)

Fig. 13

Mélanger la farine, le sucre, le zeste de citron et les amandes en poudre. Ajouter les blancs battus en neige, puis le beurre amolli en dernier lieu. Verser la pâte dans des petits moules à barquette bien beurrés (fig. 13). Faire cuire à four doux pendant 30 min.

49. Palets de dame
Préparation : 10 min – Cuisson : 25 min

125 g de beurre
125 g de sucre en poudre
2 œufs
150 g de farine
50 g de raisins de Corinthe
1 verre à liqueur de rhum

Laver les raisins et les faire macérer dans le rhum. Travailler le beurre avec le sucre pour obtenir une crème. Incorporer les œufs entiers, l'un après l'autre. Ajouter la farine, d'un seul coup, et les raisins.

Mettre la pâte en petits tas assez espacés sur une plaque beurrée. Faire cuire à four moyen. Les gâteaux doivent être dorés sur le pourtour.

50. Dollars
Préparation : 10 min – Cuisson : 20 min

Travailler l'œuf avec le rhum. Ajouter le sucre, le beurre et la farine.
Faire des tas espacés, sur plaque beurrée, et faire cuire à four chaud.

1 œuf
2 c. à s. de rhum
125 g de sucre en poudre
100 g de beurre
150 g de farine

51. Gâteaux à la crème cuite
Préparation : 5 min – Cuisson : 10 min

Mélanger tous les ingrédients. Faire des petits tas assez espacés sur plaque beurrée. Laisser dorer sur le pourtour, à four chaud. Ces gâteaux économiques se conservent très bien.

125 g de crème de lait cuit
125 g de sucre en poudre
125 g de farine
Vanille en poudre

52. Biarritz
Préparation : 20 min – Cuisson : 25 min

Battre les blancs en neige. Verser les amandes et les noisettes en pluie, la farine, le sucre, le beurre fondu et l'extrait d'orange. Beurrer une plaque. Faire des tas bien espacés, à la poche à douille ou avec deux petites cuillères.
Cuire à four moyen pendant 20 à 25 min.
Glacer au chocolat de couverture (p. 326) la partie plate de chaque gâteau.

4 blancs d'œufs
40 g d'amandes en poudre
40 g de noisettes en poudre
40 g de farine
40 g de beurre
160 g de sucre en poudre
Extrait d'orange (2 gouttes)
Chocolat de couverture

53. Hélénettes
Préparation : 5 min – Cuisson : 8 à 10 min

Travailler le jaune avec le sucre, ajouter le beurre amolli, la farine et les amandes. Faire des petits tas sur une plaque beurrée et cuire à four chaud pendant 8 à 10 min.

Pour 1 jaune d'œuf :
50 g de sucre en poudre
40 g de beurre
50 g de farine
50 g d'amandes ou noisettes en poudre

54. Gâteaux à la noix de coco
Préparation : 10 min – Cuisson : 20 min

250 g de noix de coco râpée
250 g de sucre en poudre
3 œufs

Mélanger le sucre, la noix de coco et les jaunes d'œufs. Battre les blancs en neige assez ferme et les incorporer à la pâte. Faire des petits tas assez espacés sur une plaque recouverte de papier sulfurisé beurré. Cuire à four doux pendant 20 min.

55. Congolais
Préparation : 20 min – Cuisson : 25 min

300 g de sucre en poudre
5 blancs d'œufs
1 pincée de sel
250 g de noix de coco râpée
Vanille en poudre

Mettre une terrine dans un bain-marie chaud. Y verser le sucre, le sel et les blancs d'œufs. Battre jusqu'à ce que le sucre soit fondu et le mélange chaud ; mais les blancs ne doivent pas monter en neige.
Incorporer la noix de coco et la vanille. Mélanger avec soin. Disposer des petits tas sur tôle beurrée. Cuire à four doux.

56. Petits macarons
Préparation : 10 min – Cuisson : 15 min

100 g d'amandes en poudre
100 g de sucre en poudre
4 blancs d'œufs

Mélanger tous les ingrédients. Les blancs d'œufs ne doivent pas monter.
Cuire par petits tas sur une plaque recouverte de papier sulfurisé, à four assez chaud, pendant 10 à 15 min.

57. Macarons à la crème
Préparation : 10 min – Cuisson : 25 min

250 g d'amandes en poudre
250 g de sucre en poudre
60 g de crème fraîche
1 blanc d'œuf
Vanille en poudre

Mélanger les amandes et le sucre. Ajouter la crème et le blanc d'œuf non battu. Si la pâte n'est pas assez molle, ajouter encore un peu de crème. Parfumer à la vanille.
Dresser des petits tas espacés sur sur une plaque recouverte de papier sulfurisé. Cuire à four moyen pendant 20 à 25 min.

58. Rochers aux amandes
Préparation : 20 min – Cuisson : 15 min

3 blancs d'œufs
250 g de sucre en poudre
250 g d'amandes en poudre

Chauffer dans une casserole les blancs et le sucre jusqu'à ce que le mélange épaississe. Ajouter la poudre d'amandes. Puis remuer avec une fourchette pour que le mélange ne s'affaisse pas.

Former des petits tas sur plaque beurrée. Cuire à four doux 15 min.

59. Croissants aux amandes
Préparation : 20 min – Cuisson : 20 min

150 g d'amandes en poudre
150 g de sucre en poudre
Vanille en poudre
60 g de confiture d'abricots
2 blancs d'œufs
Farine
1 jaune d'œuf
50 g d'amandes effilées

Piler dans un mortier ou une terrine les amandes en poudre avec le sucre et la vanille. Ajouter la confiture d'abricots et les blancs d'œufs. Si la pâte n'est pas assez ferme, ajouter un peu d'amandes en poudre.

Diviser la pâte en portions de la grosseur d'une noix. Rouler dans un peu de farine pour former de petits boudins. Les dorer au jaune d'œuf et les rouler dans les amandes effilées.

Poser sur du papier sulfurisé beurré chaque gâteau en lui donnant la forme d'un croissant.

Placer sur une tôle à four moyen.

60. Petits fours aux amandes
Préparation : 20 min – Cuisson : 12 à 15 min

250 g d'amandes en poudre
250 g de sucre en poudre
4 blancs d'œufs
Vanille en poudre
Cerises confites ou angélique
10 cl de lait très sucré

Mélanger avec soin, dans une terrine, le sucre et les amandes en poudre. Ajouter peu à peu les blancs montés en neige et la vanille. Sur du papier sulfurisé beurré, disposer des petits gâteaux réguliers grâce à la poche à douille cannelée. Les petits gâteaux seront longs ou ronds et garnis d'un morceau d'angélique ou d'une cerise confite.

Cuire 12 à 15 min à four moyen. Au sortir du four, badigeonner chaque petit four, à l'aide d'un pinceau, de lait très sucré. Pour décoller les gâteaux, poser le papier sur une surface humide.

61. Biscuits à la cuillère
Préparation : 25 min – Cuisson : 15 min

75 g de sucre en poudre
3 œufs
75 g de farine
Eau de fleur d'oranger

Travailler le sucre avec les jaunes pour obtenir un mélange blanc et mousseux. Ajouter quelques gouttes d'eau de fleur d'oranger, les blancs battus en neige très ferme et la farine. Mettre cette préparation dans une poche munie d'une douille ronde unie d'1 cm de diamètre. Coucher les biscuits sur une plaque beurrée et cuire 15 min à four moyen.

62. Schenkelés
Préparation : 15 min – Cuisson : 10 min

200 g de sucre en poudre
4 œufs
Sel
100 g d'amandes en poudre
200 g de beurre
1 verre à porto de rhum
1 citron non traité (zeste)
500 g de farine

Travailler dans une terrine le sucre avec les œufs et une pincée de sel. Ajouter les amandes en poudre, le beurre légèrement fondu, le rhum, le zeste de citron râpé et la farine.
Bien mélanger le tout pour obtenir une pâte homogène. L'étaler au rouleau sur un plan de travail fariné, en conservant une certaine épaisseur. La diviser en petits bâtonnets épais et longs comme l'index. Faire frire dans l'huile bien chaude.

63. Tranches sucrées
Préparation : 10 min – Cuisson : 25 min

200 g de farine
150 g de sucre en poudre
100 g de beurre
2 œufs
3 g de bicarbonate
Sucre cristallisé

Travailler dans une terrine la farine, le beurre, le sucre en poudre et 1 œuf. Ajouter le bicarbonate mais ne pas mettre une goutte d'eau. La pâte doit être dure. L'étendre au rouleau sur un plan de travail fariné sur une épaisseur de 0,5 cm. Dorer à l'œuf, saupoudrer largement de sucre cristallisé ; couper ensuite en rectangles de 6 cm environ sur 3 cm. Cuire à four chaud pendant 25 min sur plaque beurrée.

Les gâteaux secs

64. Blitzkouchen

Préparation : 15 min – Cuisson : 15 min

Travailler le beurre en crème, ajouter le sucre, les œufs, le zeste de citron râpé et la farine. Beurrer une plaque à gâteaux. Y placer la pâte, étaler au rouleau assez finement.
Parsemer d'amandes, saupoudrer avec la quantité de sucre nécessaire.
Cuire à four bien chaud. Couper aussitôt en carrés ou en losanges.

125 g de beurre	
125 g de sucre en poudre	
2 œufs	
1 citron non traité (zeste)	
125 g de farine	
65 g d'amandes effilées	

65. Croquets à l'anis

Préparation : 10 min – Cuisson : 25 min

Travailler dans une terrine la farine avec les 2 petits œufs et un peu de sel. Ajouter le beurre amolli, le sucre et l'anis.
Pétrir à la main jusqu'à ce que la pâte puisse former une boule.
Étendre au rouleau sur un plan de travail fariné. Elle doit avoir 0,5 cm d'épaisseur. Découper en gâteaux de formes variées. Dorer au jaune d'œuf et cuire à four moyen, sur plaque beurrée, pendant 20 à 25 min.

250 g de farine	
2 petits œufs + 1 jaune d'œuf	
Sel	
85 g de beurre	
200 g de sucre en poudre	
5 g d'anis	

66. Bâtons aux amandes

Préparation : 20 min – Cuisson : 15 min

Faire amollir le beurre. Ajouter 60 g de sucre, les œufs, puis la farine et, pour finir, les amandes hachées.
Travailler la pâte avec les mains pour la rendre homogène. La diviser en bâtonnets de 5 à 6 cm. Les rouler dans le sucre qui reste et les faire cuire pendant 15 min à four assez chaud.

125 g de beurre	
160 g de sucre en poudre	
2 œufs	
250 g de farine	
125 g d'amandes hachées grossièrement	

67. Petits gâteaux au maïs
Préparation : 10 min — Cuisson : 25 min

Mélanger tous les ingrédients. Pétrir la pâte à la main dans une terrine, puis sur la planche à pâtisserie. Étendre au rouleau sur une épaisseur de 0,5 cm sur un plan de travail fariné. Découper à l'emporte-pièce et cuire à four doux pendant 20 à 25 min sur plaque beurrée.

125 g de farine de maïs
125 g de farine de froment
125 g de beurre
125 g de sucre en poudre
1 œuf
Sel

68. Pains d'anis
(à préparer la veille)
Préparation : 15 min — Cuisson : 25 min

Travailler les œufs avec le sucre. Ajouter le carbonate et l'essence d'anis en quantité suffisante (suivant le goût).

Ajouter ensuite la farine pour obtenir une pâte que l'on peut étendre au rouleau sur un plan de travail fariné. Couper en galettes ayant environ 3 à 4 cm de diamètre.

Laisser sécher pendant 24 h à température ambiante.

Cuire à four doux sur plaque beurrée. Les galettes doivent être fermes mais non dorées.

250 g de sucre en poudre
2 œufs
2 g de carbonate d'ammoniac
Essence d'anis
500 g de farine

69. Mandelkritzler
Préparation : 15 min — Cuisson : 5 min

Travailler tous les ingrédients dans une terrine, puis à la main sur la planche. Découper à l'emporte-pièce, de la forme qu'il plaira, en petits gâteaux. Frire ensuite dans l'huile bien chaude.

125 g de beurre
250 g de sucre en poudre
250 g d'amandes en poudre
500 g de farine
2 à 4 g de cannelle en poudre
Fleur d'oranger selon le goût
Huile pour friture

70. Croquets alsaciens
Préparation : 15 min – Cuisson : 15 min

250 g d'amandes en poudre
250 g de sucre en poudre
250 g de farine
3 œufs

Mélanger les amandes, le sucre, la farine et 2 œufs pour obtenir une pâte homogène. Étendre au rouleau sur 1,5 cm d'épaisseur sur un plan de travail fariné. Placer la bande de pâte sur une plaque beurrée et farinée. Dorer avec l'œuf restant. Cuire à four chaud. Couper aussitôt les gâteaux en forme de bâtons et tailler chaque extrémité en biseau.

71. Galettes au vin blanc
Préparation : 10 min – Cuisson : 20 min

200 g de farine
100 g de beurre
100 g de sucre en poudre
3 c. à s. de vin blanc sec
Sel
1 jaune d'œuf

Travailler sur une planche à pâtisserie, en mettant la farine en fontaine et en versant le vin blanc, un peu de sel, le sucre et le beurre au milieu. Étendre au rouleau sur 0,5 cm d'épaisseur sur un plan de travail fariné. Dorer au jaune d'œuf. Cuire à four chaud pendant 20 min sur plaque beurrée.

72. Croquets norvégiens
Préparation : 15 min – Cuisson : 25 min

2 g de bicarbonate
3 g de crème de tartre
250 g de farine
70 g de beurre
75 g de sucre en poudre
3 œufs

Mélanger la crème de tartre et le bicarbonate. Travailler la farine, le sucre et 2 œufs selon la formule 95 (croquets alsaciens). Disposer la pâte sur la tourtière beurrée de manière à obtenir deux pains rectangulaires (analogues à un pain de mie).
Dorer le dessus avec l'œuf restant. Cuire à four moyen pendant 10 min, puis chaud.
Lorsque les biscuits sont cuits et chauds, couper en tranches de 0,5 cm, remettre chaque tranche à plat sur la plaque et faire dorer des deux côtés. Ces croquets rappellent les biscottes sucrées.

73. Petits gâteaux en moules
Préparation : 15 min – Cuisson : 30 min

500 g de farine
1 œuf
5 cl de cognac
12,5 cl d'eau
500 g de beurre
Pour la pâte d'amande :
250 g d'amandes en poudre
375 g de sucre en poudre
8 blancs d'œufs

Mélanger la farine, le cognac, l'eau et l'œuf. Ajouter le beurre non fondu et pétrir avec les mains. Beurrer des petits moules à bords hauts de 3 cm au moins. Étaler la pâte au rouleau sur un plan de travail fariné et en foncer les moules.

Préparer la pâte d'amande en mélangeant les amandes en poudre, le sucre et les blancs d'œufs légèrement battus mais non montés. Mettre ensuite, dans chaque moule, 1 c. à s. de pâte d'amande. Garnir chaque gâteau avec deux rubans de pâte feuilletée (voir formule 221) disposés en croix.

Cuire à four chaud pendant 30 min.

Remarque. – On peut diminuer les quantités de moitié, à condition de prendre un œuf très petit ou la moitié d'un blanc et la moitié d'un jaune.

74. Couronnes de Berlin
Préparation : 20 min – Cuisson : 30 min

4 œufs
100 g de sucre en poudre
250 g de farine
250 g de beurre
Sucre cristallisé

Cuire 2 œufs durs. Prendre les jaunes et les pétrir avec 2 jaunes d'œufs crus. Ajouter le sucre, puis, peu à peu, la farine et le beurre amolli. Travailler la pâte pour la rendre bien homogène.

La diviser en boules de la taille de grosses noix. Rouler à la main ces boules pour obtenir des bâtonnets. En former des couronnes. Badigeonner avec le blanc d'œuf bien battu. Saupoudrer de sucre cristallisé et cuire 20 à 30 min à four chaud sur plaque beurrée.

75. Petits gâteaux fondants
Préparation : 20 min – Cuisson : 20 min

375 g de beurre
250 g de sucre en poudre
Vanille en poudre
2 œufs
125 g d'amandes en poudre
250 g de fécule de pomme de terre
15 g de levure chimique

Ramollir le beurre au four tiède. Travailler ensuite avec le sucre et la vanille. Ajouter les œufs et les amandes. Pour finir, mettre la fécule et la levure.

Mettre la pâte en petits tas sur une tourtière beurrée. Disposer, autant que possible, cette pâte en bandes roulées en couronne ou en S.

Cuire à four chaud pendant 15 à 20 min.

76. Pommes de terre
Préparation : 35 min – Cuisson : 25 min

310 g de sucre en poudre
1 œuf
3 blancs d'œufs
60 g de beurre
50 g de farine
10 g de fécule de pomme de terre
8 g de levure chimique
125 g d'amandes en poudre
100 g de chocolat en poudre
60 g d'amandes effilées
Vanille en poudre

Travailler 160 g de sucre avec l'œuf entier. Ajouter le beurre ramolli, puis la farine, la fécule et la levure chimique.

Verser la pâte sur une plaque à tarte beurrée. Faire cuire à four moyen pendant 20 à 25 min. Laisser refroidir.

Émietter la pâte dans une terrine. Ajouter alors 150 g de sucre en poudre, les amandes, la vanille et la moitié du chocolat. Battre 3 blancs en neige très ferme. Mélanger le tout. Former avec la pâte des boulettes de forme allongée.

Rouler encore dans le chocolat en poudre restant et piquer des amandes effilées afin de simuler des germes.

Remarque. – La première pâte peut être remplacée par des madeleines un peu sèches.

77. Pains d'amandes
(4 h à l'avance)
Préparation : 15 min – Cuisson : 15 min

2 œufs
60 g de sucre en poudre
Vanille en poudre
3 g de sel
75 g d'amandes en poudre
100 g de beurre fondu
250 g de farine
7 g de levure chimique

Mélanger dans une terrine les œufs, le sucre, la vanille, le sel, les amandes et le beurre fondu. Incorporer peu à peu la farine et finir en mettant la levure. La pâte doit être homogène mais épaisse. Lui donner la forme d'un gros boudin.
Laisser reposer 4 h à température ambiante.
Détailler en tranches de 1 cm d'épaisseur.
Placer sur une plaque beurrée et cuire à four chaud pendant 15 min environ.

78. Petits pains aux amandes
(à préparer la veille)
Préparation : 25 min – Cuisson : 20 min

25 à 30 d'amandes mondées
250 g de farine
6 cl de lait
1 œuf
180 g de sucre en poudre
3 g de levure chimique
Sel
125 g de beurre
125 g d'amandes en poudre
5 g de cannelle en poudre

Réserver la moitié les amandes mondées afin de garnir les gâteaux.
Mettre sur la planche la farine ; faire un puits, verser le lait, l'œuf, le sucre, la levure et une pincée de sel fin.
Triturer sans mêler à la farine. Incorporer à la pâte le beurre, les amandes et la cannelle en poudre ; malaxer avec les mains en ajoutant la farine. Fraiser la pâte plusieurs fois. La mettre en boule et la laisser reposer pendant un jour entier.
Former avec la pâte deux boudins assez gros. Les débiter en morceaux réguliers auxquels on donne autant que possible la forme de petits pains. Fourrer une demi-amande dans chaque pain. Placer sur une plaque beurrée, mais en les espaçant les uns des autres. Cuire à four chaud pendant 20 min.

79. Pains de Wiesbaden

(1 h à l'avance)
Préparation : 20 min – Cuisson : 30 min

250 g de farine
125 g de sucre en poudre
125 g de beurre
2 œufs entiers
1 jaune d'œuf
Cannelle ou 1 citron non traité (zeste râpé)
1 g de crème de tartre
1 g de bicarbonate de soude

Dans une terrine où se trouve déjà la farine, mettre le sucre, le beurre ramolli, 1 œuf entier et le jaune. Ajouter le parfum, la crème de tartre et le bicarbonate.
Travailler avec les mains. Rouler la pâte en boule. Laisser reposer 30 min à température ambiante. Rouler ensuite la pâte en forme de boudin. Couper en tranches égales et travailler chacune de ces tranches dans le creux de la main pour leur donner la forme de petits pains allongés. Les placer sur une tôle beurrée.
Battre 1 œuf entier et s'en servir pour dorer chacun des petits pains. Cuire à four chaud 25 à 30 min.

80. Croquets de Carcassonne

(à préparer la veille)
Préparation : 20 min – Cuisson : 25 à 30 min

125 g d'amandes entières
250 g de farine
100 g de sucre en poudre
4 petits œufs
1 citron non traité (zeste)
80 g de beurre

Laver les amandes à l'eau froide. Les essuyer. Mettre la farine sur une planche ; y faire un puits. Ajouter le sucre, 3 œufs, le zeste râpé, et mélanger sans toucher la farine. Incorporer le beurre, puis les amandes et, en dernier lieu, la farine, en travaillant avec les mains. À l'aide d'un couteau assez grand, coupailler la pâte dans plusieurs sens afin de casser les amandes. Puis pétrir à nouveau la pâte qui doit être homogène. La diviser en deux parties, les rouler en forme de boudins. Aplatir légèrement chaque gâteau, les dorer à l'œuf et les cuire sur plaque beurrée à four moyen pendant environ 15 min, puis chaud. À ce moment, les gâteaux doivent être dorés. Les débiter, chauds, en tranches de 1 cm et faire dorer sur les deux faces pendant quelques minutes, à four chaud.

81. Petits beurres
(1 h à l'avance)
Préparation : 15 min – Cuisson : 30 min

250 g de farine	
100 g de beurre	
50 g de sucre en poudre	
Sel	
7 c. à s. de crème double	

Travailler ensemble, sur le plan de travail, le beurre et la farine. Ajouter ensuite, au milieu, le sucre, un peu de sel et la crème. Travailler rapidement et légèrement pour obtenir une boule lisse.
Laisser reposer, à couvert, pendant 1 h à température ambiante.
Étendre la pâte sur la planche farinée, sur une épaisseur de 0,5 cm. Couper à l'emporte-pièce et piquer de trous réguliers. Cuire à four moyen sur plaque beurrée. Les petits beurres doivent être dorés légèrement.

82. Petits pains soufflés aux amandes
Préparation : 15 min – Cuisson : 10 min

175 g de beurre	
175 g de sucre en poudre	
1 citron non traité (zeste)	
4 œufs entiers	
250 g de farine	
10 g de levure chimique	
100 g d'amandes hachées	

Travailler dans une terrine le beurre, le sucre et le zeste de citron râpé. Ajouter ensuite 3 œufs, l'un après l'autre, la farine et la levure chimique. Bien battre cette pâte pour qu'elle prenne du corps.
La diviser en morceaux de la grosseur d'une noix. Les rouler dans les amandes hachées. Les placer sur une plaque beurrée. Dorer à l'œuf.
Cuire à four chaud pendant 10 min.

83. Boules de neige
Préparation : 15 min – Cuisson : 25 min

100 g de beurre	
250 g de farine	
1 œuf	
1 c. à s. de lait	
Vanille en poudre	
10 g de levure chimique	
125 g de sucre en poudre	
Confiture d'abricots	
100 g de noix de coco râpée	

Faire amollir le beurre. Le mélanger avec la farine dans une terrine. Ajouter alors l'œuf battu en omelette avec le lait, la vanille, le sucre et la levure. La pâte doit être assez épaisse.
La diviser en boules bien régulières de la taille d'une grosse noix. Cuire sur plaque beurrée à four moyen, puis chaud, pendant 20 à 25 min.
Lorsque les gâteaux sont refroidis, les rouler dans la confiture, puis dans la noix de coco râpée.

Les gâteaux secs

84. Petits fours aux raisins
Préparation : 15 min – Cuisson : 15 min

120 g de sucre en poudre
Vanille en poudre
2 œufs
240 g de farine
90 g de beurre
125 g de raisins de Corinthe
10 g de levure chimique

Travailler dans une terrine le sucre, la vanille et les œufs entiers. Ajouter la farine, puis le beurre amolli. Finir par les raisins (bien lavés) et la levure. Cuire sur plaque beurrée, à four chaud, en disposant des petits tas.

Les sablés

85. Sablés nantais
Préparation : 10 min – Cuisson : 20 min

1 œuf + 2 jaunes
100 g de sucre en poudre
Sel
Vanille en poudre
200 g de farine
100 g de beurre

Travailler, dans une terrine, les 2 jaunes avec le sucre. Ajouter un peu de sel, la vanille en poudre et la farine. Mettre en dernier lieu le beurre afin d'obtenir, en travaillant avec les mains, une pâte lisse et homogène.

Fig. 14

Étendre au rouleau sur un marbre fariné. Couper à l'emporte-pièce (fig. 14), dorer à l'œuf et cuire à four chaud sur une plaque beurrée.

86. Sablés
Préparation : 10 min – Cuisson : 20 min

3 œufs
200 g de sucre en poudre
Sel
500 g de farine
1 citron non traité (zeste)
250 g de beurre

Travailler dans une terrine 2 œufs entiers, un peu de sel et le sucre. Ajouter la farine, le zeste de citron râpé et le beurre. Étendre la pâte au rouleau, lorsqu'elle est bien lisse, sur un plan de travail fariné. La couper à l'emporte-pièce (fig. 14), dorer à l'œuf. Cuire à four chaud sur une plaque beurrée.

87. Gâteaux de Milan
Préparation : 10 min – Cuisson : 20 min

Voici trois recettes qui s'exécutent de la même manière. Les proportions seules diffèrent. Lorsque le beurre sera en plus grande quantité, la pâte sera plus moelleuse. Lorsqu'il y aura plus de sucre, la pâte sera plus sablée.

88. Gâteaux de Milan n° 1

125 g de beurre
500 g de sucre en poudre
Sel
6 jaunes d'œufs
1 citron non traité (zeste râpé)
500 g de farine

89. Gâteaux de Milan n° 2

250 g de beurre
500 g de sucre en poudre
Sel
6 jaunes d'œufs
1 goutte d'eau
500 g de farine

90. Gâteaux de Milan n° 3

300 g de beurre
250 g de sucre en poudre
Sel
Cannelle en poudre
6 jaunes d'œufs
500 g de farine

Travailler le beurre en crème ; ajouter un peu de sel, le sucre, le parfum, 5 jaunes d'œufs, puis la farine. Travailler la pâte à la main pour la rendre bien lisse. L'étendre au rouleau sur une épaisseur d'environ 0,5 cm, sur un plan de travail fariné. La couper en gâteaux de formes diverses.

Dorer au jaune d'œuf et cuire à four chaud sur une plaque légèrement beurrée.

91. Gâteau de sable

Préparation : 15 min – Cuisson : 30 min

125 g de beurre
250 g de sucre en poudre
250 g de farine
125 g de fécule de pomme de terre
Vanille en poudre
Sel
5 œufs

Travailler le beurre en crème ; ajouter le sucre, la fécule, la farine, un peu de sel, la vanille, puis les œufs entiers, mais un par un. Verser la pâte dans un moule beurré et saupoudré de sucre en poudre. Cuire à four moyen pendant 15 min, puis chaud.

92. Sablé niortais

Préparation : 10 min – Cuisson : 25 min

1 œuf
175 g de sucre en poudre
1 pincée de sel
1 c. à c. de rhum
250 g de farine
175 g de beurre

Mettre dans une terrine l'œuf, le sucre, le sel et le rhum. Ajouter la farine et le beurre en morceaux. Pétrir soigneusement le tout à la main.
Beurrer une tourtière à bord cannelé (24 cm environ de diamètre).
Mettre la pâte dans la tourtière en tassant uniformément.
Cuire à four doux. Surveiller la cuisson du dessous qui doit être également doré.

93. Sablés aux amandes

Préparation : 15 min – Cuisson : 25 min

250 g de farine
150 g de beurre
90 g de sucre en poudre
Sel
1 gros œuf
2 c. à s. de rhum
1 citron non traité (zeste)
75 g d'amandes en poudre
Lait

Fig. 15

Mettre dans une terrine, ou sur une planche, la farine, le beurre, le sucre, un peu de sel, l'œuf entier, le rhum, le zeste de citron râpé et les amandes en poudre. Travailler pour obtenir une pâte homogène.
Étendre la pâte au rouleau sur une épaisseur de 0,75 cm sur un plan de travail fariné, la couper en forme de losanges. Dorer avec le lait.

Cuire à four chaud pendant 20 à 25 min sur une plaque légèrement beurrée.

94. Galettes nantaises
Préparation : 10 min – Cuisson : 10 min

250 g de farine
125 g de beurre
125 g de sucre en poudre
80 g d'amandes en poudre
1 pincée de sel
1 œuf + 4 jaunes
60 g d'amandes entières mondées

Travailler dans une terrine, à l'aide d'une spatule, puis à la main, la farine, le beurre, le sucre, les amandes en poudre et le sel avec les 4 jaunes. Lorsque la pâte est bien homogène, l'étendre au rouleau sur la planche à pâtisserie bien farinée, sur une épaisseur de 4 cm environ. Couper en galettes. Les placer sur une tourtière beurrée. Dorer à l'œuf. Tracer des traits en diagonale avec un couteau. Mettre au milieu de chaque galette une demi-amande. Cuire à four chaud 5 à 10 min.

95. Galettes à la mandarine
Préparation : 35 min – Cuisson : 20 min

2 zestes de mandarines
160 g d'amandes mondées
70 g de farine
100 g de sucre en poudre
2 œufs
Carmin

Laver les mandarines. Prélever les zestes.
Hacher finement les zestes ainsi que les amandes. Travailler le tout avec la farine, le sucre, 1 œuf entier et 1 jaune. Colorer avec un peu de carmin. Incorporer alors le blanc d'œuf battu. Disposer, sur une tôle beurrée, des petits tas espacés. Faire cuire à four chaud.

96. Sablés à l'orange
Préparation : 15 min – Cuisson : 25 min

250 g de farine
125 g de beurre
100 g de sucre en poudre
Sel
1 orange non traitée
1 jaune d'œuf
Écorce confite d'orange

Mélanger dans une terrine ou sur une planche la farine, le beurre, le sucre, un peu de sel, le zeste entier râpé de l'orange et le jus de la moitié de l'orange.
Travailler la pâte pour la rendre bien lisse. Laisser reposer 1 h environ au frais.
Étendre au rouleau sur une épaisseur de 0,5 cm sur un plan de travail

fariné. Couper à l'emporte-pièce en forme de petites galettes. Dorer au jaune d'œuf et placer au centre de chaque sablé un petit morceau d'écorces d'oranges confites, coupé soit en rond, soit en losange.
Cuire à four chaud pendant 20 à 25 min sur une plaque beurrée.

97. Sablés à la vanille
Préparation : 10 min – Cuisson : 25 min

60 g de sucre en poudre
Sel
160 g de beurre
2 jaunes d'œufs + 1 œuf
200 g de farine
Vanille en poudre

Travailler délicatement, dans une terrine, le sucre, un peu de sel, le beurre et les jaunes d'œufs. Ajouter ensuite la farine et la vanille. Fraiser la pâte et la laisser reposer de 1 à 2 h au frais.

Étendre alors la pâte au rouleau sur une épaisseur de 0,5 cm sur un plan de travail fariné. Couper en gâteaux de forme ronde ayant environ 10 cm de diamètre, puis en deux. Dorer chaque demi-cercle à l'œuf et placer sur plaque beurrée. Faire cuire à four chaud pendant 20 à 25 min.

98. Sablés secs
(1 h à l'avance)
Préparation : 10 min – Cuisson : 25 min

200 g de farine
100 g de sucre en poudre
Sel
125 g de beurre
2 œufs
5 g de vanille en poudre ou 1 citron non traité (zeste)

Travailler dans une terrine la farine avec le sucre et le sel. Ajouter au milieu de cette préparation le beurre, 1 œuf et la vanille ou le zeste de citron râpé. Travailler le mélange, fraiser la pâte puis la laisser reposer en boule pendant 1 h environ au frais.

Étendre au rouleau sur une planche farinée, en donnant à la pâte une épaisseur de 0,5 cm. Dorer à l'œuf et cuire à four chaud pendant 20 à 25 min sur une plaque légèrement beurrée.

99. Sablés au cédrat
Préparation : 15 min – Cuisson : 20 min

125 g de cédrat confit
250 g de farine
150 g de beurre
100 g de sucre en poudre
2 œufs
Sel
1 citron non traité (zeste)

Hacher finement le cédrat. Le mélanger avec la farine, le beurre, le sucre, 1 œuf, le sel et le zeste de citron râpé, avec les mains, sur la planche à pâtisserie. Travailler la pâte pour la rendre bien souple. L'étaler au rouleau sur une épaisseur de 1 cm sur un plan de travail fariné.

Couper à l'emporte-pièce, dorer à l'œuf et cuire à four chaud pendant 20 min sur une plaque légèrement beurrée.

100. Petits fours duchesse
Préparation : 10 min – Cuisson : 30 min

100 g de beurre
140 g de sucre en poudre
2 œufs
300 g de farine
5 g de levure chimique
Amandes entières ou cerises confites

Faire ramollir le beurre. Travailler avec le sucre et les jaunes d'œufs. Incorporer la farine et la levure. Pétrir à la main. Diviser la pâte en boulettes de la taille d'une noix. Placer sur une plaque beurrée. Garnir avec une demi-amande ou une demi-cerise confite. Badigeonner de blanc d'œuf, saupoudrer de sucre en poudre et faire cuire à four moyen sur une plaque légèrement beurrée. Les gâteaux doivent être bien dorés.

101. Sablés normands
Préparation : 5 min – Cuisson : 20 min

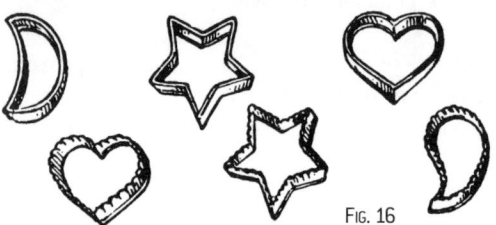

250 g de farine
7 g de levure chimique
100 g de sucre en poudre
Sel
100 g de beurre
2 œufs
Vanille en poudre

Fig. 16

Travailler tous les ingrédients dans une terrine pour obtenir une pâte bien homogène. Laisser reposer 1 h. Étendre au rouleau sur

une épaisseur de 0,5 cm sur un plan de travail fariné. Couper à l'emporte-pièce (fig. 16).
Cuire à four chaud 15 à 20 min sur une plaque légèrement beurrée.

Les gâteaux salés

102. Bâtonnets salés
Préparation : 15 min – Cuisson : 25 min

| 250 g de farine |
| 200 g de beurre |
| 5 cl de lait |
| Sel |
| Jaune d'œuf |

Mettre la farine dans une terrine ; faire un puits et placer le beurre fondu au bain-marie, le lait et le sel.
Travailler avec les mains et finir sur la planche pour obtenir une pâte souple qui se détache facilement.
Rouler la pâte avec les mains afin de former des bâtons de la grosseur d'une cigarette. Dorer au pinceau avec du jaune d'œuf. Saupoudrer de sel fin. Cuire à four doux pendant 20 à 25 min.

103. Palets salés
(2 h à l'avance)
Préparation : 10 min – Cuisson : 10 min

| 500 g de farine |
| 60 g de beurre |
| 10 cl de lait |
| 10 cl d'eau |
| 20 g de sel fin |

Travailler dans une terrine pour mélanger tous les ingrédients. Puis fraiser la pâte sur la planche. La laisser reposer pendant 2 h environ au frais. Étendre au rouleau sur 0,5 cm d'épaisseur sur un plan de travail fariné. Couper ensuite à l'emporte-pièce des galettes rondes, très minces. Piquer chaque gâteau avec les dents d'une fourchette ou la pointe d'une aiguille à tricoter. Cuire à four chaud sur une plaque beurrée jusqu'à ce qu'ils soient dorés.
Servir ces palets tartinés de beurre.

104. Galettes salées
Préparation : 15 min – Cuisson : 30 min

250 g de farine
60 g de beurre
5 g de levure chimique
5 cl de lait
8 g de sel

Travailler ensemble la farine et le beurre. Faire un puits et y mettre la levure avec le lait et le sel. Mélanger, travailler avec les mains. Étendre au rouleau sur 0,5 cm d'épaisseur sur un plan de travail fariné.
Couper ensuite à l'emporte-pièce des galettes rondes, très minces.
Faire cuire à four chaud sur une plaque beurrée.

105. Bâtons salés
(1 h à l'avance)
Préparation : 25 min – Cuisson : 10 min

20 cl de lait
75 g de beurre
250 g de farine
5 g de sel

Faire fondre le beurre dans le lait que l'on fait seulement tiédir. Retirer du feu et jeter dans ce lait la farine tamisée et le sel. Travailler le tout assez longtemps afin de rendre la pâte bien souple. Laisser reposer 1 h à température ambiante. Étendre la pâte au rouleau sur un plan de travail fariné. La couper en bâtonnets de 10 cm de long et 0,5 cm d'épaisseur. Mouiller le dessus avec de l'eau très salée et cuire sur une plaque beurrée à four vif pour que les gâteaux soient bien dorés.

106. Galettes salées
Préparation : 10 min – Cuisson : 30 min

250 g de farine
200 g de beurre
5 cl de crème fraîche
1 œuf
10 g de sel

Pétrir ensemble, dans une terrine, la farine, le beurre, la crème et le sel. Étendre au rouleau sur un plan de travail fariné. Faire de petites galettes, dorer à l'œuf légèrement salé et cuire à four doux pendant 30 min sur une plaque beurrée.

Les gâteaux secs 79

107. Allumettes au gruyère
Préparation : 10 min – Cuisson : 20 min

150 g de farine
150 g de beurre
150 g de gruyère râpé
Sel
Poivre
1 pointe de piment de Cayenne

Travailler tous les ingrédients pour obtenir une pâte bien lisse. Étendre au rouleau sur un plan de travail fariné sur une épaisseur de 3 à 4 mm. Couper en bâtonnets de 0,5 cm de large. Placer ces bâtonnets sur une plaque bien beurrée et cuire à four chaud pendant 20 min.

108. Fondants au parmesan
Préparation : 10 min – Cuisson : 20 min

150 g de farine
150 g de beurre
150 g de parmesan râpé
1 jaune d'œuf

Travailler la farine, le beurre et le parmesan à la main sur un plan de travail. Ne pas mettre de sel. Étendre la pâte au rouleau sur un plan de travail fariné, la couper en galettes. Faire des raies avec un couteau, dorer au jaune d'œuf et cuire à four chaud pendant 20 min.

109. Pailles au fromage
Préparation : 10 min – Cuisson : 10 min

125 g de farine
300 g de Chester râpé
5 g de sel
125 g de beurre
2 jaunes d'œufs + 1 œuf
Piment de Cayenne

Travailler la farine, le sel, le beurre, les jaunes d'œufs et 200 g de chester râpé avec les mains sur un plan de travail. Étendre au rouleau, sur une planche farinée. Couper en rubans étroits.
Dorer à l'œuf et saupoudrer de fromage râpé restant. Faire cuire à four chaud pendant 10 min sur une plaque beurrée.

Les biscuits

N.B. – Dans nos recettes, les proportions sont établies pour 6 personnes.

110. Biscuit de Savoie
Préparation : 20 min – Cuisson : 30 min

Séparer les jaunes des blancs. Travailler les jaunes avec le sucre pour obtenir un mélange mousseux. Ajouter la fécule par petites quantités. Terminer en mettant le zeste de citron râpé, les blancs battus en neige très ferme et la levure.
Verser dans un moule bien beurré et fariné. Cuire à four moyen 10 min, puis assez chaud pendant 20 min environ.

4 œufs
200 g de sucre en poudre
170 g de fécule de pomme de terre
1 citron non traité (zeste)
5 g de levure chimique

111. Biscuit de Savoie (autre recette)
Préparation : 20 min – Cuisson : 20 min

Travailler selon la formule 110.
Cuire à four moyen pendant environ 20 min.

4 œufs
200 g de sucre en poudre
100 g de farine
Vanille en poudre

112. Gâteau de Savoie
Préparation : 20 min – Cuisson : 25 min

Procéder selon la formule 110 en ajoutant la farine et la fécule tamisées ensemble, puis le parfum et les blancs battus très fermes. Verser la pâte dans un moule à biscuit bien beurré et fariné et cuire à four moyen pendant 10 min, puis assez chaud pendant environ 15 min.

4 œufs
200 g de sucre en poudre
60 g de fécule de pomme de terre
40 g de farine
Parfum : vanille ou zeste de citron râpé

113. Gâteau de Savoie fourré à la confiture
Préparation : 30 min – Cuisson : 25 min

Gâteau de Savoie
100 g d'amandes effilées et grillées
Kirsch (quantité suffisante)
Gelée de groseille ou de framboise

Préparer un gâteau de Savoie selon la formule 112. Le laisser refroidir. Puis le couper en deux dans l'épaisseur.

Humecter le côté coupé avec du sirop au kirsch (25). Intercaler entre les deux morceaux de la gelée de groseille ou de framboise.

Reformer le gâteau. L'enduire de gelée, sur le dessus et sur le pourtour, et garnir d'amandes grillées.

Remarque. – On peut employer aussi de la marmelade d'abricots.

114. Moka aux amandes
Préparation : 50 min – Cuisson : 25 min

Gâteau de Savoie
Crème au beurre au café
100 g d'amandes effilées

Préparer et cuire un gâteau de Savoie selon la formule 112.

Préparer une crème au beurre au café selon la formule 12.

Faire griller régulièrement à four chaud les amandes. Lorsque le gâteau est refroidi, le couper en deux dans l'épaisseur. Fourrer avec un tiers de la crème au beurre. Reformer le gâteau.

Garnir l'extérieur du gâteau avec le reste de la crème au beurre et saupoudrer le dessus et le pourtour d'amandes grillées.

Remarque. – Le Savoie peut être imbibé de sirop parfumé au rhum (25).

115. Charlotte portugaise
Préparation : 1 h – Cuisson : 1 h

Gâteau de Savoie
Crème pâtissière avec kirsch
125 g de fruits confits
Kirsch
Meringue italienne
Sucre glace

Préparer et cuire un gâteau de Savoie selon la formule 112. Le laisser refroidir sur une grille.

Préparer la crème pâtissière selon la formule 17 et d'autre part couper les fruits confits et les faire macérer dans du kirsch.

Couper le gâteau de Savoie en trois morceaux dans l'épaisseur.
Disposer la partie inférieure du biscuit sur une grille.
Mélanger les fruits et le kirsch à la crème pâtissière. Garnir la couche inférieure du gâteau de crème. Placer le milieu du biscuit. Garnir de crème. Terminer avec le dessus du gâteau.
Préparer la meringue italienne selon la formule 794. Réserver un tiers pour mettre dans la poche à douille cannelée. Masquer entièrement le gâteau avec ce qui reste de meringue. Garnir et décorer à volonté, avec la meringue qui est dans la poche à douille. Saupoudrer de sucre glace. Passer le gâteau à four chaud pendant quelques minutes uniquement pour dorer la meringue.

Remarque. – On peut accompagner cette charlotte d'une crème anglaise.

116. Biscuit aux oranges
Préparation : 25 min – Cuisson : 45 min

4 œufs
400 g de sucre en poudre
250 g d'amandes en poudre
Sel
3 oranges non traitées
200 g de sucre glace

Battre les jaunes avec le sucre en poudre pour obtenir un mélange crémeux. Ajouter un peu de sel, le zeste râpé de 2 oranges et le jus d'une orange, les amandes en poudre et les blancs battus en neige bien ferme. Mettre la pâte dans un moule bien beurré. Cuire à four doux pendant 45 min.
Démouler et glacer le gâteau avec du sucre glace mêlé au jus des 2 oranges restantes.

Remarque. – Utiliser de préférence un moule antiadhésif.

117. Valencia
Préparation : 25 min – Cuisson : 45 min

7 œufs
250 g d'amandes en poudre
350 g de sucre en poudre
3 oranges non traitées
125 g de fécule de pomme de terre
200 g de sucre glace

Mettre 1 œuf entier dans une terrine ainsi que 6 jaunes d'œufs. Ajouter les amandes en poudre et le sucre. Travailler, puis mettre le zeste et le jus d'une orange, la fécule et les 6 blancs battus en neige.

Verser la pâte dans un moule bien beurré. Cuire à four doux pendant 45 min et glacer ensuite avec le sucre glace et le jus de 2 oranges.

118. Biscuit manqué
Préparation : 20 min – Cuisson : 30 min

250 g de sucre en poudre
6 œufs
5 cl de rhum
250 g de farine
100 g de beurre
10 g de levure chimique
Vanille en poudre

Travailler 200 g de sucre et la vanille avec les jaunes pendant 10 min de façon à obtenir un mélange blanc et mousseux.
Ajouter le rhum, la farine en pluie, puis le beurre fondu et en dernier lieu les blancs battus en neige très ferme avec les 50 g de sucre restant. Mettre la levure et verser la pâte dans un moule bien beurré. Ne le remplir qu'aux trois quarts. Cuire à four moyen pendant 30 min.

119. Gâteau briançonnais
Préparation : 15 min – Cuisson : 45 min

100 g de sucre en poudre
5 œufs
50 g de fécule de pomme de terre
50 g de crème de riz
Sel
1 citron non traité (zeste)
10 g de levure chimique

Travailler dans une terrine le sucre avec les jaunes pendant 10 min. Ajouter la fécule, la crème de riz, un peu de sel, le zeste de citron râpé puis les blancs battus en neige très ferme. Mettre, enfin, la levure chimique.
Verser dans un moule bien beurré. Ne le remplir qu'aux trois quarts. Cuire à four moyen pendant 45 min.

120. Gâteau auvergnat
Préparation : 10 min – Cuisson : 30 min

80 g de sucre en poudre
125 g de crème fraîche
2 œufs
200 g de farine
1 1/2 c. à s. de rhum
10 g de levure chimique

Travailler d'abord le sucre et la crème. Ajouter les jaunes d'œufs. Incorporer la farine, le rhum et la levure chimique. Finir avec les blancs montés en neige.
Verser dans un moule beurré. Cuire à four moyen pendant 25 à 30 min.

121. Délice d'oranges
Préparation : 25 min – Cuisson : 30 min

Travailler le sucre avec les œufs. Ajouter la farine et la moitié des écorces d'oranges confites, finement hachées. Incorporer la levure puis cuire dans un moule beurré, à four chaud, pendant 30 min.
Quand le gâteau est froid, le démouler et le glacer avec du sucre glace mêlé de jus d'oranges. Décorer avec le reste d'écorces d'oranges confites.

250 g de sucre en poudre
5 œufs
300 g de farine
125 g d'écorces d'oranges confites
10 g de levure chimique
2 ou 3 oranges

122. Gâteau Colette
Préparation : 15 min – Cuisson : 30 min

Travailler dans une terrine le sucre avec les jaunes pendant 10 min. Ajouter la farine, le rhum, les amandes en poudre, puis les blancs battus en neige. Terminer par la levure et le beurre ramolli en crème. Verser dans un moule beurré.
Cuire à four moyen pendant 30 min.

125 g de sucre en poudre
4 œufs
75 g de farine
10 cl de rhum
75 g d'amandes en poudre
60 g de beurre
10 g de levure chimique

123. Gâteau Germaine
Préparation : 15 min – Cuisson : 30 min

Battre les blancs en neige très ferme. Y mélanger doucement le beurre fondu, puis le sucre, la vanille et la farine. Terminer en mettant la levure chimique. Cuire à four assez chaud dans un moule bien beurré, pendant 30 min environ.

7 blancs d'œufs
125 g de beurre
250 g de sucre en poudre
50 g de farine
8 g de levure chimique
Vanille en poudre

124. Biscuit de dames
Préparation : 15 min – Cuisson : 30 min

Laver les raisins et les faire macérer dans le rhum.
Amollir le beurre, le travailler avec le sucre. Ajou-

100 g de raisins de Corinthe
10 cl de rhum
125 g de beurre
160 g de sucre en poudre
3 œufs

ter les œufs l'un après l'autre, un peu de sel, la farine, les raisins, la vanille et la levure.
Verser dans un moule beurré. Cuire à four moyen pendant 10 min, puis chaud pendant 20 min.

| Sel |
| 150 g de farine |
| 7 g de levure chimique |
| Vanille en poudre |

125. Gâteau mousseline
Préparation : 40 min – Cuisson : 45 min

Travailler le jus de citron, les jaunes et le sucre dans une terrine pendant 30 min.
Verser ensuite, en pluie, la fécule, puis les blancs battus en neige et la levure chimique.
Faire cuire à four doux dans un moule beurré pendant 45 min.

| 200 g de sucre en poudre |
| 5 œufs |
| 1 citron non traité |
| 100 g de fécule de pomme de terre |
| 7 g de levure chimique |

126. Pain de Gênes
Préparation : 25 min – Cuisson : 45 min

Travailler le beurre en crème avec le sucre ; ajouter les œufs entiers l'un après l'autre, les amandes, la farine et le kirsch. Verser la pâte dans un moule beurré et chemisé de papier sulfurisé. Faire cuire doucement à four moyen pendant 45 min.

| 125 g de beurre |
| 300 g de sucre en poudre |
| 4 œufs |
| 250 g d'amandes en poudre |
| 100 g de farine |
| 2 c. à s. de kirsch |

127. Pain de Gênes à l'orange (recette 1)
Préparation : 30 min – Cuisson : 50 min

Procéder selon la formule 126. Pour parfumer la pâte, ajouter le zeste râpé des 2 oranges et la quantité suffisante d'essence d'orange et de colorant.
La pâte doit sentir l'orange et être colorée en rose pâle.
Verser la pâte dans un moule beurré et chemisé de papier sulfurisé.
Faire cuire à four moyen pendant 50 min.

| 160 g de beurre |
| 375 g de sucre en poudre |
| 5 œufs |
| 300 g d'amandes en poudre |
| 125 g de farine |
| 2 oranges non traitées |
| Essence d'orange |
| Colorant rouge |
| Sucre glace |
| Écorces d'oranges confites |

Retirer le papier du gâteau, lorsque celui-ci est démoulé. Saupoudrer de sucre glace et décorer d'écorces d'oranges confites coupées régulièrement.

Remarque. – Pour faire tenir les écorces d'oranges, on peut préparer un sirop de sucre un peu épais (35); tremper la face intérieure de l'écorce dans ce sirop et l'appliquer aussitôt sur le gâteau.

128. Pain de Gênes à l'orange (recette 2)
Préparation : 25 min – Cuisson : 45 min

6 œufs
2 oranges non traitées
100 g de crème de riz
250 g de sucre en poudre
250 g d'amandes en poudre
200 g de beurre

Séparer les blancs des jaunes. Battre les blancs en neige très ferme, y mettre les jaunes et le zeste râpé des oranges. Mélanger dans un autre récipient la crème de riz, le sucre et les amandes en poudre. Incorporer ce mélange à la première préparation et ajouter, pour terminer, le beurre amolli au bain-marie. Verser le tout dans un moule bien beurré et faire cuire à four moyen pendant 45 min.

Remarque. – Les pains de Gênes sont meilleurs le lendemain de leur fabrication.

129. Biscuit aux raisins
Préparation : 25 min – Cuisson : 45 min

70 g de raisins de Malaga
60 g de raisins de Corinthe
50 g de raisins de Smyrne
5 cl de rhum
5 œufs
125 g de sucre en poudre
100 g de fécule de pomme de terre
65 g de farine
10 cl de kirsch

Épépiner les raisins de Malaga. Laver les raisins de Corinthe et de Smyrne, puis les mettre à macérer dans le rhum.

Travailler dans une terrine, à la spatule, les jaunes d'œufs avec le sucre, de façon à obtenir un mélange mousseux et léger. Ajouter le kirsch, la farine et la fécule. Bien mélanger. Battre les blancs en neige. Les ajouter à la pâte ainsi que tous les raisins. Travailler très légèrement et verser aussitôt dans un moule bien beurré. Cuire à four moyen pendant 45 min.

Les biscuits

130. Gâteau lorrain
Préparation : 15 min – Cuisson : 30 min

Mélanger en terrine la farine et la fécule. Y faire un puits et verser les œufs entiers, le sucre en poudre, le beurre ramolli au four et la levure chimique. Travailler la pâte, à la spatule, pendant 10 min.
Beurrer une tourtière. Y verser la pâte. Recouvrir d'amandes effilées et d'angélique hachée.
Laisser cuire à four moyen pendant 10 min, puis chaud pendant 20 min. Saupoudrer le gâteau cuit de sucre cristallisé.

| 100 g de fécule de pomme de terre |
| 100 g de farine |
| 4 œufs |
| 160 g de sucre en poudre |
| 160 g de beurre |
| 5 g de levure chimique |
| 60 g d'amandes effilées |
| 40 g d'angélique |
| 60 g de sucre cristallisé |

131. Gâteau nancéen
Préparation : 25 min – Cuisson : 45 min

Faire fondre le chocolat dans le lait, avec la vanille, sur un feu très doux, sans cesser de remuer. Quand la pâte est onctueuse, ajouter le sucre et la fécule. Travailler légèrement.
Mélanger les amandes en poudre aux jaunes d'œufs ; ajouter à la préparation, puis les blancs battus en neige très ferme. Remuer la pâte très délicatement pour ne pas faire retomber les blancs. Verser dans un moule beurré qui ne doit être rempli qu'aux trois quarts. Mettre à four moyen et laisser cuire 45 min. L'intérieur doit rester moelleux. Servir froid.

| 250 g de chocolat |
| 10 cl de lait |
| 1 pincée de vanille en poudre |
| 125 g de sucre en poudre |
| 100 g de fécule de pomme de terre |
| 125 g d'amandes en poudre |
| 6 œufs |

132. Délicieux aux fruits confits
Préparation : 20 min – Cuisson : 40 min

Mettre les fruits confits à macérer dans le kirsch.
Mélanger, dans une terrine, la farine et la levure chimique. Ajouter le sucre, puis le lait, les œufs, les fruits confits macérés, l'angélique et le zeste de citron râpé.

| 60 g de cerises confites |
| 60 g d'angélique |
| 10 cl de kirsch |
| 200 g de farine |
| 10 g de levure chimique |
| 60 g de sucre en poudre |
| 10 cl de lait |

Verser dans un moule bien beurré et cuire à four moyen pendant 15 min, puis chaud, pendant 25 min.

2 œufs	
1 citron non traité (zeste)	

133. Gâteau noisette
Préparation : 15 min – Cuisson : 25 min

Mélanger, dans une terrine, le sucre et les jaunes d'œufs. Ajouter les noisettes, la fécule, la levure, le rhum et les blancs montés en neige.
Verser cette préparation dans un moule bien beurré et chemisé de papier. Cuire à four moyen pendant 20 à 25 min.

125 g de sucre en poudre	
3 œufs	
125 g de noisettes en poudre	
25 g de fécule de pomme de terre	
7 g de levure chimique	
5 cl de rhum	

134. Gâteau à l'orange
Préparation : 20 min – Cuisson : 30 min

Travailler le sucre avec les jaunes. Ajouter peu à peu le beurre fondu et la farine, puis la levure, le zeste des oranges râpé et les blancs battus.
Cuire à four moyen pendant 10 min, puis chaud pendant 20 min, dans un moule beurré. Démouler. Couper le gâteau en deux dans le milieu, de façon à former deux galettes. Intercaler entre les deux une couche de confiture d'oranges. Reformer le gâteau. Arroser du jus des oranges.

170 g de sucre en poudre	
3 œufs	
70 g de beurre	
170 g de farine	
8 g de levure chimique	
2 oranges non traitées	
1/2 pot de confiture d'oranges	

135. Gâteau fourré norvégien
Préparation : 35 min – Cuisson : 1 h

Battre le sucre et les œufs au fouet pendant 30 min. Ajouter 15 cl de kirsch, la farine et la levure. Verser la pâte dans un moule bien beurré et cuire environ 30 min à four moyen, puis terminer la cuisson à four chaud.
Une fois cuit, couper le gâteau dans l'épaisseur de

300 g de sucre en poudre	
6 œufs	
25 cl de kirsch	
250 g de farine	
10 g de levure chimique	
Crème pâtissière	
250 g de sucre glace	
Cerises confites	

façon à obtenir trois couches. Quand elles sont refroidies, les arroser du restant de kirsch. Intercaler entre chaque couche de la crème pâtissière (17).
Glacer le gâteau (1) et garnir de cerises confites.

136. Gâteau petit-duc
Préparation : 15 min – Cuisson : 30 min

| 6 blancs d'œufs |
| 175 g de sucre en poudre |
| 100 g de farine |
| 60 g de beurre |
| 1 citron non traité (zeste) |

Battre les blancs en neige très ferme. Y ajouter le sucre en poudre, la farine, le beurre (ramolli au bain-marie) et le zeste de citron râpé.
Bien beurrer un moule, y verser la pâte, et cuire à four chaud pendant 25 à 30 min.

137. Quatre-Quarts
Préparation : 20 min – Cuisson : 40 à 50 min

| Peser 3 œufs |
| Sucre en poudre (poids égal aux œufs) |
| Farine (poids égal aux œufs) |
| Beurre (poids égal aux œufs) |
| 1 citron non traité (zeste) ou vanille en poudre |

Travailler les jaunes d'œufs avec le sucre pour faire une pâte blanche. Incorporer peu à peu et alternativement le beurre ramolli et la farine.
Parfumer avec la vanille ou le zeste de citron râpé.
Terminer en ajoutant les blancs battus très fermes.
Faire cuire dans un moule beurré, à four moyen, pendant 40 à 50 min.

138. Gâteau marbré
Préparation : 25 min – Cuisson : 1 h

Faire une pâte de quatre-quarts selon la formule 137, mais utiliser 6 œufs au lieu de 3 et augmenter les proportions de farine, beurre et sucre en conséquence. Une fois que la pâte est faite, la diviser en deux parties à peu près égales. Parfumer l'une avec un zeste de citron râpé, l'autre avec 125 g de chocolat en poudre. Mettre dans chacune 7 g de levure chimique.

Beurrer un grand moule à cake. Y verser une couche de pâte au chocolat puis une couche de pâte au citron. Continuer jusqu'à épuisement. Le moule doit être plein aux deux tiers. Cuire à four moyen pendant 1 h.

139. Biscuit au chocolat
Préparation : 10 min – Cuisson : 40 min

- 225 g de sucre en poudre
- 5 œufs
- 200 g de farine
- Crème au beurre au chocolat

Mettre le sucre dans une terrine. Y ajouter les œufs et fouetter le mélange au bain-marie pour le rendre blanc et mousseux. Après refroidissement, incorporer peu à peu la farine et verser la pâte dans un moule beurré et fariné. Cuire à four moyen pendant 40 min.

Quand il est froid, couper le gâteau en tranches – deux ou trois – et garnir chaque tranche de crème au chocolat (12).

Garnir le dessus du gâteau de crème et lisser à l'aide d'une lame de couteau trempée dans l'eau tiède.

140. Biscuit flamand
Préparation : 15 min – Cuisson : 35 min

- 10 cl de lait
- 250 g de sucre en poudre
- Sel
- 4 œufs
- 250 g de farine
- 125 g de beurre
- 7 g de levure chimique

On peut parfumer la pâte, au choix, avec :

- 125 g de raisins de Corinthe,
- ou 100 g de chocolat en poudre,
- ou 100 g d'amandes en poudre,
- ou 100 g de noisettes en poudre,
- ou vanille, 1 citron ou 1 orange (zeste râpé)

Travailler dans une terrine le lait, le sucre et un peu de sel. Ajouter les œufs et ensuite, alternativement, la farine et le beurre ramolli. Mettre le parfum choisi et la levure.

Cuire à four moyen dans un moule beurré pendant 30 à 35 min.

141. Gâteau d'oranges
Préparation : 30 min – Cuisson : 25 min

170 g de sucre en poudre
4 petits œufs
2 oranges non traitées
200 g de farine
7 g de levure chimique
250 g de sucre glace

Travailler pendant 30 min le sucre et les œufs entiers. Ajouter le zeste des oranges râpé, la farine et la levure. Verser la pâte dans un moule bien beurré et cuire environ 25 min à four moyen.
Lorsque le gâteau est froid, le glacer avec le sucre glace et le jus des oranges selon la formule 1. On peut, si l'on veut, colorer ce glaçage avec quelques gouttes de carmin et garnir d'écorces d'oranges confites.

142. Gâteau des princes
Préparation : 20 min – Cuisson : 35 min

250 g de farine
1 jaune d'œuf + 1 œuf
90 g de crème fraîche
125 g de sucre en poudre
150 g de beurre
7 g de levure chimique
Crème d'amande (24)

Verser la farine dans une terrine. Y faire un puits, ajouter le jaune, la crème, le sucre et le beurre ramolli. Bien travailler le mélange. Ajouter la levure. Beurrer un moule et foncer avec une couche de cette pâte étendue au rouleau. Garnir de crème d'amande (24).
Étendre le reste de la pâte. Couper en lanières de 1 cm de largeur. Les disposer au-dessus de la pâte d'amande de manière à faire un grillage. Dorer à l'œuf. Cuire à four moyen pendant 30 à 35 min.

143. Galette grillée à la confiture
Préparation : 30 min – Cuisson : 45 min

250 g de farine
125 g de beurre
5 g de sel
200 g de gelée de groseille ou, mieux, confiture de framboises avec pépins

Faire une pâte en demi-feuilletage (222) ou utiliser de la pâte déjà prête, surgelée ou non.
Mettre la farine sur la planche. Y faire un puits. Verser le beurre, le sel et un peu d'eau. Commencer à travailler le beurre à la spatule en ajoutant la farine peu à peu. Former une boule avec la pâte et laisser reposer 10 min. L'étendre au rouleau et plier selon la formule 221 du feuilletage. On doit donner trois à quatre tours de feuilletage.

Étendre ensuite la pâte sur une largeur de 30 cm environ. La placer dans une tourtière ou sur une plaque à pâtisserie beurrée. Dans ce cas, donner à la pâte la forme carrée. Rouler les bords de façon à les surélever. Recouvrir le fond du gâteau de confiture. Avec le reste de pâte, couper des lanières de 1 cm de large. Les disposer en grillage sur la confiture, d'un bord à l'autre. Cuire à four chaud pendant 45 min.

144. Gâteau de bananes

Préparation : 30 min – Cuisson : 30 min

- 160 g de beurre
- 200 g de sucre en poudre
- 12,5 cl de lait
- 2 œufs
- 200 g de farine
- 15 g de levure chimique
- 4 bananes
- 250 g de crème fraîche

Faire ramollir le beurre, ajouter le sucre et mélanger jusqu'à ce que le mélange devienne blanc.
Verser le lait, les œufs bien battus, la farine et la levure chimique. Beurrer un moule rectangulaire ou carré à bords assez hauts, verser la préparation. Cuire à four moyen pendant 10 min, puis chaud pendant 20 min. Lorsque le gâteau est cuit, le démouler.
Couper les bananes épluchées en deux dans le sens de la longueur. Les disposer à la surface du gâteau et garnir avec la crème fraîche fouettée en Chantilly (8).
On peut couper le gâteau au milieu et le fourrer avec de la purée de bananes, puis humecter la pâte du gâteau avec du sirop parfumé au kirsch (25).

145. Gâteau vénitien

(1 h à l'avance)

Préparation : 25 min – Cuisson : 1 h

- 150 g de sucre en poudre
- 4 jaunes d'œufs
- 250 g de beurre
- 250 g de farine
- 5 cl de rhum
- 10 g de levure chimique
- 1 pot de confiture d'abricots

Mettre dans une terrine le sucre et les jaunes. Bien travailler. Incorporer le beurre ramolli, puis la farine et le rhum. Ajouter la levure chimique. Lorsque la pâte est bien homogène, laisser reposer pendant 1 h au frais.

Diviser la pâte en deux portions égales. Étaler la première au rouleau sur un plan de travail fariné. La placer dans une tourtière beurrée ou, mieux, sur une plaque à tarte. La tartiner de confiture d'abricots puis recouvrir le tout avec le reste de pâte étalée au rouleau. Mettre à cuire à four doux pendant 1 h.

146. Gâteau Electra
Préparation : 10 min – Cuisson : 30 min

Verser la farine dans une terrine ; faire un puits, y mettre les œufs entiers, un peu de sel et le beurre ramolli. Ajouter la levure, le zeste de citron râpé et le sucre. Travailler à la main pour obtenir une pâte assez grumeleuse.
Beurrer un moule à biscuit. Verser la moitié de la pâte ; la tartiner de confiture d'abricots. Recouvrir avec le reste de pâte. Faire cuire à four chaud pendant 25 à 30 min.

500 g de farine
2 œufs
150 g de beurre
Sel
10 g de levure chimique
250 g de sucre en poudre
1 pot de confiture d'abricots
1 citron non traité (zeste)

Les gâteaux au chocolat

147. Gâteau au chocolat et aux amandes
Préparation : 10 min – Cuisson : 50 min

Faire fondre le chocolat avec l'eau. Ajouter hors du feu les jaunes, puis le sucre, le beurre ramolli, les amandes en poudre et la farine. Mettre en dernier lieu les blancs battus en neige.
Cuire à four doux pendant 45 à 50 min dans un moule bien beurré.

250 g de chocolat
4 œufs
250 g de sucre en poudre
125 g de beurre
125 g d'amandes en poudre
75 g de farine
5 c. à s. d'eau

148. Moelleux
Préparation : 10 min – Cuisson : 45 min

Faire fondre le chocolat avec l'eau. Ajouter hors du feu le beurre ramolli, les jaunes, le sucre, la farine et enfin les blancs battus en neige très ferme.
Beurrer un moule à bord un peu haut. Saupoudrer d'amandes hachées grossièrement. Verser la pâte. Cuire à four doux pendant 45 min.

125 g de chocolat
125 g de beurre
5 œufs
250 g de sucre en poudre
125 g de farine
50 g d'amandes entières mondées
4 c. à s. d'eau

149. Ruy-Blas
Préparation : 10 min – Cuisson : 45 min

Faire fondre, à très petit feu, le beurre et le chocolat. Ajouter ensuite les jaunes, un à un, le sucre, les amandes et la fécule.
Terminer en mettant les blancs battus en neige très ferme. Lorsque la pâte est bien homogène, la verser dans un moule bien beurré. Cuire à four moyen pendant 45 min environ.

250 g de chocolat
60 g de beurre
6 œufs
250 g de sucre en poudre
125 g d'amandes en poudre
90 g de fécule de pomme de terre

150. Rêve
(à préparer la veille)
Préparation : 20 min – Cuisson : 10 min

Faire bouillir le lait avec la vanille et le sucre. Mélanger dans un récipient 1 œuf entier et 1 jaune. Ajouter le lait et faire une crème anglaise (346).
D'autre part, faire fondre le chocolat avec l'eau ; ajouter le beurre et obtenir, en tournant, une pâte très lisse. Incorporer la crème anglaise à cette préparation. Garnir le fond et le tour d'un moule à charlotte, de biscuits à la cuillère et verser le mélange. Couvrir de biscuits et placer le gâteau au frais, ou mieux, dans une glacière pendant 24 h. Démouler le lendemain.

15 cl de lait
1 gousse de vanille
50 g de sucre en poudre
2 œufs
250 g de chocolat
150 g de beurre
5 c. à s. d'eau
150 g de biscuits à la cuillère

151. Pudding au chocolat
Préparation : 10 min – Cuisson : 40 min

- 140 g de chocolat
- 140 g de beurre
- 25 g de farine
- 3 œufs
- 100 g de sucre en poudre

Faire fondre le chocolat et le beurre au bain-marie. Dans un autre récipient, délayer la farine avec les jaunes d'œufs. Ajouter ensuite les blancs battus en neige et, pour finir, le sucre, le chocolat et le beurre fondu, travaillés à part.

Verser le mélange dans un moule à pudding bien beurré. Cuire à four doux pendant 40 min. Laisser refroidir pour démouler. Garnir de crème Chantilly (8) au moment de servir.

152. Chocolat et café
Préparation : 10 min – Cuisson : 30 min

- 225 g de chocolat
- 35 cl de lait
- 50 g de beurre
- 4 œufs
- 30 g de crème de riz

Faire fondre le chocolat dans le lait tiède.
Ajouter le beurre, les jaunes et la crème de riz. Battre les blancs en neige très ferme, les incorporer au mélange et verser le tout dans un moule bien beurré.
Cuire à four moyen pendant 30 min. Démouler froid, et servir entouré d'une crème anglaise au café (351).

153. Gâteau moscovite
(12 h à l'avance)
Préparation : 10 min

- 125 g de chocolat
- 100 g de beurre très fin
- 65 g de sucre en poudre
- 4 œufs

Travailler au bain-marie le chocolat et le beurre.
Ajouter le sucre et les jaunes, puis les blancs battus en neige. Bien mélanger. Verser dans un moule beurré et laisser prendre, au frais, ou mieux, dans une glacière, pendant 12 h.
Servir démoulé, entouré d'une crème anglaise au kirsch (345).

154. Galette au chocolat
(1 h à l'avance)
Préparation : 15 min – Cuisson : 25 min

185 g de chocolat	
225 g de farine	
150 g de sucre en poudre	
110 g d'amandes en poudre	
125 g de beurre	
3 œufs	
10 g de vanille en poudre	

Faire ramollir le chocolat au four, sur une plaque, sans eau.
Placer sur le plan de travail la farine, le sucre, les amandes, le beurre et les œufs. Travailler délicatement. Lorsque le mélange est à peu près homogène, incorporer le chocolat amolli et la vanille. Laisser reposer la pâte 1 h au moins au frais.
Étaler la pâte et la couper de façon à former deux galettes d'environ 20 cm de diamètre. Faire cuire à four moyen sur tourtière beurrée.
Remarque. – On peut, si l'on veut, recouvrir les galettes d'une glace au chocolat (4).

155. Gâteau au chocolat et fruits confits
Préparation : 20 min – Cuisson : 50 min

- 140 g de chocolat
- 70 g de beurre
- 4 œufs
- 90 g de farine
- 140 g de sucre en poudre
- 1 parfum liquide (rhum, kirsch ou fleur d'oranger)
- Fruits confits (cerises, orange et angélique)

Mettre le chocolat à fondre avec le beurre, à feu très doux. Ajouter à cette pâte les jaunes, l'un après l'autre, la farine et le sucre. Incorporer les blancs en neige et le parfum liquide. Verser dans un moule bien beurré et faire cuire à feu très doux pendant 50 min.
Au sortir du four, glacer au chocolat (5). Garnir ensuite de fruits confits.

156. Gâteau au chocolat
Préparation : 15 min – Cuisson : 30 min

- 125 g de chocolat
- 60 g de beurre
- 75 g de crème de riz
- 125 g de sucre en poudre
- 3 œufs
- Sucre glace

Travailler le chocolat et le beurre amollis. Ajouter peu à peu, et alternativement, le sucre et la crème de riz. Ajouter ensuite les jaunes, puis les blancs battus en neige très ferme. Verser le mélange dans un moule bien beurré et cuire 10 min à four moyen, puis 20 min à four chaud. Démouler et saupoudrer de sucre glace.

157. Quatre-Quarts au chocolat
(à préparer la veille)
Préparation : 15 min – Cuisson : 30 min

125 g de chocolat
125 g de sucre en poudre
5 œufs
10 gouttes de jus de citron
125 g de farine
125 g de beurre

Faire ramollir le chocolat au four sans eau.
Pendant ce temps, travailler le sucre avec 4 jaunes d'œufs pour obtenir un mélange bien léger.
Ajouter le jus de citron, puis le chocolat ; mettre ensuite l'œuf entier, les 4 blancs battus très ferme, la farine et le beurre ramolli. Travailler le tout à la spatule, mais le plus délicatement possible pour ne pas faire tomber les blancs.
Verser la pâte dans un moule bien beurré et fariné. Faire cuire à four chaud pendant 30 min.

158. Nègre
Préparation : 15 min – Cuisson : 45 min

1 œuf
150 g de sucre en poudre
25 cl de crème liquide UHT
240 g de farine
80 g de cacao
8 g de levure chimique

Travailler dans une terrine l'œuf et le sucre. Ajouter la crème liquide UHT, la farine et le cacao, puis la levure. Verser la pâte dans un moule bien beurré à bords peu élevés. Le moule doit être rempli aux trois quarts. Cuire à four moyen pendant 45 min.
Couper le gâteau en deux dans l'épaisseur. Le fourrer avec une crème au beurre, au chocolat (10), ou une crème Chantilly (8). Glacer le dessus avec une glace au chocolat (4).

159. Pavé au chocolat
Préparation : 25 min

250 g de chocolat
250 g de beurre
2 œufs entiers
375 g de petits beurres
20 cl de kirsch

Faire fondre le chocolat au bain-marie. Le travailler avec le beurre. Ajouter les œufs entiers. La pâte doit être très lisse.
D'autre part, imprégner chacun des petits beurres du kirsch mélangé à un peu d'eau. Disposer 4 petits beurres imprégnés de kirsch sur un plat. Recouvrir d'une couche de crème. Alterner petits beurres et crème jusqu'à épuisement. Recouvrir l'ensemble : soit de petits beurres nappés de crème à la vanille (344), soit avec de la crème au beurre au chocolat (10). Tenir au frais.

160. Tonkinois
Préparation : 20 min – Cuisson : 30 min

125 g de chocolat
100 g de beurre
125 g de sucre en poudr
65 g de farine
65 g de crème fraîche
3 œufs
5 cl de rhum
100 g d'amandes entières
8 g de levure chimique

Faire ramollir le chocolat au bain-marie ; ajouter le beurre. Travailler pour obtenir une pâte bien lisse. Incorporer le sucre, la farine, la crème, les jaunes d'œufs et le rhum.
Finir en mettant les amandes moulues avec leur peau, la levure chimique et les blancs battus en neige.
Faire cuire à four chaud dans un moule beurré pendant 25 à 30 min. Napper le gâteau démoulé de glace au chocolat (4).

161. Gâteau au chocolat noir
Préparation : 10 min – Cuisson : 30 min

4 œufs
180 g de sucre en poudr
180 g de beurre
250 g de chocolat
180 g de farine
10 g de levure chimique

Séparer les blancs des jaunes. Travailler les jaunes d'œufs avec le sucre. Ajouter le beurre et le chocolat que l'on a fait ramollir ensemble au bain-marie. Ajouter peu à peu la farine et la levure chimique.
Battre les blancs en neige très ferme et les incorporer à la préparation.
Verser la pâte dans un moule bien beurré.
Cuire à four moyen pendant 25 à 30 min.

Les cakes

162. Cake
Préparation : 20 min – Cuisson : 1 h

Travailler le beurre en crème, ajouter le sucre, un peu de sel, les œufs, l'un après l'autre, la farine, le zeste de citron râpé, les raisins et les fruits hachés. Ajouter au dernier moment la levure chimique. Beurrer et chemiser de papier sulfurisé un moule à cake (fig. 17), y verser la pâte.

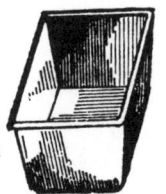

Fig. 17

Cuire à four chaud, pendant 1 h.

200 g de beurre
250 g de sucre en poudre
Sel
3 œufs
300 g de farine
1 citron non traité (zeste)
100 g de fruits confits
50 g de raisins de Smyrne
50 g de raisins de Corinthe
10 g de levure chimique

163. Cake au rhum
Préparation : 25 min – Cuisson : 50 min

Faire ramollir le beurre. Le travailler avec le sucre, un peu de sel puis les œufs entiers (les ajouter l'un après l'autre). Mettre d'un seul coup la farine et travailler énergiquement pour alléger la pâte. Incorporer alors les fruits et les raisins coupés et macérés dans le rhum, puis la levure. Verser dans un moule beurré et chemisé de papier sulfurisé.
Faire cuire à four chaud. On peut réserver quelques fruits entiers pour décorer le gâteau.

165 g de beurre
125 g de sucre en poudre
Sel
3 œufs
250 g de farine
35 g de fruits confits
50 g de raisins de Smyrne
50 g de raisins de Corinthe
2 cl de rhum
8 g de levure chimique

164. Cake fin
Préparation : 25 min – Cuisson : 1 h

Procéder selon la formule 163.

250 g de beurre	
250 g de sucre en poudre	
6 œufs	
300 g de farine	
60 g de fruits confits	
125 g de raisins de Corinthe	
50 g de raisins de Smyrne	
60 g de cédrat	
4 cl de rhum	
10 g de levure chimique	

Les brioches

165. Brioches
Formule A : brioche d'office (formule rapide)
(4 h à l'avance)
Préparation : 10 min – Cuisson : 30 min

250 g de farine	
5 g de levure de boulanger	
2 c. à s. de lait	
4 œufs	
Sel	
100 g de beurre	
50 g de sucre en poudre	

Mettre la farine dans une terrine. Y faire un puits et verser la levure de boulanger délayée dans le lait tiède. Ajouter 3 œufs, un peu de sel, le beurre ramolli et le sucre.

Travailler la pâte à la main jusqu'à ce qu'elle acquière du « corps », de l'élasticité. Lorsque la pâte est bien homogène et élastique, la mettre dans un moule à brioche (fig. 18) beurré et la laisser gonfler pendant 3 à 4 h dans un endroit tiède (25 °C).

Dorer à l'œuf puis cuire à four chaud pendant 30 min dans un moule beurré.

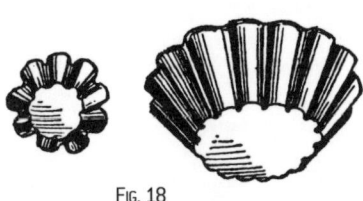

Fig. 18

Formule B
(à préparer la veille)
Préparation : 10 min – Cuisson : 30 min

250 g de farine
10 g de levure de boulanger
15 g de sucre en poudre
6 g de sel
125 g de beurre
6 œufs

Mettre dans une terrine la farine, faire un puits et y mettre la levure délayée avec un peu d'eau tiède. Ajouter sucre, sel, beurre, 4 œufs entiers, 2 jaunes, et travailler la pâte jusqu'à ce qu'elle devienne élastique. La laisser reposer 12 h, recouverte d'un film alimentaire dans un endroit tiède (25 °C). Puis la pétrir de nouveau. Beurrer un moule. Verser la pâte en donnant la forme de la brioche et la laisser gonfler pendant la nuit dans un endroit tiède (25 °C).
Cuire à four chaud pendant 30 min.
Remarque. – Mélanger d'abord la levure à la farine avant d'ajouter le sucre et le sel.

Formule C
(6 h à l'avance)
Préparation : 15 min – Cuisson : 40 min

10 g de levure de boulanger
5 cl de lait
250 g de farine
3 œufs
175 g de beurre
30 g de sucre en poudre
6 g de sel

Délayer la levure dans le lait tiède. Travailler, dans une terrine, la farine avec 2 œufs, le beurre, le sucre, le sel et la levure délayée.
Laisser reposer pendant 6 h à couvert dans un endroit tiède (25 °C).
Mettre la pâte dans un moule beurré et chemisé de papier beurré. Dorer à l'œuf puis cuire à four chaud pendant 40 min.

166. Brioche du pauvre
Préparation : 10 min – Cuisson : 40 min

1 œuf
30 g de sucre en poudre
5 g de sel
200 g de farine
30 g de beurre
Lait
10 g de levure chimique

Travailler le jaune d'œuf avec le sucre et le sel, pour obtenir une crème mousseuse. Battre le blanc en neige. Incorporer au mélange. Ajouter alors, en tournant toujours, la farine, le beurre ramolli, 15 cl de lait et, pour finir, la levure chimique.
Verser la pâte dans un moule beurré. Donner à la pâte la forme d'une brioche. Badigeonner d'un peu de lait. Cuire à four chaud pendant 40 min.

167. Brioche norvégienne

(1 h à l'avance)
Préparation : 10 min – Cuisson : 40 min

250 g de farine
50 g de beurre
40 g de sucre en poudre
15 cl de lait
25 g de levure de boulanger
30 g d'écorces d'orange confites
30 g de raisins secs
1 œuf

Mettre dans une terrine la farine, la moitié du beurre et la moitié du sucre. Délayer la levure dans le lait et l'ajouter à la farine. Laisser reposer 20 min à température ambiante.

Ajouter à la pâte le reste du beurre et du sucre. Laisser reposer 15 min. Incorporer à la pâte les raisins et les écorces d'oranges coupées en morceaux.

Placer la pâte sur une plaque beurrée. Donner la forme d'une brioche. Laisser lever 20 min dans un endroit tiède (25 °C). Dorer à l'œuf. Cuire à four chaud pendant 40 min.

168. Brioche rapide

Préparation : 10 min – Cuisson : 45 min

180 g de crème fraîche
175 g de farine
2 œufs
30 g de sucre en poudre
Sel
15 g de levure chimique

Incorporer la crème à la farine. Ajouter 1 œuf battu, le sucre, 1 pincée de sel et la levure. Mettre dans un moule beurré et chemisé de papier sulfurisé. Dorer à l'œuf et faire cuire à four doux pendant 45 min.

169. Brioche à la minute

Préparation : 15 min – Cuisson : 30 min

100 g de beurre
Sel
15 g de sucre en poudre
1 c. à s. d'eau de fleur d'oranger
1 c. à s. de fine
4 œufs
300 g de farine
10 g de levure chimique
Lait ou 1 œuf

Faire fondre le beurre ; ajouter 1 pincée de sel, le sucre, l'eau de fleur d'oranger et la fine. Battre les œufs en omelette. Ajouter au beurre. Mettre ensuite la farine et la levure chimique.

Sur une plaque beurrée, disposer la pâte en couronne autour d'un récipient rond de 15 cm de diamètre environ. Dorer avec du lait ou de l'œuf. Cuire à four chaud.

170. Brioche parisienne instantanée

Préparation : 10 min – Cuisson : 40 min

200 g de farine
Sel
10 g de sucre en poudre
60 g de crème fraîche
125 g de beurre
2 œufs
10 g de levure chimique
1 c. à s. de rhum

Mettre la farine dans une terrine ; y faire un puits ; mettre un peu de sel, le sucre, la crème, le rhum et le beurre amolli. Ajouter les œufs et bien travailler pour obtenir une pâte lisse, puis la levure. Verser la pâte dans un moule à savarin (en couronne) beurré. Faire cuire à four chaud pendant 30 à 40 min.

171. Pain au lait

(6 h à l'avance)

Préparation : 30 min – Cuisson : 50 min

10 g de levure de boulanger
30 cl de lait
300 g de farine
60 g de raisins de Malaga
75 g de beurre
30 g de sucre en poudre
Sel
4 œufs

Mélanger la levure dans 5 cl de lait. Verser ce mélange dans 100 g de farine. Former une boule de pâte un peu molle et la laisser gonfler dans une terrine, non loin d'un four chaud.

Épépiner les raisins de Malaga. Faire chauffer dans une casserole le lait restant, le beurre, le sucre et un peu de sel. Porter à ébullition puis retirer du feu et laisser tiédir.

Sur la planche, faire une fontaine avec le reste de farine et mettre 3 œufs. Travailler avec les mains et taper de temps en temps la pâte sur la planche. Incorporer, cuillerée par cuillerée, la préparation tiède et travailler pendant 5 min environ, chaque fois.

Incorporer cette boule de pâte et les raisins à la pâte gonflée. Placer la pâte dans une terrine. Couvrir et laisser lever pendant 5 à 6 h. Lorsqu'elle a doublé de volume, former une boule et la mettre dans un moule bien beurré. Dorer à l'œuf.

Cuire à four chaud pendant 50 min.

172. Kouglof

(6 h à l'avance)
Préparation : 30 min – Cuisson : 1 h

100 g de beurre
20 cl de lait
500 g de farine
3 œufs
150 g de sucre en poudre
25 g de levure de boulanger
Sel
125 g de raisins de Malaga
8 amandes entières mondées
Sucre glace

Faire fondre le beurre dans le lait tiède. Le travailler avec la farine et les œufs. Ajouter le sucre puis la levure délayée dans un peu de lait. Mettre un peu de sel. Travailler la pâte avec les mains pour qu'elle se détache de la terrine. Incorporer les raisins de Malaga.

Fig. 19

Garnir chaque cannelure du moule à kouglof (fig. 19) bien beurré d'une amande. Remplir le moule à moitié et laisser lever pendant 6 h dans un endroit tiède (25 °C). Ne pas heurter le gâteau en le mettant à four moyen pendant 1 h. Servir poudré de sucre glace.

173. Kouglof fin

(12 h à l'avance)
Préparation : 40 min – Cuisson : 40 min

500 g de farine
Sel
4 œufs
150 g de sucre en poudre
125 g de beurre
35 cl de lait
20 g de levure de boulanger
150 g de raisins de Malaga
60 g d'amandes douces

Mettre la farine dans une terrine avec un peu de sel et, après avoir fait un puits, y casser les œufs. Travailler. Ajouter le sucre et le beurre fondu dans 20 cl de lait. Battre la pâte pendant 20 min avec les mains dans la terrine : il faut qu'elle devienne très légère. Pendant ce temps, la levure doit fondre dans le reste de lait tiède. L'ajouter à la pâte et travailler à nouveau celle-ci pendant 10 min.

Beurrer un moule à kouglof. Placer dans chaque cannelure des amandes. Y mettre la pâte. Couvrir avec un linge et laisser lever la pâte pendant une dizaine d'heures à proximité d'un endroit tiède. Faire cuire à four chaud 40 min. Servir poudré de sucre glace.

Les babas

174. Baba

(4 h à l'avance)
Préparation : 30 min – Cuisson : 50 min

20 g de levure de boulanger	
2 c. à s. de lait	
250 g de farine	
100 g de beurre	
Sel	
3 œufs	
100 g de sucre en poudre	

Délayer la levure dans le lait tiède. La mélanger à 60 g de farine, travailler pour former une pâte molle. Laisser lever à température douce pendant 2 h environ. Ajouter alors le beurre, 1 pincée de sel, le reste de farine, les œufs et le sucre. Travailler énergiquement à la main, dans la terrine, de façon à bien battre la pâte, pendant 10 min.

Beurrer un moule en couronne (fig. 20). Le remplir à moitié de pâte et faire cuire à four doux pendant 50 min. Lorsque le baba est cuit et bien doré, le démouler et l'arroser d'un sirop parfumé au rhum ou au kirsch (27) légèrement tiédi.

Fig. 20

175. Baba aux raisins

(à préparer la veille)
Préparation : 25 min – Cuisson : 40 min

250 g de farine	
10 g de levure de boulanger	
3 œufs	
65 g de sucre en poudre	
Sel	
75 g de beurre	
125 g de raisins de Corinthe	

Mettre 80 g de farine dans une terrine, y faire un puits, verser la levure délayée dans un verre d'eau tiède. Mélanger à la farine pour obtenir une pâte molle. La laisser lever, à couvert, dans un endroit tiède à 25/30 °C jusqu'à ce qu'elle ait triplé de volume. Ajouter ensuite à cette pâte le reste de la farine, les œufs, le sucre et un peu de sel. Travailler à la main en tapant la pâte jusqu'à ce qu'elle soit très souple et élastique.

Finir en mettant le beurre tiède, les raisins, et laisser gonfler la pâte à couvert non loin d'une source de chaleur.
Lorsqu'elle a doublé de volume, on peut l'utiliser.
Mettre la pâte dans un moule à baba bien beurré, mais jusqu'à mi-hauteur. Cuire à four chaud pendant 40 min. Démouler et arroser d'un sirop au rhum pour baba (27) légèrement tiédi.

176. Savarin
(3 h à l'avance)
Préparation : 30 min – Cuisson : 40 min

250 g de farine
15 g de levure de boulanger
10 cl de lait
4 œufs
150 g de beurre
8 g de sel
50 g de sucre en poudre

Mettre la farine dans une terrine. Faire un puits, verser la levure délayée dans le lait tiède puis ajouter les œufs. Travailler à la main pour rendre la pâte souple, ajouter le beurre divisé en petits morceaux bien mous. Laisser gonfler la pâte à couvert dans un endroit tiède. Elle doit doubler de volume. Ajouter alors le sel et le sucre, puis continuer à travailler à la main pour assouplir la pâte jusqu'à ce qu'elle soit élastique.
Beurrer le moule à savarin, le remplir de pâte jusqu'à moitié. Laisser lever la pâte dans un endroit chaud jusqu'à ce qu'elle ait atteint les bords. Cuire à four chaud pendant 35 à 40 min.
Démouler et arroser d'un sirop au rhum (27) légèrement tiédi. Servir avec une salade de fruits ou de la crème Chantilly (8).
Remarque. – On peut parfumer la pâte du savarin avec de la poudre d'amandes amères ou du cédrat haché.

177. Baba rapide
Préparation : 10 min – Cuisson : 30 min

250 g de farine
80 g de beurre liquide
4 c. à s. de crème fraîche
4 œufs
10 g de levure chimique

Travailler tous les ingrédients ensemble. Mettre dans un moule beurré et cuire à four doux pendant 10 min, puis à four chaud. Bien laisser dorer, et durcir. Démouler et arroser au sortir du four d'un sirop au rhum (27), bien sucré.

178. Savarin à l'orange
Préparation : 10 min – Cuisson : 30 min

90 g de farine
100 g de sucre en poudre
6 c. à s. d'huile
4 œufs
6 oranges (jus)
20 g de levure chimique

Mettre dans une terrine la farine et le sucre, faire un puits, y verser l'huile, 2 œufs et le zeste râpé de 4 oranges. Bien mélanger. Ajouter les 2 autres œufs et la levure chimique. Lorsque la pâte est homogène, la verser dans un moule en couronne beurré, rempli seulement aux deux tiers.

Faire cuire à four moyen pendant 10 min puis chaud jusqu'au moment où la pâte est bien dorée. Arroser, dans le moule, du jus des oranges. Démouler. Décorer avec quelques rondelles ou quartiers de fruits.

179. Baba au kirsch
(2 h à l'avance)
Préparation : 25 min – Cuisson : 40 min

60 g de raisins de Corinthe
60 g de raisins de Smyrne
60 g de cédrat
10 cl de kirsch
250 g de farine
8 g de levure
30 cl de lait
4 œufs
100 g de beurre
5 g de sel
50 g de sucre en poudre

Nettoyer les raisins ; hacher le cédrat. Mettre ces fruits à macérer dans le kirsch.

Procéder selon la formule 176, mais délayer la levure dans une partie du lait tiède et garder le reste pour amollir la pâte au cas où celle-ci serait un peu trop ferme. Mettre les fruits et le kirsch avant de faire lever la pâte dans le moule bien beurré pendant 2 h.

Cuire à four chaud pendant 40 min. Démouler et arroser d'un sirop au kirsch (25 ou 27) légèrement tiédi.

180. Baba économique
(20 min à l'avance)
Préparation : 10 min – Cuisson : 25 min

200 g de farine
100 g de sucre en poudre
Sel
2 œufs
4 c. à s. de lait
20 g de levure chimique

Mélanger dans une terrine la farine avec le sucre. Faire un puits, y mettre un peu de sel, les œufs et le lait. Travailler la pâte pour la rendre lisse. Mettre

alors la levure chimique. Lorsqu'elle est bien incorporée, laisser reposer la pâte pendant 20 min dans un moule à baba bien beurré.
Cuire à four moyen pendant 25 min.
Lorsqu'il est bien doré, démouler et arroser d'un sirop au rhum (27) légèrement tiédi.

181. Baba lorrain au rhum
(15 min à l'avance)
Préparation : 20 min – Cuisson : 30 min

250 g de farine
Sel
50 g de sucre en poudre
4 œufs
50 g de crème fraîche
80 g de beurre
20 g de levure chimique

Mettre la farine dans une terrine; faire un puits. Y mettre un peu de sel, le sucre et les œufs. Travailler énergiquement la pâte à la spatule.
Ajouter la crème, le beurre ramolli et, pour finir, la levure chimique. Laisser reposer la pâte dans le moule beurré, pendant 15 min.
Faire cuire à four moyen pendant 30 min.
Dès la sortie du four, démouler et arroser d'un sirop au rhum (27) légèrement tiédi.

182. Savarin surfin
Préparation : 15 min – Cuisson : 25 min

4 œufs
200 g de sucre en poudre
Sel
4 c. à s. de lait
160 g de farine
70 g de beurre
125 g de raisins de Corinthe
20 g de levure chimique

Travailler dans une terrine les jaunes avec le sucre et un peu de sel. Ajouter le lait, la farine en pluie et le beurre fondu.
Mettre en dernier lieu les raisins qui ont été lavés, les blancs battus en neige et la levure chimique.
Beurrer un moule à savarin, y verser la pâte. Cuire à four chaud pendant 20 à 25 min. Démouler, laisser refroidir et arroser d'un sirop au rhum (27) légèrement tiédi.

Les gaufres

183. Pâte à gaufres
Préparation : 10 min – Cuisson : 3 min environ par gaufre

Mettre la farine et un peu de sel dans une terrine. Ajouter l'huile, le rhum, le sucre et 3 jaunes d'œufs. Délayer peu à peu avec le lait de façon à ce qu'il n'y ait pas de grumeaux. Ajouter les blancs battus en neige puis le beurre fondu.
Cuire les gaufres dans un gaufrier graissé à l'huile avec un pinceau.

200 g de farine
Sel
1 c. à s. d'huile d'olive
1 c. à s. de rhum
30 g de sucre en poudre
3 jaunes d'œufs
25 cl de lait
60 g de beurre

184. Petites gaufrettes
Préparation : 10 min – Cuisson : 3 min environ par gaufre

250 g de farine
170 g de sucre en poudre
5 g de cannelle
125 g de beurre
10 g de levure chimique
2 jaunes d'œufs
Sucre vanillé

Travailler la pâte dans une terrine : mettre d'abord la farine, y faire un puits. Ajouter le sucre, la cannelle, le beurre ramolli, les jaunes d'œufs et la levure chimique.
Laisser reposer la pâte pendant 30 min.
Cuire par petites quantités dans le gaufrier (fig. 21) graissé à l'huile avec un pinceau. Saupoudrer de sucre vanillé.

Fig. 21

185. Gaufres hollandaises
Préparation : 10 min – Cuisson : 3 min environ par gaufre

Mettre la farine dans une terrine. Y faire un puits ; verser un peu de sel, le sucre, le beurre ramolli et les œufs. Délayer peu à peu avec le lait. Ajouter la levure chimique et cuire dans le gaufrier graissé à l'huile avec un pinceau.

300 g de farine
Sel
75 g de sucre en poudre
100 g de beurre
2 œufs
50 cl de lait
10 g de levure chimique

186. Gaufres bordelaises
Préparation : 10 min – Cuisson : 3 min environ par gaufre

Mettre la farine dans une terrine ; y faire un puits, verser un peu de sel, l'huile, le sucre et le beurre ramolli. Travailler à la cuillère en ajoutant le lait et l'œuf. Ajouter la levure chimique.
Prendre une noix de pâte et la cuire dans le gaufrier graissé à l'huile avec un pinceau.

- 250 g de farine
- Sel
- 1 c. à s. d'huile
- 125 g de sucre en poudre
- 75 g de beurre
- 1 c. à s. de lait
- 1 œuf
- 8 g de levure chimique

187. Gaufres fines
Préparation : 10 min – Cuisson : 3 min environ par gaufre

Mettre la farine dans une terrine, faire un puits et verser le sucre, le beurre fondu, 2 œufs entiers et 1 jaune, le kirsch, un peu de sel et l'huile d'olive. La pâte doit être très lisse, mais un peu épaisse.
Délayer avec le lait : la pâte doit prendre l'aspect d'une bouillie. Incorporer le troisième blanc battu en neige juste avant de faire cuire la pâte.
Cuire au gaufrier bien chaud et bien huilé.

- 200 g de farine
- 60 g de sucre en poudre
- 50 g de beurre
- 3 œufs
- 10 cl de kirsch
- Sel
- 1 c. à s. d'huile d'olive
- 20 cl de lait

Le pain d'épice

188. Pain d'épice
Préparation : 30 min – Cuisson : 1 h

Faire fondre à chaud, sans laisser bouillir, le miel et le sucre dans le lait. Lorsque le liquide est tiède, en mélanger la moitié avec les jaunes. Incorporer peu à peu la farine et le reste du liquide contenant le bicarbonate de soude. Ajouter les épices à volonté. Battre la pâte pendant 20 min. La verser dans un moule beurré et chemisé de papier beurré. Cuire pendant 1 h environ à four moyen.

- 150 g de miel
- 60 g de sucre en poudre
- 10 cl de lait
- 2 jaunes d'œufs
- 250 g de farine
- 10 g de bicarbonate de soude
- Épices : zestes d'orange poudre d'anis, cannelle..

Les biscuits

189. Petits pains d'épice ronds
Préparation : 10 min – Cuisson : 35 min

500 g de miel
200 g de crème fraîche épaisse
60 g de sucre en poudre
3 g de poivre
7 g de bicarbonate de soude
Farine

Mélanger le miel, la crème, le sucre, le poivre et le bicarbonate. Ajouter la farine nécessaire pour obtenir une pâte suffisamment épaisse.
Beurrer une plaque ; faire, à l'aide d'une cuillère, des petits tas assez espacés. Cuire 30 à 35 min à four moyen.

190. Pain d'épice à l'orange
Préparation : 10 min – Cuisson : 1 h

1 orange non traitée
1 citron non traité
500 g de farine
120 g de sucre en poudre
20 cl de lait
2 c. à c. de bicarbonate de soude
2 c. à c. de poudre d'anis
240 g de miel

Prélever le zeste de l'orange et du citron et les hacher finement.
Mélanger dans une terrine contenant la farine, le sucre, le lait, les zestes, l'anis et le bicarbonate. Ajouter le miel tiédi.
Beurrer un moule, y verser la préparation et cuire à four doux pendant 1 h environ.

191. Petits pains d'épice de ménage
Préparation : 5 min – Cuisson : 15 min

500 g de farine
500 g de miel
40 g de sucre en poudre
10 g de poudre d'anis
10 g de levure chimique
1 jaune d'œuf

Travailler la farine, le miel, le sucre, l'anis et la levure dans une terrine. Lorsque la pâte est bien homogène, l'étendre au rouleau sur un plan de travail fariné sur une épaisseur de 0,5 cm. Découper à l'emporte-pièce pour obtenir plusieurs petits pains d'épice de formes variées. Dorer avec un peu de jaune d'œuf. Laisser reposer 15 min. Cuire à four chaud sur une plaque beurrée.

192. Pain d'épice Claudine
Préparation : 15 min – Cuisson : 1 h

125 g de miel
125 g de sucre en poudre
250 g de farine
60 g d'angélique
1 citron non traité (zeste)
5 g de poudre d'anis
50 g de beurre
10 g de levure chimique

Faire fondre le miel et le sucre dans 20 cl d'eau chaude. Mettre la farine dans une terrine. Y faire un puits. Verser l'eau sucrée. Ajouter l'angélique, le zeste de citron râpé, l'anis et le beurre mou, puis le mélange au miel. Mettre la levure.
Faire cuire dans un moule à couvercle beurré pendant 1 h environ à four doux.

193. Génoise
Préparation : 30 min – Cuisson : 30 à 50 min

5 œufs
150 g de sucre en poudre
1 citron non traité (zeste)
130 g de farine
125 g de beurre

Casser les œufs dans une terrine. Placer la terrine dans un bain-marie ; ajouter le sucre et battre le mélange au fouet. La pâte doit être bien montée, c'est-à-dire qu'elle a augmenté de volume et qu'elle est légère. Battre au fouet jusqu'à son complet refroidissement, elle doit former un ruban. Ajouter le zeste de citron râpé, puis la farine qu'il faut mélanger peu à peu très doucement avec une spatule. Incorporer enfin le beurre ramolli. Verser la pâte dans un moule à génoise bien beurré et fariné. Cuire à four moyen. Le gâteau est bien cuit lorsqu'en appuyant au centre avec les doigts, la pâte résiste à la pression.

Remarques. – Ne jamais faire la pâte dans un récipient en aluminium. La pâte prend une vilaine couleur. Utiliser de préférence un moule antiadhésif.

194. Génoise au kirsch
Préparation : 30 min – Cuisson : 30 à 50 min

4 œufs
125 g de sucre en poudre
Kirsch
125 g de farine
40 g de beurre

Dans une terrine, travailler les œufs et le sucre, au fouet. La terrine doit être placée dans un bain-marie. Battre lentement, puis augmenter la vitesse. Quand la pâte est tiède, retirer de la source de chaleur, continuer à

battre jusqu'à ce que la pâte soit bien montée. Procéder selon la formule 193. Ajouter le kirsch avant de mettre la farine.
Remarque. – On peut glacer la génoise avec une glace au sucre (1 à 3), ou la fourrer avec une crème au beurre (10 à 16).

195. Biscuit roulé
Préparation : 20 min – Cuisson : 8 à 10 min

| 4 œufs |
| 120 g de sucre en poudre |
| 1 pincée de sel |
| 100 g de farine |

Séparer les blancs des jaunes. Travailler les jaunes dans une terrine avec 100 g de sucre et le sel, pendant 15 min. Ajouter la farine tamisée en pluie. Battre les blancs en neige ferme. Les serrer avec le sucre restant. Incorporer dans la pâte un tiers des blancs en neige en mélangeant délicatement, puis ajouter le reste des blancs mais en soulevant bien la pâte.
Beurrer une plaque carrée ou rectangulaire. Y placer un papier sulfurisé beurré, de même taille. Étaler la pâte de manière qu'elle ait la même épaisseur partout. Cuire à four chaud pendant 8 à 10 min. Démouler le gâteau sur une feuille de papier sulfurisé. Rouler le biscuit dans le papier et laisser refroidir. Dérouler le biscuit et le garnir.

196. Biscuit roulé à la confiture
Préparation : 15 min

| 150 g de gelée de groseille |
| Amandes effilées |

Procéder selon la formule 195 puis étaler sur le biscuit déroulé une couche de gelée de groseille. Reformer le gâteau en rouleau. Couper les deux extrémités en biseau. Masquer avec de la gelée la surface et les extrémités du biscuit. Saupoudrer d'amandes grillées.
Remarque. – Le biscuit peut être imbibé d'un sirop parfumé avec un alcool ou une liqueur (25 à 27).

197. Biscuit roulé, crème au beurre
Préparation : crème au beurre : 20 min – garniture : 15 min

Préparer un biscuit roulé selon la formule 195. Laisser refroidir. Pendant ce temps, préparer la crème au beurre au café ou chocolat (12) suivant le goût.

Étaler cette crème sur le biscuit déroulé, puis lui redonner la forme d'un rouleau. Couper les extrémités en biseau. Masquer les deux extrémités et la surface avec de la crème. Garnir, à volonté, avec une poche à douille cannelée.

Remarque. – Le biscuit sera plus facile à rouler s'il est imbibé de sirop parfumé (25 à 27).

198. Bûche de Noël
Préparation : 20 min – Cuisson : 1 h

250 g de sucre en poudre
Vanille en poudre
Sel
8 œufs
200 g de farine

Mettre le sucre dans une terrine, avec un peu de sel et la vanille en poudre. Ajouter les jaunes, l'un après l'autre, et travailler au fouet pour obtenir un mélange blanc et mousseux. Verser ensuite la farine en pluie et, pour finir, les blancs battus en neige très ferme. Utiliser pour cuire la pâte, un moule spécial en forme de bûche (fig. 22). Le beurrer. Y verser la pâte et cuire 1 h à four doux.

Fig. 22

199. Bûche au chocolat
Préparation : 20 min – Cuisson : 20 min

4 œufs
160 g de sucre en poudre
Sel
160 g de farine
Vanille en poudre
10 g de levure chimique

Travailler dans une terrine les œufs entiers. Ajouter le sucre, un peu de sel, la farine en pluie, de la vanille et la levure chimique.

Verser la pâte dans un moule carré bien beurré et fariné et faire cuire à four moyen pendant 20 min. La pâte doit être souple au doigt, mais ferme.

Démouler et rouler chaud. Un bon moyen consiste à démouler le gâteau sur un torchon propre et à rouler la pâte à l'aide du torchon : celui-ci la maintient sur toute la longueur et évite qu'elle ne se casse. Laisser refroidir. Couper ensuite en tranches régulières. Garnir chacune d'elles de crème au beurre au chocolat ou au café (12). Reconstituer le gâteau roulé et recouvrir de crème au beurre.

La pâte à choux

N.B. – Dans nos recettes, les proportions sont établies pour 6 personnes.

200. Pâte à choux

Formule A
Préparation : 25 min

25 cl d'eau
1 pincée de sel
20 g de sucre en poudre si préparation sucrée
80 g de beurre
150 g de farine
4 ou 5 œufs

Mettre dans une casserole l'eau, le sel, le sucre, le beurre coupé en morceaux. Faire chauffer. Au moment de l'ébullition, retirer la casserole du feu, ajouter la farine tamisée d'un seul coup en tournant; bien mélanger. Remettre à feu doux en tournant jusqu'à ce que la pâte se détache des parois de la casserole, mais ne pas faire cuire ni dessécher. Retirer du feu et mettre les œufs l'un après l'autre, chacun cassé à l'avance pour s'assurer de leur fraîcheur. Tourner la pâte environ 4 min entre chaque œuf.

Remarque. – Vérifier la consistance de la pâte avant d'ajouter le dernier œuf. Elle ne doit être ni trop liquide ni trop ferme pour bien gonfler à la cuisson.

Formule B

25 cl d'eau
1 pincée de sel
20 g de sucre en poudre si préparation sucrée
125 g de beurre
125 g de farine
4 petits œufs

Procéder selon la formule A.
Pour cette recette, seules les quantités changent, ce qui permet d'obtenir une pâte à choux plus riche et plus moelleuse.

201. Choux soufflés
Préparation : 25 min – Cuisson : 20 à 30 min

Préparer une pâte à choux (200 A). Prélever des morceaux de pâte gros comme un petit œuf et les disposer bien espacés sur une plaque beurrée. Saupoudrer chaque gâteau d'amandes effilées. Dorer à l'œuf entier. Mettre à four chaud. Laisser gonfler et sécher en fin de cuisson, la porte du four entrouverte durant 10 min. La pâte, une fois cuite, doit être ferme sous le doigt.

202. Choux à la crème pâtissière
Préparation : 30 min – Cuisson : 40 min

Préparer de gros choux soufflés (201).
Quand ils sont cuits et refroidis, les fendre transversalement vers le sommet. À l'aide d'une poche munie d'une douille, fourrer l'intérieur d'une crème pâtissière (23) qu'on laisse un peu dépasser par la fente.

203. Choux caramélisés
Préparation : 35 min – Cuisson : 40 min

Préparer des choux soufflés selon la formule 201. Les fourrer avec une crème pâtissière (23) à volonté. Pour cela, utiliser la poche à douille : percer la partie inférieure du chou et introduire la crème.
Préparer un caramel clair (36).
Tremper rapidement le sommet de chaque chou dans ce caramel et laisser sécher en les disposant sur une grille.

204. Choux à la crème Chantilly
Préparation : 35 min – Cuisson : 20 à 30 min

Préparer de gros choux soufflés (201). Quand ils sont cuits et refroidis, les fendre transversalement vers le sommet. À l'aide d'une poche munie d'une grosse douille cannelée, fourrer de crème Chantilly (8) très ferme.
Saupoudrer de sucre glace.

205. Salambos
Préparation : 35 min – Cuisson : 40 min

Préparer des choux soufflés (201), les garnir d'une crème pâtissière à fourrer (17). On peut les glacer avec du caramel (36) et les parsemer aussitôt d'amandes effilées.
Remarque. – On peut aussi les glacer avec une glace au kirsch (3).

206. Éclairs
Préparation : 35 min – Cuisson : 40 min

Les éclairs se préparent avec la pâte à choux (200 A). Avec la poche à douille (ronde unie, diamètre 1 cm), disposer des petits boudins de la grosseur et de la longueur du doigt sur une plaque beurrée. Cuire à four chaud 20 à 30 min.
Quand les éclairs sont cuits et refroidis, les fendre sur un côté, dans le sens de la longueur, les garnir d'une crème pâtissière (23) et les glacer (1).

207. Éclairs au chocolat
Préparation : 35 min – Cuisson 40 min

Préparer des éclairs selon la formule 206. Les fourrer d'une crème pâtissière au chocolat (23) très épaisse, les glacer au chocolat (5).

208. Éclairs au café
Préparation : 35 min – Cuisson 40 min

Préparer des éclairs selon la formule 206. Les fourrer d'une crème pâtissière au café (23). Les glacer avec un fondant au café (7).

209. Éclairs à la frangipane
Préparation : 35 min – Cuisson 40 min

Préparer des éclairs selon la formule 206. Les fourrer avec une crème frangipane (22). Les glacer au fondant (6).

210. Saint-Honoré
Préparation : 1 h 15 min – Cuisson : 30 min

Pâte brisée
Pâte à choux
1 œuf
Crème pâtissière
Caramel
Crème Saint-Honoré

Préparer la pâte de fond comme une pâte brisée (218). La laisser reposer en boule pendant la préparation de la pâte à choux.

Préparer la pâte à choux selon la formule 200 A.

Étaler la pâte de fond en galette. La placer sur une tourtière beurrée et la piquer avec une fourchette. Dorer le pourtour à l'œuf sur une largeur de 2 cm.

Disposer une couronne de pâte à choux sur la partie dorée à l'œuf, mais la placer un peu en retrait du bord de la pâte de fond : la pâte à choux gonfle en cuisant.

Cuire à four moyen pendant 20 min, puis chaud pendant 10 min. Le reste de la pâte à choux est utilisé pour faire des petits choux, cuits séparément, sur une tourtière beurrée.

Préparer une crème pâtissière (23).

Fourrer les petits choux de crème pâtissière. Caraméliser le dessus puis tremper la base des choux dans du caramel (36) et les coller immédiatement sur la couronne de pâte.

Remplir le centre du gâteau d'une crème à Saint-Honoré (21).

Remarque. – On peut garnir également le centre avec de la crème Chantilly (8) ou de la glace à la vanille, ou bien des deux.

211. Paris-Brest
Préparation : 1 h – Cuisson : 35 à 40 min

Préparer une pâte à choux selon la formule 200 A.

Verser cette pâte dans une poche à douille circulaire (1 cm de diamètre). Disposer sur une plaque beurrée un cercle de pâte de 20 à 22 cm de diamètre. Disposer un autre cercle à l'intérieur puis un troisième sur le dessus de manière à obtenir une couronne de 3 cm d'épaisseur et de largeur. Dorer à l'œuf entier puis piquer en surface des amandes effilées et faire cuire à four chaud pendant 25 à 30 min ;

Pendant ce temps, préparer une crème au beurre pralinée (13) ;

Sortir le gâteau du four, le laisser refroidir. Le couper en deux, en épaisseur, et garnir la partie inférieure de crème au beurre, grâce à une poche à douille cannelée.

Replacer la moitié supérieure du gâteau pour reformer la couronne.
Saupoudrer de sucre glace.
Remarque. – Afin de rendre la crème au beurre plus légère, on peut incorporer une meringue italienne (794) faite avec 2 blancs d'œufs et 150 g de sucre en poudre.

212. Polkas
Préparation : 40 min – Cuisson : 25 à 30 min

Pâte brisée
Pâte à choux
2 œufs
Crème pâtissière
Sucre glace

Faire une pâte brisée (218). L'étendre au rouleau sur un plan de travail fariné et la couper en rondelles de 8 cm de diamètre environ. Les placer au fur et à mesure sur une plaque beurrée.
Préparer une pâte à choux (200). La mettre dans une poche à douille. La disposer en cordon sur l'extrême bord des rondelles de pâte brisée, de façon à faire des couronnes.
Battre les œufs entiers et dorer à l'œuf les couronnes de pâte à choux. Faire cuire à four chaud pendant 20 à 25 min.
Préparer la crème pâtissière (23).
Lorsque les gâteaux sont dorés et cuits, les garnir au centre de crème pâtissière. Saupoudrer de sucre glace et caraméliser sous le gril ou à l'aide d'un chalumeau.

213. Ponts-Neufs
Préparation : 40 min – Cuisson : 25 à 30 min

Pâte brisée
Pâte à choux
Crème pâtissière
Sucre glace

Faire une pâte brisée (218), l'étendre au rouleau sur 3 mm d'épaisseur sur un plan de travail fariné et en foncer des petits moules ronds beurrés.
Piquer les fonds à la fourchette.
Faire une pâte à choux (200).
Préparer une crème pâtissière (23).
Mélanger un poids égal de pâte à choux et de crème pâtissière. En garnir les moules. Placer en croix, sur chaque gâteau, deux bandelettes de pâte brisée. Cuire à four moyen 15 min. Saupoudrer de sucre glace pour servir.

214. Meringues [première recette]
Préparation : 30 min – Cuisson : 40 min

125 g de sucre en poudre par blanc d'œuf

Battre les blancs en neige. Ajouter le quart du sucre en cours de montage puis ajouter délicatement le reste lorsque les blancs sont très fermes.

Garnir une plaque de papier sulfurisé beurré. Y poser la pâte par petits tas espacés. Cuire à four très doux pendant 35 à 40 min.

215. Meringues [seconde recette]
Préparation : 20 min – Cuisson : 1 h

4 blancs d'œufs
250 g de sucre en poudre
Sucre glace
1 c. à c. d'extrait naturel de vanille

Battre les blancs en neige très fermes. Incorporer le sucre et la vanille sans faire retomber les blancs.

Dresser les meringues sur une plaque beurrée et farinée à l'aide d'une cuillère ou d'une poche à douille. Saupoudrer de sucre glace et faire cuire à four doux ou faire dessécher dans une étuve.

216. Meringues (pâte cuite)
Préparation : 30 min – Cuisson : 40 à 50 min

4 blancs d'œufs
250 g de sucre glace
1 c. à c. d'extrait naturel de vanille

Mettre les blancs dans une terrine avec le sucre glace (on peut aussi prendre du sucre en poudre très fin) et la vanille. Placer la terrine dans un bain-marie chaud mais non bouillant et battre avec un fouet jusqu'au moment où la pâte ne s'affaisse plus. Ôter la terrine du bain-marie puis fouetter la meringue jusqu'à son complet refroidissement.

Dresser les meringues, à l'aide d'une poche à douille, sur du papier sulfurisé beurré sur une plaque. Cuire à four très doux pendant 40 à 50 min.

217. Princesses

Préparation : 35 min – Cuisson : 30 min

70 g de chocolat en poudre

100 g de sucre en poudre

2 blancs d'œufs

Mélanger le chocolat et le sucre. Battre les blancs en neige très ferme. Les incorporer au mélange. Tourner à la cuillère doucement afin de ne pas faire retomber les blancs.

Mettre un papier sulfurisé beurré sur une plaque. Disposer des petits tas dessus. Cuire à four doux pendant 25 à 30 min. En fin de cuisson, laisser la porte du four entrouverte.

Les tartes

N.B. – Dans nos recettes, les proportions sont établies pour 6 personnes.

Les tartes sont des gâteaux composés d'un fond de pâte brisée, sablée, sucrée ou feuilletée (p. 31), et d'une garniture qui peut être de la crème, une préparation composée ou des fruits.

Lorsque la crème est cuite d'avance, lorsque les fruits sont déjà accommodés (compote, confiture) ou qu'ils sont fragiles (fraises, framboises), une bonne précaution consiste à cuire la pâte à blanc, c'est-à-dire à l'avance, sans garniture (223).

D'autres fruits supportent très bien la cuisson au four (pommes, poires, cerises, prunes, mûres, etc.). Dans ce cas, ils sont cuits au même moment que la pâte, et aussi longtemps qu'elle.

Certains fruits délicats : fraises, framboises, groseilles, raisins, pêches, ne doivent pas être cuits.

Pour faire une tarte, on peut utiliser diverses sortes de pâtes : la pâte brisée, la pâte sablée, la pâte sucrée, la pâte feuilletée, la pâte demi-feuilletée.

Il est important, pour toutes les recettes à base de pâte contenues dans cet ouvrage, de se reporter à la recette de la pâte en question, afin de connaître le temps de préparation à l'avance (temps de repos propre à chaque pâte).

Remarque importante. – On trouve dans le commerce :
– soit de la pâte préparée et non cuite, surgelée ou non, (il suffit de l'étaler et d'en garnir la tourtière ou les moules pour procéder à la cuisson) ;
– soit des croûtes de tartelettes déjà cuites qu'il suffit de garnir.

Dans ces deux cas, il reste à faire preuve d'ingéniosité pour la garniture et la présentation.

218. Pâte brisée

(6 h à l'avance)

Préparation : 8 min

250 g de farine
20 g de sucre en poudre
5 g de sel
125 g de beurre
1 jaune d'œuf
2 c. à s. d'eau

Mettre la farine sur le plan de travail. Y faire un puits. Verser le sucre, le sel, le beurre en morceaux. Travailler légèrement, du bout des doigts, pour incorporer le beurre à la farine. Mouiller avec l'eau et le jaune d'œuf, en malaxant sans pétrir. Écraser la pâte avec la paume de la main. L'opération doit être rapidement menée : la pâte sera meilleure. Laisser reposer la pâte une demi-journée, roulée en boule et recouverte d'un film alimentaire, dans le bas du réfrigérateur (bac à légumes).

Remarque. – La pâte peut être plus rapidement réalisée à l'aide d'un mixeur.

219. Pâte sablée

(1 h à l'avance)

Préparation : 10 min

125 g de sucre en poudre
1 œuf
Sel
250 g de farine
Vanille en poudre
125 g de beurre

Travailler d'abord le sucre avec l'œuf, dans une terrine, avec un peu de sel. Ajouter la farine et la vanille. Quand le mélange a l'aspect granuleux du sable, le verser sur le plan de travail. Incorporer le beurre en petits morceaux. Pétrir à la main pour obtenir une pâte souple et homogène. Laisser reposer pendant 1 h.

Remarque. – Cette pâte étant croquante, elle résiste bien à l'humidité. On peut l'employer pour des tartelettes garnies de fruits crus, nappés de sirop.

220. Pâte sucrée

(2 h à l'avance)

Préparation : 10 min

250 g de farine
125 g de beurre
1 petit œuf
125 g de sucre en poudre
5 g de sel
1 c. à s. d'eau environ

Travailler ensemble la farine, le beurre (malaxé à l'avance), l'œuf, le sucre et le sel. Ajouter l'eau en quantité nécessaire pour obtenir une pâte suffisamment souple et pouvant être étendue au rouleau. Laisser reposer la pâte pendant 2 h.

221. Pâte feuilletée

(10 h à l'avance)
Préparation : 2 h

200 g de farine
10 cl d'eau environ
5 g de sel
100 g de beurre de très bonne qualité

La pâte feuilletée se prépare avec du beurre de très bonne qualité et de la farine, un peu d'eau et une pincée de sel. La quantité de beurre employée est très variable. Le poids peut égaler celui de la farine ou descendre au tiers de ce poids. Entre ces deux extrêmes, au-delà desquelles la préparation ne peut plus s'exécuter, tous les intermédiaires sont admis. Plus la proportion de beurre est importante, plus la pâte est difficile à réussir. Une bonne moyenne est d'employer la moitié du poids de beurre par rapport à celui de la farine et de l'eau.

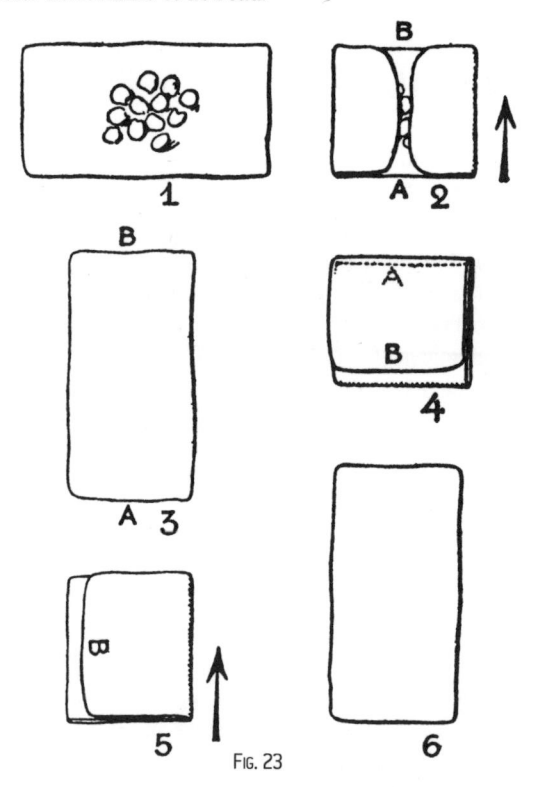

Fig. 23

Cette préparation doit toujours s'effectuer au frais, avec un beurre de très bonne qualité.

Mettre la farine tamisée en fontaine sur le plan de travail. Faire fondre le sel dans l'eau et verser l'eau salée sur la farine. Mélanger avec une corne ou les doigts et en fraisant, pour obtenir une pâte lisse, élastique et ferme. Ne pas trop pétrir, la détrempe risque de devenir élastique. La mettre en boule, pratiquer une légère incision en croix sur le dessus pour rompre l'élasticité. L'envelopper dans un film alimentaire et la réserver durant 1 h au réfrigérateur.

Pendant ce temps, amollir le beurre pour qu'il prenne la même consistance que la détrempe. Fariner le plan de travail. Étaler la pâte au rouleau en un carré de 1,5 cm d'épaisseur. Mettre sur cette pâte le beurre divisé en petits morceaux (fig. 23, 1). Replier les quatre coins de manière à enfermer complètement le beurre (fig. 23, 2). Laisser reposer 15 min au frais. Puis abaisser au rouleau, sans laisser sortir le beurre, en forme de bande bien régulière, à 0,5 cm d'épaisseur (fig. 23, 3). Plier en trois comme une serviette (fig. 23, 4). Remettre 15 min au frais. Recommencer à abaisser la pâte dans le sens contraire (fig. 23, 5). Laisser reposer 15 min entre chaque opération. Refaire six fois de suite la même opération appelée *tour*. Après le 6e tour, la pâte est prête. Conserver la pâte au réfrigérateur jusqu'à l'emploi.

Remarque. – Les pâtes feuilletées surgelées du commerce donnent d'excellents résultats.

222. Pâte demi-feuilletée

(8 h à l'avance)
Préparation : 1 h 15

Ingrédients
250 g de farine
100 g de beurre de très bonne qualité
5 g de sel
15 cl d'eau

Mettre la farine sur le plan de travail. Y faire un puits. Verser le sel, l'eau et le beurre coupé en morceaux. Commencer par pétrir ces trois ingrédients et ajouter peu à peu la farine. Lorsque la pâte est bien homogène, la mettre en boule et la laisser reposer 15 min.

Étendre, au rouleau, en une bande. La plier en trois comme pour la pâte feuilletée et donner 4 tours à intervalles de 15 min chacun. Conserver la pâte au réfrigérateur jusqu'à l'emploi.

223. Tartes aux fruits cuits, à la confiture ou à la compote
Préparation : 30 min – Cuisson : 15 min

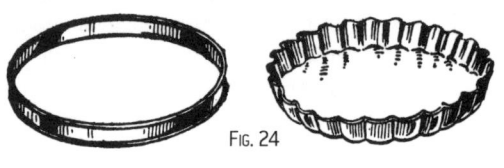

Fig. 24

Faire cuire la pâte à blanc : placer la pâte non garnie [de préférence pâte brisée (218), pâte sablée (219) ou pâte sucrée (220)] dans une tourtière (fig. 24). Recouvrir la pâte d'une feuille de papier sulfurisé ou d'aluminium, sur laquelle on pose des haricots, des noyaux bien lavés (cerises, abricots…), ou des noyaux de cuisson. Cuire pendant 15 min environ, à four chaud.

De cette façon, la pâte cuit convenablement, mais sans trop gonfler, et il est facile de la garnir ensuite. C'est lorsque la pâte est cuite et dorée qu'on la recouvre avec les fruits cuits à l'avance.

Remarque. – On trouve les noyaux de cuisson dans les boutiques spécialisées.

224. Tarte à la confiture de framboises ou Linzertorte
Préparation : 30 min – Cuisson : 25 à 30 min

200 g de farine
125 g de beurre
125 g de sucre en poudre
1 jaune d'œuf
125 g d'amandes en poudre
10 g de cannelle en poudre
15 g de cacao
250 g de confiture de framboises entières

Se mouiller les mains pour travailler la pâte. Malaxer farine, beurre, sucre, jaune d'œuf et amandes. Ajouter, selon le goût, cannelle et cacao. La pâte doit être bien colorée.

Étendre cette pâte au rouleau sur un plan de travail fariné. En garnir une plaque à tarte et commencer la cuisson de cette pâte, recouverte de papier sulfurisé ou d'aluminium, puis de noyaux, à four chaud pendant 10 min. Ôter le papier et les noyaux et recouvrir de confiture de framboises. Faire, avec le reste de la pâte, des bandelettes de pâte coupées à la roulette. Former un grillage au-dessus de la confiture et finir la cuisson, pendant 15 min au moins.

225. Tarte aux noix
Préparation : 35 min – Cuisson : 45 min

Préparer la pâte sablée (219) et en garnir un moule à tarte : l'étaler à la main sur 3 à 4 mm d'épaisseur. Préparer la garniture en mélangeant la crème fraîche avec le sucre, l'œuf, les noix et la cannelle. La répartir sur le fond de tarte et faire cuire à four moyen pendant 45 min.

À la sortie du four, saupoudrer la tarte de sucre glace et décorer avec les cerneaux de noix.

Cette tarte se déguste froide. Elle se conserve au frais 3 ou 4 jours.

Pâte sablée
250 g de crème fraîche épaisse
100 g de sucre en poudre
100 g de noix râpées
1 c. à c. de cannelle en poudre
1 œuf
Sucre glace
10 cerneaux de noix

226. Tarte au riz
Préparation : 1 h 30 – Cuisson : 40 min

Préparer une pâte demi-feuilletée (222). Foncer une tourtière beurrée. La recouvrir de papier sulfurisé ou d'aluminium, puis garnir de haricots ou de noyaux de cuisson, et la faire cuire 20 min à four chaud.

Ôter le papier et les noyaux. Verser ensuite du riz au lait (422) parfumé du zeste de citron râpé. Cuire encore à four chaud pendant 20 min.

227. Tarte aux abricots, prunes, cerises
Préparation : 10 min – Cuisson : 45 min

Faire une pâte brisée (218) ou demi-feuilletée (222). En foncer une tourtière beurrée.

Disposer les fruits dénoyautés, coupés en deux. Les placer régulièrement, en tournant, de l'extérieur vers l'intérieur si la tourtière est ronde. Si l'on veut donner à la tarte une forme carrée ou rectangulaire, placer les fruits par bandes parallèles. Saupoudrer de sucre en poudre et cuire à four chaud pendant 45 min.

228. Tarte alsacienne (aux fruits)
Préparation : 40 min – Cuisson : 30 à 40 min

Pâte brisée
Fruits (au choix)
50 g de farine
2 œufs
60 g de sucre en poudre
100 g de crème fraîche
Sucre glace

Faire une pâte brisée (218). En foncer une tourtière beurrée. Disposer les fruits régulièrement sur la pâte. Puis napper de la préparation suivante : mélanger dans une terrine la farine avec les œufs. Ajouter le sucre et la crème (à défaut de crème, on peut utiliser du lait, mais le mélange sera moins fin).
Cuire à four chaud de 30 à 40 min. Saupoudrer de sucre glace 5 min avant la fin de la cuisson.

229. Tarte à la rhubarbe

Procéder selon la formule précédente. Pocher la rhubarbe dans un sirop vanillé au préalable. Disposer sur la pâte les morceaux de rhubarbe coupés en tronçons de 3 cm. Napper avec le mélange farine, œufs, sucre, crème et cuire à four chaud de 30 à 40 min. Sucrer ensuite, selon le goût.

230. Tarte aux pommes
Préparation : 2 h 20 – Cuisson : 30 à 40 min

Préparer une pâte feuilletée (221).
Étaler au rouleau sur 1 cm d'épaisseur. Couper cette pâte pour lui donner une forme carrée. Réserver quatre bandes de pâte que l'on colle (avec un peu d'eau) sur chaque côté de la tarte. Pincer régulièrement, avec une pince à pâte, pour former des dents. Dorer les bords avec l'œuf.
Étaler sur la pâte une purée de pommes (676) assez épaisse. Recouvrir de très minces tranches de pommes. Ces fines tranches doivent se chevaucher. Saupoudrer de sucre cristallisé.
Cuire à four bien chaud pendant 40 min pour obtenir un glaçage brillant.

231. Tarte aux pruneaux
Préparation : 15 min – Cuisson : 40 min

Pâte brisée
20 beaux pruneaux cuits à l'avance
3 œufs
60 g de sucre en poudre
50 cl de lait
60 g de farine

Faire une pâte brisée (218) avec les ingrédients ci-contre. Foncer une tourtière ronde beurrée. La recouvrir de papier sulfurisé ou d'aluminium puis de noyaux de cuisson. La cuire à blanc à four chaud pendant 20 min. Retirer du four.
Ôter le papier et les noyaux. Déposer les pruneaux dénoyautés et recouvrir de crème faite selon la formule 228.
Remettre à four chaud et cuire encore 20 min.

232. Tarte au potiron
Préparation : 30 min – Cuisson : 40 min

Pâte sucrée
1 kg de potiron
3 œufs
150 g de sucre en poudre
80 g de farine
Sel
1 citron non traité (zeste)
180 g de crème fraîche

Faire une pâte sucrée (220). L'étendre au rouleau. En foncer une tourtière beurrée.
Dans une casserole, cuire la pulpe de potiron coupée en petits morceaux sans eau ou bien à couvert, dans un four pas trop chaud, mais cette opération est plus longue.
Passer la pulpe cuite. Travailler les œufs, le sucre et la farine. Ajouter 500 g environ de purée de potiron. Ajouter un peu de sel, le zeste de citron râpé et la crème fraîche.
En garnir la tourtière et cuire à four chaud pendant 40 min.

233. Tartelettes aux fraises, framboises, etc.
Préparation : 15 min – Cuisson : 15 min

Foncer des moules à tartelettes de pâte brisée (218) ou sablée (219). La recouvrir de papier sulfurisé ou d'aluminium puis de noyaux de cuisson. Cuire la pâte à blanc, pendant environ 15 min à four chaud. Lorsqu'elle est dorée, ôter le papier et les noyaux, et disposer les fruits crus.
Préparer un sirop de groseille : mettre dans une petite casserole de la gelée de groseille. Ajouter un peu d'eau. Faire chauffer. On doit obte-

nir un liquide sirupeux. Tremper un pinceau de cuisine dans cette préparation et en napper les fruits.

Remarque. – Le fond de tarte cuit à blanc peut être recouvert de crème Chantilly (8) ou de crème pâtissière (23) avant de disposer les fruits.

234. Tartelettes au citron (pour 12 tartelettes)
Préparation : 20 min – Cuisson : 25 min

Pâte brisée
1 œuf
150 g de sucre en poudre
1 citron non traité
60 g de beurre

Faire une pâte brisée (218) avec les ingrédients ci-contre. L'étendre au rouleau. Foncer des petits moules beurrés et verser dans chacun le mélange suivant : travailler l'œuf entier avec le sucre. Ajouter le jus du citron, le zeste râpé et le beurre ramolli au four.

Cuire 25 min à four chaud.

Remarque. – On peut décorer les tartelettes avec des rubans de pâte.

235. Tartelettes à l'orange
Préparation : 20 min – Cuisson : 25 min

Pâte brisée
1 œuf
100 g de sucre en poudre
70 g de beurre
1 orange non traitée

Procéder selon la formule 234.

236. Tartelettes à l'ananas
Préparation : 20 min – Cuisson : 25 min

Pâte brisée
2 tranches d'ananas
1 œuf
150 g de sucre en poudre
60 g de beurre
1 c. à s. de kirsch

Préparer la pâte brisée (218).
Broyer 1 tranche d'ananas pour recueillir le jus et la pulpe. Travailler l'œuf avec le sucre. Mélanger au jus et à la pulpe de l'ananas. Faire amollir le beurre et l'incorporer à la préparation en même temps que le kirsch et l'autre tranche d'ananas coupée en dés.

Foncer de pâte brisée des moules à tarte individuels beurrés. Les garnir de la préparation. Cuire 25 min à four chaud.

237. Tartelettes à la crème et à l'ananas
Préparation : 20 min – Cuisson : 15 min

Pâte sablée

1 demi-tranche d'ananas par tarte

Crème pâtissière

Préparer une pâte sablée (219). Foncer des moules à tarte individuels beurrés. Cuire à blanc les pâtes garnies de papier sulfurisé et de noyaux de cuisson pendant environ 15 min à four chaud.

Préparer une crème pâtissière parfumée au kirsch (17). En recouvrir chaque fond de tarte. Puis placer la demi-tranche d'ananas découpée en losanges.

238. Tartelettes au raisin
Préparation : 25 min – Cuisson : 20 min

Faire une pâte sucrée (220). En garnir des moules à tartelettes beurrés et cuire à blanc à four assez chaud, pendant environ 15 min, en ayant soin de disposer du papier sulfurisé et des noyaux de cuisson. Pendant la cuisson de la pâte, cuire 1 min dans un sirop de sucre au boulé (36), les grains de raisin sans pépins, bien mûrs. Ils doivent s'enrober de sirop, sans se déformer.

Ôter le papier et les noyaux. Disposer ensuite les fruits sur les fonds de tartes.

Ajouter au sirop de la confiture de mirabelles ou d'abricots et en napper les fruits à l'aide d'un pinceau. Passer au four chaud 5 min au plus.

239. Tartelettes aux marrons
Préparation : 20 min – Cuisson : 15 min

Faire une pâte sucrée (220), puis préparer une purée de marrons bien fine et bien lisse, parfumée avec du kirsch et sucrée selon le goût.

Foncer des moules beurrés en forme de barquettes avec la pâte sucrée. Cuire à four chaud, pendant environ 15 min, en mettant sur la pâte du papier sulfurisé et des noyaux de cuisson.

Ôter le papier et les noyaux, puis garnir chaque barquette de purée de marrons et glacer au chocolat (4).

240. Tartelettes au rhum et pâte d'amande
Préparation : 20 min – Cuisson : 25 min

Pâte brisée
100 g d'amandes en poudre
100 g de sucre en poudre
3 œufs
30 g de beurre
Rhum
Confiture d'abricots
Amandes hachées (facultatif)

Faire une pâte brisée (218). En foncer des moules à tartelettes beurrés.
Travailler les amandes en poudre avec le sucre et les œufs. Ajouter le beurre ramolli et parfumer, à volonté, de rhum.
Remplir les moules à tartelettes. Cuire à four moyen. Garnir après cuisson, au pinceau, de confiture d'abricots et, selon le goût, saupoudrer d'amandes hachées et grillées.

241. Mirlitons
Préparation : 25 min – Cuisson : 20 min

Pâte brisée
4 œufs
Vanille en poudre
125 g de sucre en poudre
60 g d'amandes en poudre
60 g d'amandes effilées
Sucre glace

Faire une pâte brisée (218). Foncer des barquettes beurrées avec cette pâte étalée sur une épaisseur de 3 mm environ.
Mélanger dans une terrine les œufs, de la vanille, le sucre et les amandes en poudre. En garnir chaque tartelette. Saupoudrer d'amandes effilées puis de sucre glace.
Cuire à four moyen pendant 20 min.

242. Conversations
Préparation : 35 min – Cuisson : 20 min

Pâte brisée
Crème pâtissière
Glace royale

Faire une pâte brisée (218). En réserver un quart pour couvrir les gâteaux. L'étendre au rouleau sur 3 mm d'épaisseur et en foncer des moules ronds beurrés. Piquer les fonds à la fourchette.
Faire une crème pâtissière parfumée à la vanille (23).
Remplir les moules ronds de crème. Étaler finement le reste de la pâte brisée et en recouvrir chaque moule. Badigeonner de glace royale (2) et garnir avec de minces croisillons de pâte. Cuire à four chaud 15 à 20 min.

Pâtisserie à base de pâte feuilletée

243. Palmiers

Préparation : 2 h 15 – Cuisson : 20 min

| 200 g de pâte feuilletée |
| 125 g de sucre en poudre |

Préparer une pâte feuilletée (221). Saupoudrer le plan de travail de sucre et abaisser la pâte à 0,5 cm d'épaisseur environ, en forme de bande de 18 à 20 cm de large environ. Replier la pâte en longueur, de manière à amener les deux bords sur la ligne du milieu (fig. 25, 1) et (fig. 25, 2), puis replier encore dans le même sens. Couper dans cette pâte des tronçons de 1 cm (fig. 25, 3) d'épaisseur. Les arranger bien en cœur (fig. 25, 4). Saupoudrer de sucre la plaque du four. Y mettre les palmiers et cuire à four chaud, 15 à 20 min en retournant.

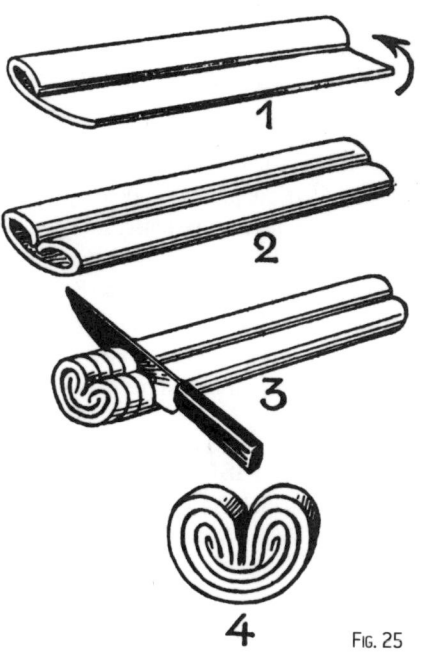

Fig. 25

244. Cornets à la crème

Préparation : 2 h 10 – Cuisson : 30 min

Pour environ une douzaine de cornets de taille moyenne :

| 500 g de pâte feuilletée |
| 1 jaune d'œuf |
| 25 cl de crème pâtissière ou de crème Chantilly |

Préparer une pâte feuilletée (221). L'abaisser fortement pour obtenir une couche de pâte très mince. Couper une bande de 2 à 3 cm de large et assez longue pour entourer en spirale l'extérieur beurré de moules en cornet (fig. 26). Dorer avec

un peu de jaune d'œuf délayé dans 1 c. à c. d'eau tiède. Cuire 30 min à four chaud jusqu'à ce qu'ils soient bien dorés.
Préparer une crème pâtissière (23) ou Chantilly (8).
Démouler sans briser les cornets. Les remplir de crème pâtissière ou de Chantilly.

Fig. 26

245. Chaussons aux pommes
Préparation : 2 h 15 – Cuisson : 30 min

400 g de pâte feuilletée
500 g de pommes
60 g de sucre en poudre
1 jaune d'œuf

Préparer une pâte feuilletée (221). L'abaisser assez mince. La découper en rondelles de 10 à 15 cm de diamètre, soit avec une tasse, soit avec un découpoir. Garnir chacune de ces rondelles avec des tranches très minces de pommes épluchées. Sucrer. Replier en deux. Souder les bords avec un peu d'eau et décorer le bord en pinçant avec la pince à pâte ou en appuyant avec les dents d'une fourchette. Dorer au jaune d'œuf avec un pinceau. Cuire à four chaud pendant 30 min.

246. Chaussons à la purée de pommes
Procéder selon la formule 245, mais remplacer les pommes crues par une purée de pommes (676) préparée à l'avance, bien sucrée et assez épaisse.

247. Chaussons à la confiture
Procéder selon la formule 245. Mais utiliser, de préférence, une confiture assez épaisse.

248. Galette des Rois
Préparation : 2 h 10 – Cuisson : 30 min

Pâte feuilletée
1 jaune d'œuf
Glace à l'eau

Préparer une pâte feuilletée selon la formule 221.
Lorsque les tours ont été donnés (ne pas oublier de mettre la fève avant de donner le dernier tour à la pâte), étendre au rouleau sur le plan de travail de façon à obtenir un carré régulier d'une épais-

seur de 2 cm. Rabattre les angles du carré pour former une galette. Étaler au rouleau pour obtenir une épaisseur de 1,5 cm. À l'aide d'un couteau, faire des losanges (on trace des raies parallèles dans les deux sens, se coupant en oblique). Dorer au jaune d'œuf délayé avec un peu d'eau.

Cuire à four chaud sur une plaque humidifiée. Puis glacer à l'eau (1) 5 min avant la fin de la cuisson.

Remarque. – Ceci est la recette traditionnelle. Vous pouvez ajouter une crème d'amande (24) sur la pâte.

Autre recette. – Préparer une pâte brisée (218) ou une pâte sucrée (220). Foncer une tourtière beurrée. Verser au milieu une crème frangipane (22). Parsemée d'amandes effilées. Cuire 25 min à four chaud.

249. Allumettes glacées

Préparation : 2 h 20 – Cuisson : 15 à 20 min

Pâte feuilletée
Glace royale

Préparer une pâte feuilletée (221).
Au dernier tour, étendre des bandes de pâte qui auront 10 cm de large sur 30 cm de long environ. L'épaisseur sera de 0,5 cm.
Recouvrir le dessus de glace royale (2), couper avec soin des parts de 3 à 4 cm de large. Faire cuire à four chaud sur une plaque recouverte de papier sulfurisé.

Remarque. – Le four doit être chaud dessous, mais assez doux au-dessus, afin de ne pas caraméliser la glace qui doit rester blonde.

250. Jalousies

Préparation : 2 h 20 – Cuisson : 20 à 30 min

Pâte feuilletée
150 g de gelée de groseille
50 g d'amandes hachées
1 œuf

Préparer une pâte feuilletée selon la formule 221.
Étaler cette pâte en une bande ayant 40 à 50 cm de long et 12 cm environ de large sur 3 à 4 mm d'épaisseur. Couper la bande de pâte de façon à avoir deux morceaux de 25 cm chacun.

Placer sur la première bande une couche de gelée de groseille. Recouvrir avec la deuxième bande. Faire à la surface de celle-ci, avec un bon couteau, des entailles n'allant pas jusqu'aux bords du gâteau et séparées les unes des autres de 0,5 cm. Dorer à l'œuf. Cuire à four chaud sur une plaque légèrement humidifiée.

Badigeonner au sortir du four de gelée de groseille délayée à chaud avec un peu d'eau et saupoudrer d'amandes hachées.

Remarque. – On peut remplacer la gelée de groseille par de la marmelade d'abricots et les amandes hachées par du sucre cristallisé ou de la crème d'amande (24).

251. Mille-feuilles
Préparation : 2 h 30 – Cuisson : 20 min

400 g de pâte feuilletée
Crème pâtissière
Sucre glace

Préparer une pâte feuilletée (221).

Étaler cette pâte en une bande ayant 12 cm de largeur et pas plus de 3 mm d'épaisseur et environ 30 cm de longueur. Piquer à la fourchette et cuire pendant 20 min sur une plaque légèrement humidifiée mais non graissée, à four chaud pour que la pâte soit sèche et croustillante.

Préparer une crème pâtissière (23) parfumée au kirsch ou au rhum. Découper la pâte feuilletée cuite en 3 bandes égales dans le sens de la longueur. Garnir une bande de pâte cuite avec la crème. Mettre une deuxième bande cuite par-dessus. Garnir avec de la crème. Terminer avec une bande de pâte cuite. Saupoudrer de sucre glace, très largement. Couper ensuite en parts de 6 cm environ de large, à l'aide d'un couteau-scie.

252. Pithiviers
Préparation : 2 h 15 – Cuisson : 45 min

500 g de pâte feuilletée
350 g d'amandes en poudre
175 g de sucre en poudre
Vanille en poudre
2 c. à s. de rhum
4 œufs
15 g de fécule de pomme de terre

Préparer une pâte feuilletée (221).

Mélanger les amandes en poudre avec le sucre, la vanille et le rhum. Ajouter à cette préparation 3 jaunes d'œufs, 3 blancs battus en neige et la fécule. Travailler le mélange. Foncer une tourtière beurrée avec la moitié de la pâte feuilletée. Garnir de la préparation aux amandes. Recouvrir de la seconde abaisse, souder les bords avec un peu d'eau, orner le dessus de dessins au couteau, dorer à l'œuf. Mettre à four chaud et laisser cuire 40 à 45 min.

253. Dartois
Préparation : 2 h 30 – Cuisson : 35 min

350 g de pâte feuilletée
250 g de crème d'amande

Préparer une pâte feuilletée (221). L'abaisser à 0,5 cm d'épaisseur. Préparer 2 bandes de pâte, l'une de 8 à 10 cm de large, l'autre de 2 cm de plus.

Placer, sur la plus large, une crème d'amande bien onctueuse (24). Replier le feuilletage sur une largeur de 1 cm tout autour, sur la crème d'amande. Placer la deuxième abaisse comme couvercle, souder les bords à l'eau et les égaliser de manière qu'ils soient bien verticaux. Tracer légèrement, au couteau, tous les 4 à 5 cm, une incision qui marque la séparation des dartois.

Disposer sur une tôle beurrée; cuire à four chaud pendant 30 à 35 min.

Aussitôt après la cuisson, couper les dartois et les séparer les uns des autres.

Les petits fours

N.B. – Dans nos recettes, les proportions sont établies pour 6 personnes.

Pour la cuisson de tous les petits fours, recouvrir la plaque à pâtisserie d'une feuille de papier de cuisson sulfurisé. Ils se décolleront sans difficulté.

On appelle petits fours des gâteaux de petite taille qui peuvent être secs ou glacés.

Les premiers se conservent fort bien dans des bocaux ou des boîtes hermétiques, à l'abri de l'air.

Les seconds, garnis de crème et recouverts de glace au sucre, doivent être consommés dans la journée.

Il est assez difficile de faire dans un ménage une grande variété de petits fours, à moins d'avoir un matériel important et surtout des essences différentes, toute une gamme de colorants, des garnitures (gelée, amandes, fruits confits) de toutes sortes.

On trouvera ici quelques recettes pratiques et rapidement faites.

Fours secs

Ils pourront être faits :
– avec de la pâte d'amande.
– avec de la meringue ordinaire ou suisse.
– avec une pâte feuilletée ou sablée.

254. Pâte d'amande
Préparation : 20 min

250 g d'amandes en poudre
250 g de sucre en poudre
3 blancs d'œufs

Travailler tous les ingrédients dans un mortier, avec un pilon, afin d'obtenir une pâte fine et homogène.

255. Fours au café
Préparation : 30 min – Cuisson : 15 min

160 g de pâte d'amande
45 g de sucre en poudre
1 blanc d'œuf
Extrait de café
Amandes mondées

Travailler à la main, dans une terrine, la pâte d'amande (254) avec le sucre, le blanc d'œuf et l'extrait de café. Former avec cette pâte des boulettes allongées. Les aplatir à la main. Et les parsemer d'amandes grossièrement hachées. Cuire à four moyen 15 min environ sur papier sulfurisé.

256. Artichauts
Préparation : 30 min – Cuisson : 15 min

200 g de pâte d'amande
Colorant vert
1 blanc d'œuf
Vanille en poudre
Amandes entières mondées (3 moitiés par gâteau)

Ajouter à la pâte d'amande (254) le colorant, un peu de blanc d'œuf pour amollir et de la vanille pour parfumer. Former avec la main des petits cônes.
Placer autour 3 moitiés d'amandes. Cuire à four chaud, 10 à 15 min, sur papier sulfurisé.

257. Cerisettes
Préparation : 25 min – Cuisson : 15 min

100 g de cerises confites
200 g de pâte d'amande
1 blanc d'œuf
Colorant rouge

Hacher finement 80 g de cerises confites. Les incorporer avec le blanc d'œuf et un peu de colorant à la pâte d'amande (254). Former ensuite de petites boules à l'intérieur desquelles on met une cerise entière. Cuire à four chaud 10 à 15 min, sur papier sulfurisé.

258. Ananas
Préparation : 25 min – Cuisson : 15 min

200 g de pâte d'amande
100 g d'ananas confit
1 blanc d'œuf

Hacher 75 g d'ananas confit. L'incorporer, avec le blanc d'œuf, à la pâte d'amande (254). Former ensuite de petites boules. Garnir chaque boule du reste d'ananas confit découpé en forme de losange ou de cercle. Cuire à four chaud 10 à 15 min sur papier sulfurisé.

259. Eugénie
Préparation : 25 min – Cuisson : 15 min

100 g d'écorces d'oranges
200 g de pâte d'amande
Essence d'orange
Colorant rose
1 blanc d'œuf
Gomme de sirop

Hacher 75 g d'écorces d'oranges. Travailler la pâte d'amande (254) en ajoutant le colorant, l'essence (selon le goût), le hachis d'écorce et le blanc d'œuf. Couper dans cette pâte des demi-lunes ayant environ 1,5 cm d'épaisseur. Garnir du reste d'écorce d'orange.

Cuire à four chaud 10 à 15 min sur papier sulfurisé. Badigeonner de gomme de sirop.

260. Massepains
Préparation : 20 min – Cuisson : 15 min

2 blancs d'œufs
45 g de crème de riz
60 g de sucre en poudre
60 g d'amandes en poudre
Crème ganache

Battre les blancs en neige très ferme. Y ajouter la crème de riz, le sucre et les amandes. Beurrer un papier sulfurisé, le poser sur une plaque. Y disposer la pâte en petits tas assez espacés.

Cuire à four moyen 15 min environ. Quand ils sont dorés, les décoller du papier et les réunir deux à deux avec de la crème ganache (9).

261. Avelinettes
Préparation : 20 min

150 g de noix en poudre
150 g de noisettes en poudre
150 g d'amandes en poudre
450 g de sucre en poudre
1 c. à c. d'extrait de café
2 c. à s. de cacao en poudre

Mélanger dans une terrine noix, noisettes, amandes, sucre et extrait de café, bien pétrir à la main pour obtenir une pâte homogène.
Former des petits gâteaux de forme ovale. Rouler dans le cacao. Ne pas cuire.
Servir dans des godets de papier.

262. Napolitains
Préparation : 40 min

375 g d'amandes en poudre
4 blancs d'œufs
375 g de sucre en poudre
Colorant rose
Colorant vert

Préparer une pâte d'amande selon la formule 254 avec les amandes, les blancs d'œufs et le sucre. Diviser la préparation en trois parties égales.
Dans une terrine, mettre quelques gouttes de colorant rose et y travailler un tiers de la pâte d'amande. Dans une autre terrine, mettre quelques gouttes de colorant vert et travailler un autre tiers de la pâte d'amande. Réserver la troisième portion blanche. Étaler chaque portion au rouleau en bande de 6 à 8 mm d'épaisseur. Disposer, selon le goût, les couleurs l'une au-dessus de l'autre. Appuyer avec le rouleau, puis couper avec un bon couteau en petits carrés ou en losanges.

263. Michettes
Préparation : 15 min – Cuisson : 10 min

200 g de noisettes en poudre
200 g de sucre en poudre
1 blanc d'œuf
30 noisettes entières

Pétrir les noisettes en poudre avec le sucre en ajoutant un peu de blanc d'œuf. Former de petites boules et placer sur chacune d'elles 1 noisette.
Cuire à four moyen pendant 10 min sur papier sulfurisé.
On peut garnir avec un peu de caramel (36).

264. Sachas

Préparation : 25 min – Cuisson : 15 min

	100 g d'angélique
	200 g de pâte d'amande
	1 blanc d'œuf
	60 g d'amandes douces entières

Couper l'angélique en morceaux de 1 cm. Ramollir la pâte d'amande (254) avec le blanc d'œuf. Entourer chacun des morceaux d'angélique de pâte d'amande bien souple et homogène. Former des gâteaux de la taille d'une grosse olive. Les rouler dans les amandes hachées grossièrement. Cuire à four chaud sur papier beurré 10 à 15 min.

265. Petits pains à l'orange

Préparation : 25 min – Cuisson : 20 min

	250 g de pâte d'amande
	1 blanc d'œuf
	60 g de pâte de pommes
	1 orange non traitée (zeste)
	85 g d'écorces d'oranges confites
	Colorant rose

Ramollir la pâte d'amande (254) avec le blanc d'œuf. Incorporer la pâte de pommes, le zeste d'orange râpé, 60 g d'écorces confites hachées finement. Ajouter le colorant.

Former avec cette pâte des petits pains ovales. Décorer avec le reste d'écorces confites coupées en forme de losange. Cuire à four chaud pendant 20 min sur papier sulfurisé.

266. Meringue à l'italienne

Préparation : 25 min – Cuisson : 40 min

	Pour 25 petits fours :
	250 g de sucre en poudre
	4 blancs d'œufs

Préparer avec le sucre et un peu d'eau un sirop de sucre au boulé (36).

Battre les blancs en neige très ferme. Y verser en filet le sirop de sucre, sans cesser de battre et s'arranger pour que le sirop tombe d'abord sur la paroi du récipient. Cuire à four doux pendant 40 min sur papier sulfurisé.

267. Meringues au chocolat

Préparation : 25 min – Cuisson : 40 min

	250 g de sucre en poudre
	4 blancs d'œufs
	80 g de chocolat
	50 g de sucre glace

Faire une meringue selon la formule 266. Ajouter le chocolat ramolli à la chaleur avec un peu d'eau et le sucre glace.

Mettre l'appareil dans la poche à douille. Couler des bâtons gros comme le doigt sur papier sulfurisé beurré.
Cuire à four doux. Les retirer lorsqu'ils sont fermes.

268. Meringues au café
Préparation : 25 min – Cuisson : 40 min

250 g de sucre en poudre
4 blancs d'œufs
Extrait de café
50 g de sucre glace

Préparer la meringue (266). Ajouter l'extrait de café et saupoudrer de sucre glace avant cuisson. Cuire selon la formule 267.

269. Meringues aux amandes
Préparation : 25 min – Cuisson : 40 min

250 g de sucre en poudre
4 blancs d'œufs
Colorant rouge
60 g d'amandes effilées

Préparer la meringue (266). Colorer avec une goutte de colorant rouge. Incorporer les amandes.
Former, à la cuillère, sur papier beurré, des petits rochers.
Cuire à four doux. Retirer dès qu'ils sont fermes.

270. Miroirs
Préparation : 25 min – Cuisson : 15 min

4 blancs d'œufs
125 g d'amandes en poudre
125 g de sucre en poudre
Vanille en poudre
Pour la garniture :
150 g de sucre en poudre
2 jaunes d'œufs
50 g de beurre
150 g d'amandes en poudre
1 c. à s. de rhum
25 g de farine
Pour le glaçage :
Confiture d'abricots
Rhum
Glace à l'eau

Battre les blancs en neige très ferme. Ajouter en pluie les amandes, le sucre et la vanille. Faire, sur une plaque beurrée, à l'aide de la poche à douille, des galettes ovales, mais creuses.
Garnir le milieu avec la préparation suivante : travailler le sucre avec les jaunes. Ajouter le beurre en crème, les amandes, le rhum et la farine.
Faire cuire alors à four moyen pendant 12 à 15 min.
Faire réduire dans une petite casserole un peu de confiture d'abricots avec du rhum. Verser ce sirop chaud sur les gâteaux chauds.
Finir avec une glace à l'eau (1) sur chacun des miroirs.

Pâtes variées

271. Croquignoles
Préparation : 25 min – Cuisson : 10 min

3 blancs d'œufs
230 g de sucre glace
195 g de farine
Colorant rose
Eau de fleur d'oranger

Mélanger le sucre glace, la farine dans les blancs battus mais à moitié fermes. Bien mélanger et ajouter la fleur d'oranger et le colorant. Faire des gâteaux extrêmement petits en pastilles ou en bâtonnets, à l'aide d'une poche à douille, sur plaque beurrée. Cuire 10 min à four moyen.

272. Croquantes fourrées
Préparation : 40 min – Cuisson : 20 min

Pâte pour croquantes (moitié des proportions)
125 g de chocolat
60 g de crème fraîche
125 g de chocolat vermicelle

Faire des croquantes (42). Les rouler à la sortie du four.
Préparer la crème pour fourrer les croquantes : faire ramollir le chocolat cassé en morceaux avec 1 c. à s. d'eau dans une petite casserole placée au bain-marie chaud. Tout le chocolat doit être amolli sans tourner. Retirer du feu, ajouter la crème. Bien mélanger.
Mettre un peu de crème aux deux extrémités de chaque croquante, en la faisant pénétrer à l'intérieur. Enduire 1 cm de chaque extrémité à l'extérieur. Et tremper aussitôt dans le chocolat vermicelle qui colle au fur et à mesure que la crème refroidit.

273. Croquettes orangines
Préparation : 30 min – Cuisson : 10 min

80 g d'écorces d'oranges confites
Rhum
250 g de farine
150 g de sucre en poudre
125 g de beurre
Lait
Marmelade d'abricots
Glace à l'orange

Piler les écorces d'oranges confites, au mortier, avec du rhum.
D'autre part, travailler la farine, le sucre et le beurre avec la quantité nécessaire de lait pour obtenir une pâte molle. Incorporer l'écorce pilée. Étaler la pâte. Former des bandes de 2 cm d'épaisseur et de 4 cm de largeur. Couper ensuite en mor-

ceaux. Placer sur plaque beurrée et cuire à feu vif, pendant environ 10 min. Avec un pinceau, recouvrir chaque gâteau de marmelade d'abricots et glacer avec une glace à l'orange réalisée comme une glace à l'eau (1), mais en remplaçant l'eau par du jus d'orange ou de l'essence d'orange, et en ajoutant un peu de colorant rouge.

274. Allumettes
Préparation : 2 h 10 – Cuisson : 20 min

Faire une pâte feuilletée (221). L'étaler sur une épaisseur de 4 à 5 mm environ. La couper en bandes assez longues et étroites (1,5 cm sur 8 à 10 cm). On peut ou dorer à l'œuf, ou saupoudrer d'amandes grossièrement hachées.
Cuire à four chaud 20 min sur plaque beurrée.

275. Arlésiennes ou Sacristains
Préparation : 2 h 10 – Cuisson : 15 min

Faire une pâte feuilletée (221). L'étaler sur une épaisseur de 4 à 5 mm. La couper en bandes de 1,5 cm sur 10 cm environ. Dorer à l'œuf. Saupoudrer largement de sucre glace ou de sucre en poudre.
Tordre chacun des morceaux de pâte en tire-bouchon.
Placer sur plaque beurrée et coller les deux extrémités de chacun des gâteaux avec un peu d'eau. Cuire 15 min à four chaud.
Remarque. – On peut saupoudrer, avant cuisson, d'amandes en poudre.

276. Papillons
Préparation : 2 h 10 – Cuisson : 20 min

Faire une pâte feuilletée (221). L'étaler sur une épaisseur de 7 mm. Couper en rectangles de 5 cm sur 2 cm environ. Dorer à l'œuf des deux côtés. Saupoudrer de sucre glace ou de sucre en poudre, puis tordre les deux extrémités du rectangle, d'un demi-tour, sans abîmer le milieu de la pâte.
Cuire à four chaud 20 min environ sur plaque beurrée.

277. Allumettes au fromage
Préparation : 25 min – Cuisson : 20 min

125 g de farine
125 g de beurre
Sel
125 g de gruyère râpé
Lait

Mettre dans une terrine la farine, le beurre, un peu de sel, 100 g de gruyère et la quantité de lait permettant de faire une pâte. Étendre au rouleau sur un plan de travail fariné. Plier la pâte comme pour faire de la pâte feuilletée (221). Refaire 4 fois l'opération, mais sans laisser de temps de repos entre chaque tour. Donner encore 2 tours à la pâte, mais en la saupoudrant chaque fois de la moitié du gruyère restant. Étendre sur une épaisseur de 1 cm.
Découper des rectangles de 2 cm de large sur 8 cm de longueur.
Cuire à four assez chaud sur une plaque beurrée, pendant 20 min environ.

278. Galettes au fromage
Préparation : 10 min – Cuisson : 20 min

250 g de farine
300 g de beurre
200 g de gruyère râpé
Sel
1 jaune d'œuf

Mélanger dans une terrine la farine, le beurre, le gruyère râpé et un peu de sel. Bien travailler. Étendre la pâte, sur plan de travail fariné, sur une épaisseur de 1 cm. Couper en galettes de 5 cm de diamètre. Faire un quadrillage au couteau. Dorer au jaune d'œuf. Disposer sur une plaque farinée et cuire 10 min à four doux puis 10 min à four chaud.

279. Irmanettes
Préparation : 30 min – Cuisson : 30 min

4 œufs
125 g de sucre en poudre
100 g de beurre
60 g d'amandes en poudre
100 g de crème de riz
Anisette
Confiture d'abricots
Glace à l'eau
Pistache ou angélique

Travailler sur feu très doux, avec un fouet, les œufs avec le sucre, de façon à obtenir une pâte épaisse. Faire fondre le beurre dans une petite casserole. Ajouter à la crème les amandes, la crème de riz, un peu d'anisette et le beurre liquide.
Verser la pâte dans un moule carré beurré et à bords peu élevés. Faire cuire à four moyen, pendant 30 min environ.

Arroser le gâteau chaud, démoulé, avec un peu d'anisette. Puis badigeonner avec de la confiture d'abricots délayée dans un peu d'anisette.

Préparer une glace à l'eau (1) mais remplacer l'eau par de l'anisette. Glacer le gâteau. Puis le couper en bandes de 4 à 5 cm de large dans les deux sens. On obtiendra des petits gâteaux carrés. On peut également couper en diagonale, et on obtiendra des losanges. Décorer chaque petit four avec de l'angélique ou de la pistache hachée.

280. Souvaroffs
Préparation : 20 min – Cuisson : 5 min

200 g de beurre
100 g de sucre en poudre
250 g de farine
Sel
Vanille en poudre
Gelée de groseille ou de framboise
Sucre glace

Pétrir ensemble le beurre, le sucre, la farine et un peu de sel. Parfumer avec la vanille. Étendre sur une épaisseur de 3 mm sur un plan de travail fariné. Couper en galettes très petites (au maximum 3 cm de diamètre). Cuire à four chaud sur une plaque beurrée.

Coller ensuite ces galettes deux par deux au moyen d'un petit disque de gelée de groseille ou de framboise. Saupoudrer de sucre glace.

Remarque. – Cette pâte ne contenant pas d'œuf est très fine mais délicate à manier.

281. Petits fours aux marrons
Préparation : 1 h – Cuisson : 25 à 30 min

500 g de marrons frais ou 300 g de marrons sous vide ou au naturel (en boîte)
200 g de chocolat en poudre
100 g de sucre en poudre
100 g de beurre

S'il s'agit de marrons frais, les fendre ; puis les plonger quelques minutes dans de l'eau bouillante, les éplucher. Puis les faire cuire à nouveau dans de l'eau bouillante, jusqu'au moment où ils s'écrasent sous le doigt.

Les réduire en purée, et lorsqu'ils sont tièdes, ajouter environ 100 g de chocolat, le sucre et le beurre. Travailler afin d'obtenir une pâte bien lisse. Laisser refroidir et durcir.

Former avec cette pâte, soit des petites pommes de terre que l'on roule dans le chocolat et dont on simule « les yeux » à l'aide de la pointe d'un couteau, soit de petites pyramides au sommet desquelles on met une brisure de marron glacé.

Mettre en godets. Tenir au frais.

282. Petits fours à l'ananas
Préparation : 30 min

1 tranche d'ananas confit
10 cl de kirsch
4 biscuits à la cuillère
Angélique

Faire macérer la tranche d'ananas coupée en morceaux dans le kirsch. La hacher finement.

Broyer les biscuits, les imbiber de kirsch et former une pâte aussi lisse que possible. Mélanger ananas et pâte de biscuits. Former à la main de petites boules allongées rappelant la forme de l'ananas. Garnir d'un peu d'angélique piquée au sommet de chaque gâteau.

Remarque. – On peut enduire chaque petit four d'une crème mousseline (14). Mettre en godets. Tenir au frais.

283. Petites bouchées (pour 24)
Préparation : 15 min

12 biscuits à la cuillère
Crème pâtissière
Chocolat en poudre ou granulé

Couper les biscuits à la cuillère en morceaux de 1,5 cm environ de côté.

Les tremper dans une crème pâtissière (23) parfumée au kirsch. Les réunir deux par deux et les rouler ensuite dans le chocolat en poudre ou granulé.

Servir dans des caissettes en papier.

Fours glacés

Ils se servent dans des godets en papier plissé et ont la forme des petits fours.

284. Petits fours : Pâte de fond (pour 50)
Préparation : 25 min – Cuisson : 25 min

6 œufs	
60 g sucre en poudre	
125 g de farine	

Travailler à la spatule les jaunes d'œufs avec le sucre. Ajouter la farine puis les blancs battus. Dresser, à l'aide d'une poche à douille, sur un papier beurré.
Cuire à four doux dans des moules de formes variées (fig. 27).
Ces petits gâteaux se conservent en boîte en fer-blanc, au sec.
Avant de les garnir, on peut les creuser légèrement avec la pointe d'un couteau.

Fig. 27

285. Benjamins (pour 30)
Préparation : 40 min – Cuisson : 25 min

Petits fours	
125 g de beurre	
125 g d'amandes en poudre	
125 g de sucre glace	
Rhum	
Raisins de Smyrne	

Préparer des petits fours selon la formule 284. Travailler le beurre en crème, puis y incorporer amandes, sucre et rhum en quantité suffisante pour parfumer. En garnir les gâteaux en disposant la crème en pyramide. Placer au sommet un raisin de Smyrne.

Remarque. – On peut, si l'on veut, glacer avec du fondant (6) parfumé au rhum : le faire ramollir et le verser délicatement, à la cuillère, de façon à recouvrir chaque petit four.

286. Brésiliens (pour 30)

Préparation : 40 min – Cuisson : 25 min

Préparer des petits fours de forme ronde selon la formule 284.

Mélanger la noix en poudre avec le sucre en mettant un peu de crème fraîche en quantité nécessaire pour obtenir une pâte molle. Ajouter ensuite le beurre ramolli et, pour finir, parfumer au marasquin. Garnir les petits fours avec cette crème disposée en dôme.

Remarque. – Si possible, placer au sommet un grain de café en sucre et glacer au fondant au café (7).

Petits fours
125 g de noix en poudre
125 g de sucre glace
Crème fraîche
125 g de beurre
Marasquin

287. Espérances (pour 30)

Préparation : 40 min – Cuisson : 25 min

Préparer des petits fours de forme ovale selon la formule 284.

Faire une crème mousseline parfumée à la vanille selon la formule 14.

En recouvrir les petits gâteaux. Glacer avec du fondant coloré en vert (6) et saupoudrer de pistaches hachées.

Petits fours
Crème mousseline à la vanille
Fondant
Pistaches

288. Fours au chocolat (pour 30)

Préparation : 50 min – Cuisson : 25 min

Préparer des petits fours de forme carrée selon la formule 284.

Garnir les gâteaux de crème ganache (9) préparée la veille. Saupoudrer de chocolat.

Petits fours
Crème ganache
Chocolat en granulés

289. Fours au café (pour 30)

Préparation : 50 min – Cuisson : 25 min

Préparer des petits fours selon la formule 284.

Faire une crème au beurre au café (11). En garnir les gâteaux de façon à former un dôme, au sommet, placer un cerneau de noix. Glacer au fondant au café (7).

Remarque. – Ces petits fours s'appellent quelquefois « Don Juan ».

Petits fours
Crème au beurre au café
60 g de cerneaux de noix
Fondant au café

290. Eudoxies (pour 30)
Préparation : 50 min – Cuisson : 25 min

Préparer des petits fours de forme ronde selon la formule 284.
Hacher finement les écorces (en garder pour la décoration). Incorporer à la confiture d'abricots et faire chauffer doucement jusqu'à formation d'une pâte assez épaisse. Parfumer au rhum. En garnir les gâteaux, et napper avec du fondant (6) parfumé à l'essence d'orange et coloré en orange.
Mettre au sommet une petite rondelle d'écorce d'orange confite.

Petits fours
2 quartiers d'écorces d'oranges confites
Rhum
3 c. à s. de confiture d'abricots
Fondant
Essence d'orange
Colorant orange

291. Délicieux à l'ananas (pour 30)
Préparation : 40 min – Cuisson : 25 min

Préparer des petits fours selon la formule 284.
Hacher très finement l'ananas (en garder pour la décoration), le parfumer au kirsch. Couvrir chaque gâteau de ce mélange.
Glacer avec du fondant (6) parfumé au kirsch. Mettre au sommet de chaque four un petit morceau d'ananas en forme de losange.

Petits fours
2 tranches d'ananas frais ou confit
Kirsch
Fondant

292. Véronique (pour 30)
Préparation : 40 min – Cuisson : 25 min

Préparer des petits fours de forme ronde selon la formule 284.
Hacher finement les cerises confites. Les mélanger à la gelée de groseille. Parfumer au kirsch.
En garnir les petits fours. Glacer avec du fondant (6) parfumé au kirsch, très légèrement teinté de rose.

Petits fours
15 bigarreaux confits
3 c. à s. de gelée de groseille
Kirsch
Fondant
Colorant rose

293. Pompadour (pour 30)
Préparation : 1 h – Cuisson : 25 min

Petits fours
Crème au beurre pralinée
Essence de café
30 amandes mondées
Fondant au café

Préparer des petits fours de forme ovale selon la formule 284.
Faire une crème au beurre pralinée (13). La parfumer avec un peu d'essence de café.
En garnir les gâteaux. Placer au milieu une amande grillée. Glacer au fondant au café (7).

294. Martiniquais (pour 30)
Préparation : 50 min – Cuisson : 25 min

Petits fours
125 g d'amandes en poudre
125 g de sucre en poudre
Essence de café
100 g de beurre
Fondant au café

Préparer des petits fours de forme ronde selon la formule 284.
Mélanger les amandes en poudre avec le sucre. Parfumer avec l'essence de café et ajouter, en travaillant bien, le beurre légèrement ramolli.
En garnir les gâteaux en pyramide.
Glacer au fondant au café (7).

295. Petits fours au rhum (pour 30)
Préparation : 40 min – Cuisson : 25 min

Petits fours
125 g de raisins de Smyrne
Rhum
10 cl de madère
Crème mousseline
Fondant

Préparer des petits fours de forme ronde selon la formule 284.
Faire macérer les raisins pendant 48 h dans le mélange de 10 cl de rhum et 10 cl de madère.
Préparer une crème mousseline parfumée au rhum (14). En garnir les gâteaux. Placer au sommet de chacun 3 raisins de Smyrne. Glacer au fondant parfumé au rhum.

Les sandwiches

N.B. – Dans nos recettes, les proportions sont établies pour 6 personnes.

La mode actuelle veut que les sandwiches soient les ornements principaux d'un buffet bien garni.

La personne qui reçoit doit penser à composer, que ce soit pour un lunch, un thé ou une soirée (bal, etc.), un certain nombre d'assiettes de sandwiches.

Ces fantaisies, salées ou sucrées, plaisent souvent plus que les pâtisseries. Elles sont faciles à déguster. En général, on leur donne des dimensions assez réduites (4 cm × 4 cm environ).

On peut leur donner des formes variées : cercles, triangles, rectangles, carrés.

On peut utiliser, pour les faire, toutes sortes de pains. On peut faire les sandwiches quelque temps à l'avance, à condition de les envelopper dans un linge ou un film alimentaire.

On peut, en outre, les préparer à la maison, ce qui en diminue considérablement le prix de revient et permet d'en varier la présentation.

En général, la garniture du sandwich se trouve prise entre deux tranches de pain. Actuellement, on a tendance à supprimer une des tranches de pain notamment celle de pain de mie (moins nourrissant) et à le présenter décoré ou tartiné : c'est un canapé.

Tous les conseils donnés pour les sandwiches sont valables pour les canapés.

Les diverses sortes de pains

On utilise en général du pain de mie prétranché mais la baguette de campagne et la ficelle peuvent être utilisées. On peut également utiliser des petits pains au lait, de petite taille (4 cm de long) appelés navettes, et des petits pains ronds.

Préparer :
– le pain de mie ordinaire pour le saumon, l'anguille, le thon, l'espadon fumés ;
– le pain de mie de campagne pour les charcuteries (jambon sec, saucisson) ;
– le pain de mie aux céréales pour la volaille et les fromages blancs ;
– le pain de mie brioché pour le foie gras et les miettes de crustacés (on peut aussi utiliser des tranches fines de brioche mousseline).

Ces pains ont différentes formes. Les tranches seront rondes ou carrées. C'est avec ces dernières qu'on peut faire des rectangles ou des triangles. Il vaut mieux ne pas utiliser du pain de mie trop frais, il se travaille très difficilement en tranches minces.

On peut employer des supports en légumes divers :
– minifeuilles d'endive garnies ;
– minibranches de céleri garnies ;
– minicôtes de fenouil ;
– minilégumes farcis (tomate) ;
– rondelles de pommes de terre à chair ferme (rattes, roseval).

296. Pain de mie

(2 h à l'avance)
Préparation : 1 h – Cuisson : 45 min

500 g de farine
30 g de levure de boulanger
40 cl de lait
15 g de sel

Mettre 125 g de farine dans une terrine, faire un puits et y mettre la levure de boulanger. Verser 10 cl de lait tiède. Délayer la levure, ajouter peu à peu la farine qui se trouve dans la terrine : on doit obtenir une pâte molle que l'on laisse lever pendant 1 h au moins, dans un endroit tiède.

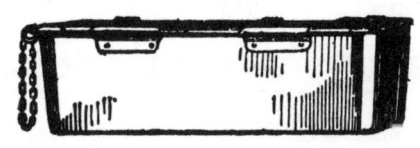

Fig. 28

Ajouter le reste de la farine, le sel et le reste du lait. Travailler le tout, dans la terrine, avec les mains, pour obtenir une pâte bien souple.
Beurrer et fariner un moule à pain de mie (fig. 28). Ce moule doit avoir un couvercle (très important).
Mettre la pâte dans le moule, à mi-hauteur. Laisser cuire à four doux pour que la pâte atteigne, en gonflant, les trois quarts du moule. Couvrir alors et fixer le couvercle. Cuire à four très chaud pendant 45 min.
Remarque. – Le couvercle empêche la pâte de gonfler davantage : elle se tasse et il ne se forme pas les trous que l'on voit dans le pain ordinaire.
Lorsque le pain est cuit, une aiguille à tricoter en acier ou une lame de couteau en sortent sèches. Le pain doit se démouler facilement.

297. Préparation du pain de mie

Quand on coupe soi-même le pain de mie, il faut d'abord, avec un grand couteau, enlever la croûte couvrant le pain. Il ne reste plus qu'à le couper régulièrement en tranches minces et à les garnir.
On peut aussi couper en tranches avec la croûte et l'enlever ensuite avec un couteau bien tranchant. La croûte ne doit pas apparaître, seule la mie est utilisée.

298. Garniture des sandwiches

On peut garnir les sandwiches avec :
– des beurres composés,
– des charcuteries (pâtés, terrines, jambons, saucissons),
– des viandes froides,
– des poissons (mousses, filets crus, fumés, marinés...),
– des salades,
– des fromages aux herbes, aux noix...,
– des préparations sucrées.

299. Beurres

Il faut travailler le beurre (qui doit toujours être de première qualité) avec des aliments ou épices destinés à en relever le goût.

300. Beurre d'anchois

6 anchois à l'huile
125 g de beurre

Réduire les anchois en purée à l'aide d'un mixeur. Travailler le beurre ramolli à la spatule. Incorporer le beurre à la purée d'anchois.

301. Beurre corail

80 g de corail de homard
125 g de beurre
Sel
Piment de Cayenne

Piler finement le corail du crustacé. Le mêler au beurre ramolli. Saler et ajouter 1 pointe de piment de Cayenne.

302. Beurre de crevettes

125 g de beurre
125 g de crevettes

1er procédé : Piler le beurre avec les crevettes entières. Faire fondre le tout au bain-marie. Passer à travers une étamine mouillée et laisser refroidir dans un récipient placé sur la glace.
2e procédé : Éplucher les crevettes. Réserver la chair pour garnir les sandwiches. Piler les queues et épluchures. Les mélanger au beurre. Faire fondre au bain-marie. Passer à travers une étamine mouillée. Laisser refroidir dans un récipient placé sur la glace.
3e procédé : Mixer les crevettes décortiquées avec le beurre.

303. Beurre d'estragon

1 poignée d'estragon
125 g de beurre
Sel, poivre

Blanchir l'estragon dans de l'eau bouillante, pendant 2 s, puis le plonger dans de l'eau glacée. Le piler ensuite dans un mortier avec le beurre. Saler et poivrer.

304. Beurre à la moutarde

125 g de beurre
1/2 c. à c. de moutarde
Sel, poivre

Mélanger la moutarde, le beurre ramolli, du sel et du poivre.

305. Beurre de sardines

125 g de beurre
3 sardines à l'huile
Sel, poivre

Éplucher les sardines. Enlever les arêtes. Piler la chair et la mélanger au beurre ramolli, en triturant bien le mélange. Saler, poivrer.

306. Salades

Presque toutes les salades destinées à garnir les sandwiches sont assaisonnées avec de la mayonnaise. Selon la variété de salade, la sauce sera relevée avec du vinaigre, de la moutarde, du citron, ou des fines herbes.

307. Sauce mayonnaise (à froid)
Préparation : 10 min

1 jaune d'œuf
1 c. à s. rase de moutarde
2 c. à s. de vinaigre
225 g d'huile
Sel, poivre

Monter le jaune d'œuf, la moutarde, le vinaigre, du sel et du poivre avec un petit peu d'huile, à l'aide d'un fouet. Ajouter l'huile par petites quantités. N'en verser à nouveau que lorsque l'émulsion est complète dans le récipient. Assaisonner. Le mixeur ou le robot saucier simplifie la tâche.

Remarque importante. – L'œuf et l'huile doivent être à la même température.

308. Sandwiches aux beurres variés

On peut soit servir les sandwiches garnis simplement d'un beurre préparé, soit tartiner les sandwiches de beurre frais, ou préparé, et les garnir ensuite d'un autre élément. Il faut compter 5 g de beurre par sandwich et 10 à 15 g de garniture.

309. Sandwiches aux pâtés

Tartiner très légèrement le pain avec de la moutarde ou du beurre à la moutarde (304). Mettre entre les deux tranches une variété de pâté :
– aux rillettes ;
– à la galantine ;
– au pâté de foie.

310. Sandwiches au jambon

1er procédé : Tartiner le pain de beurre frais. Disposer une mince tranche de jambon maigre de préférence. Recouvrir avec une autre tranche de pain ; couper en rectangles.

2e procédé : Tartiner le pain de beurre à la moutarde (304). Procéder ensuite comme pour le 1er procédé.

3e procédé : Tartiner une tranche de pain avec du beurre d'estragon (303). Placer le jambon. Garnir avec une feuille d'estragon. Servir sur canapé.

4e procédé : Hacher finement le jambon (gras et maigre), le mélanger à la moitié de son poids de beurre fin. Tartiner une tranche de pain de cette préparation, recouvrir d'une autre tranche de pain.

311. Sandwiches au saucisson

Prendre de préférence du pain de seigle ou de campagne.
Tartiner de beurre doux ou demi-sel. Placer une tranche de saucisson entre deux tranches de pain. Ajouter éventuellement une lamelle de cornichon.

312. Sandwiches à la mortadelle

1er procédé : Beurrer le pain de mie avec du beurre d'estragon (303). Placer la mortadelle. Recouvrir de pain.

2e procédé : Tartiner de beurre à la moutarde (304). Hacher très finement des cornichons. Parsemer le pain de ce hachis. Mettre la mortadelle. Parsemer encore de cornichons et recouvrir d'une tranche de pain recouverte de beurre à la moutarde.

313. Sandwiches à la langue

1ᵉʳ procédé : Beurrer le pain. Placer une tranche de langue. Recouvrir de mayonnaise (307) additionnée de fines herbes. Recouvrir de pain.
2ᵉ procédé : Beurrer une tranche de pain bis. Y placer un morceau de langue de bœuf fumée, mais coupée en forme géométrique (carré ou losange). Entourer d'un cordon de céleri rémoulade (325). Servir sur canapé.

314. Sandwiches au poulet

Couper le poulet en fines lamelles. L'assaisonner d'une mayonnaise à la moutarde (304). Intercaler un peu de cette préparation entre deux tranches de pain de mie aux céréales.

315. Sandwiches au foie gras

1ᵉʳ procédé : Prendre des tranches de pain brioché. Beurrer. Étendre un peu de mousse ou de bloc de foie gras. Garnir d'une demi-noix. Servir sur canapé.
2ᵉ procédé : Piler finement ensemble le même poids de beurre et de foie gras. En tartiner une tranche de pain de mie brioché. Recouvrir d'une autre tranche de pain. Le pain de mie peut être toasté au préalable.
3ᵉ procédé : Utiliser des petits pains au lait et procéder comme ci-dessus.

316. Sandwiches à l'anchois

1ᵉʳ procédé : Tartiner le pain de beurre d'anchois (300). Recouvrir d'une autre tranche de pain.
2ᵉ procédé : Beurrer du pain bis (beurre frais). Placer sur la tranche de pain une rondelle d'œuf dur, un filet d'anchois (à l'huile) et une câpre. Servir sur canapé.

317. Sandwiches aux œufs de poisson (œufs de lump, saumon...)

1er procédé : Tartiner le pain de mie de beurre frais. Étaler par-dessus des œufs de poisson noirs ou rouges (saumon). Recouvrir d'une tranche de pain beurré.

2e procédé : Prendre du pain bis. Beurrer la tranche. Garnir avec des œufs de lump noirs. Arroser de quelques gouttes de jus de citron et garnir d'un petit morceau de citron.

318. Sandwiches aux crevettes

1er procédé : Tartiner le pain de mie de beurre de crevettes (302). Disposer deux ou trois queues de crevettes par sandwich. Recouvrir d'une autre tranche de pain.

2e procédé : Prendre des petits pains briochés. Les ouvrir en deux, les creuser. Mettre à l'intérieur une petite feuille de laitue, recouvrir de mayonnaise (307) et disposer deux crevettes décortiquées à chaque extrémité.

319. Sandwiches à la langouste

Couper la chair de langouste en minces baguettes. Mélanger à une mayonnaise bien assaisonnée (307).

Mettre un peu de cette préparation entre deux tranches de pain brioché.

320. Sandwiches au saumon fumé

Beurrer le pain de mie et mettre entre deux tranches de pain une mince tranche de saumon.

Le pain peut être toasté au préalable.

321. Sandwiches à la sardine

1er procédé : Tartiner une tranche de pain de beurre de sardines (305).

Placer par-dessus un quart de filet de sardine. Recouvrir d'une tranche de pain.

2ᵉ procédé : Tartiner une tranche de pain de beurre frais. Mettre une rondelle de tomate, un peu de mayonnaise (307) et une demi-sardine. Parsemer de cornichon haché.

3ᵉ procédé : Faire dorer dans une poêle, au beurre chaud, les tranches de pain. Cuire, également à la poêle, de la tomate épépinée. Saler, poivrer. Tartiner les croûtons de cette préparation. Et mettre une demi-sardine au milieu. Servir sur canapé.

322. Sandwiches au thon

1ᵉʳ procédé : Piler finement du thon en boîte avec du beurre. Étendre sur le pain. Garnir de câpres.

2ᵉ procédé : Mélanger du thon en boîte, finement pilé, à une mayonnaise (307) assaisonnée à la moutarde. Recouvrir d'une tranche de pain.

323. Sandwiches aux champignons

Prendre au moins 125 g de champignons de Paris. Ne pas les éplucher. Enlever seulement le bout terreux du pied. Bien les laver et les faire blanchir 2 min dans de l'eau bouillante salée contenant le jus d'un demi-citron.

Les égoutter. Les laisser refroidir. Les couper en fines lamelles et les mélanger à une mayonnaise (307) assaisonnée au citron. Mettre une petite cuillerée de cette préparation entre deux tranches de pain.

324. Sandwiches au concombre
(préparer 3 h à l'avance)

Préparer le concombre : l'éplucher, le couper en tranches fines, le saler pour le faire dégorger 3 h avant de servir.

Assaisonner le concombre d'une mayonnaise (307) additionnée de fines herbes, ou d'une vinaigrette dans laquelle on a mis estragon et cerfeuil.

Beurrer le pain de beurre à la moutarde (304). Mettre de la préparation au concombre entre deux tranches de pain.

325. Sandwiches au céleri

(préparer 2 h à l'avance)

Éplucher un céleri-rave. Le couper en très fines lanières. L'assaisonner d'une rémoulade bien relevée : 1 bonne c. à s. de moutarde, une demi-échalote finement hachée et une mayonnaise (307) bien relevée. Laisser macérer 2 h environ.

Prendre de préférence du pain de seigle. Mettre du céleri rémoulade entre deux tranches de pain.

326. Sandwiches au cresson

Blanchir puis hacher ou mixer grossièrement le cresson. Le mélanger à de la mayonnaise (307) assaisonnée à la moutarde et mettre une petite cuillerée de cette préparation entre deux tranches de pain. Intercaler éventuellement une fine tranche de blanc de volaille.

327. Sandwiches à la laitue

1er procédé : Hacher finement la laitue bien lavée. Hacher d'autre part un œuf dur. Mélanger le tout à de la mayonnaise (307) assaisonnée à la moutarde. Mettre une petite cuillerée de cette préparation entre deux tranches de pain.

2e procédé : Tartiner une tranche de pain de beurre d'estragon (303). Placer dessus un hachis de laitue. Napper de mayonnaise (307).

3e procédé : Tartiner le pain de mayonnaise (307). Placer dessus une petite feuille de laitue et par-dessus une rondelle d'œuf dur. Garnir d'un peu de mayonnaise et d'un hachis de fines herbes.

Intercaler éventuellement des miettes de crabe.

328. Sandwiches à la macédoine

Préparer une salade de légumes assaisonnée de mayonnaise (307). En mettre une petite cuillerée entre deux tranches de pain.

329. Sandwiches à la tomate

1er procédé : Couper la tomate lavée, épépinée (et que l'on a fait dégorger avec un peu de sel) en tranches minces et ensuite en petits dés. Mélanger à une mayonnaise et à un hachis d'œuf dur et de cornichon. Placer entre deux tranches de pain.

2e procédé : Tartiner une tranche de pain de mayonnaise. Placer une rondelle de tomate par-dessus. Parsemer de jaune et de blanc d'œuf pilés. Servir en canapé.

3e procédé : Mélanger à une mayonnaise (307) assaisonnée de moutarde, des dés de tomate, du jambon haché et de l'estragon. Mettre une petite cuillerée de cette préparation entre deux tranches de pain. Intercaler éventuellement une fine tranche de mozzarella à l'huile d'olive et au basilic.

330. Sandwiches aux radis

1er procédé : Tartiner le pain de beurre frais. Garnir de radis coupés en fines rondelles. Saler au sel fin. Recouvrir d'une autre tranche de pain.

2e procédé : Recouvrir la tranche de pain d'un peu de mayonnaise (307). Disposer les rondelles de radis en couronne. Finir la décoration avec des cornichons coupés en tranches. Servir sur canapé.

331. Sandwiches au fromage blanc (demi-sel)

1er procédé : Prendre du pain bis ou aux céréales. Étendre la pâte de demi-sel sur la tranche de pain. Garnir d'olives dénoyautées. Recouvrir d'une autre tranche de pain très beurrée et parsemée de ciboulette ciselée.

2e procédé : Garnir la tranche de pain bis recouverte de demi-sel de feuilles de cresson. Parsemer de noix concassées. Servir sur canapé.

332. Sandwiches au gruyère

1er procédé : Beurrer le pain de mie. Couper de fines lamelles de gruyère. Placer sur la tranche de pain et recouvrir d'une autre tranche beurrée.
2e procédé : Tartiner avec du beurre à la moutarde (304) et saupoudrer de gruyère râpé. Recouvrir d'une autre tranche beurrée. Appuyer pour que le sandwich tienne bien.

333. Sandwiches au chester

Beurrer le pain de mie et garnir en sandwich de fines lamelles de chester.

334. Sandwiches au brie

Travailler ensemble le même poids de brie et de beurre. Se servir de cette préparation pour tartiner le pain.

335. Sandwiches au roquefort

Pétrir le roquefort avec la moitié de son poids de beurre. Ajouter une bonne pincée de cumin ou de noix concassées.
Beurrer chaque tranche de pain et étendre ensuite la pâte de roquefort.

336. Sandwiches chauds

Faire griller légèrement au four ou au grille-pain, les tranches de pain. Les beurrer. Puis placer sur chacune une mince tranche de gruyère ou de chester. Passer quelques minutes à four très chaud. Servir dans une serviette chaude pliée.

Les sandwiches 165

337. Sandwiches au petit-suisse (sucrés)

Mélanger à poids égal petit-suisse et confiture (groseilles de préférence). Étendre ce mélange sur chaque tranche de pain de mie brioché.

338. Sandwiches aux amandes

Beurrer les tranches de pain. Tartiner ensuite un peu de miel. Saupoudrer d'amandes en poudre. Recouvrir d'une tranche de pain.

339. Sandwiches aux noix ou aux noisettes

Procéder selon la formule 338 en remplaçant les amandes par des noix ou des noisettes.

340. Sandwiches aux marrons

Préparer une purée de marrons. Ajouter du chocolat en poudre pour donner du goût.
Étendre sur une tranche de pain brioché ou sur un petit pain au lait. Recouvrir d'une autre tranche de pain.

341. Sandwiches au miel

1er procédé, sur du pain d'épice : couper le pain d'épice en tranches minces et régulières. Tartiner du miel. Recouvrir chaque tranche tartinée d'une autre tranche.
2e procédé, sur du pain de mie : tartiner du miel, saupoudrer de noix râpées, noisettes ou amandes en poudre.

342. Sandwiches à la confiture

Beurrer le pain de mie. Étaler n'importe quelle confiture, selon le goût. Recouvrir d'une autre tranche beurrée.

Les entremets

N.B. – Dans nos recettes, les proportions sont établies pour 6 personnes.

Les entremets étaient initialement des préparations culinaires de petite taille que l'on servait sur la table entre les plats principaux (entre les mets). Actuellement, on désigne par entremets le dessert que l'on sert à la fin du repas.

On distingue les entremets chauds (soufflés) et les entremets froids (charlotte russe).

Les entremets se composent de sucre, de farine, de riz, semoule, tapioca, Maïzena. Ils sont en général à base de lait et d'œufs. On y adjoint du beurre et d'autres aliments fort nourrissants comme le chocolat, les fruits secs, les marrons, la crème fraîche, les confitures, ou des aliments très rafraîchissants : les fruits.

À cause de cela, les entremets ont une réelle valeur nutritive ; et si l'on essaie de calculer leur prix de revient, on constate qu'ils sont économiques. En effet, les éléments essentiels qui les composent sont bon marché et très riches d'un point de vue alimentaire. Pour la plupart, ce sont des aliments calorifiques et énergétiques.

La présentation des entremets est extrêmement variée et la façon de les exécuter est modifiée suivant le résultat que l'on veut obtenir.

Quelques-uns sont assez faciles à réussir ; d'autres demandent plus de précautions et une certaine habileté.

Les entremets

La cuisson exige parfois beaucoup de surveillance. Les entremets seront classés suivant leur mode de préparation.

Nous distinguerons :
- les crèmes et les flans ;
- les mousses et les soufflés ;
- les puddings ;
- les fritures sucrées (beignets, croquettes, omelettes, crêpes) ;
- les entremets aux fruits ;
- les fromages sucrés.

Par ailleurs, si on manque de temps, il existe dans le commerce des entremets instantanés.

S'ils sont garantis sans gélatine ni poudre d'œufs et exempts de produits chimiques, ils peuvent être utilisés dans certains cas. On aura vite fait de déceler les entremets qu'on peut compléter, modifier et utiliser avec profit, en faisant ainsi preuve d'ingéniosité.

Le mode d'emploi des entremets instantanés est toujours inscrit sur le paquet.

Remarque. – On peut, si on le souhaite, réduire – selon le goût – la quantité de sucre indiquée pour les desserts aux fruits, surtout les compotes et les salades.

Les crèmes et les flans

Les crèmes sont des entremets se composant de lait, de sucre et d'œufs. Leur consistance est variable, suivant la quantité d'œufs employés et suivant la présence ou non de blancs.

Elles sont d'une valeur alimentaire fort intéressante grâce au lait (aliment complet) et aux œufs.

Elles contiennent du sucre mais pas, ou à peine, de féculents. Le rapport valeur nutritionnelle/coût est intéressant.

Les crèmes avec jaunes d'œufs

343. Crème anglaise

Préparation : 5 min – Cuisson : 20 min

1 litre de lait
100 g de sucre en poudre
1/2 gousse de vanille
8 jaunes d'œufs

Faire bouillir le lait avec le sucre et la vanille. Mettre les jaunes d'œufs dans une terrine. Les battre avec un petit fouet ; ajouter peu à peu le lait chaud. Faire épaissir la crème en la mettant sur le feu, mais de préférence au bain-marie, en tournant toujours avec une spatule. La crème épaissit peu à peu. Mais ne pas prolonger la cuisson jusqu'à l'ébullition : l'albumine des œufs coagulerait et se dissocierait du lait.

Remarques. – Si la crème a tourné, la verser par petites quantités dans une bouteille ; boucher avec un chiffon propre et agiter énergiquement pendant 3 à 4 min. La crème reprend corps.

– On peut, pour plus d'économie, préparer la crème avec les œufs entiers battus comme pour une omelette ; 4 œufs suffisent pour 1 litre de lait. Faire épaissir sur un feu plus doux.

Il est également possible de blanchir les jaunes d'œufs avec le sucre.

344. Crème anglaise à la vanille

Faire bouillir une gousse de vanille dans le lait et procéder selon la formule 343.

345. Crème anglaise au kirsch

Préparer une crème anglaise selon la formule 343, mais la parfumer, après refroidissement, de kirsch, selon le goût.

346. Crème à l'ananas

Préparation : 10 min – Cuisson : 20 min

1 litre de crème anglaise
250 g d'ananas frais ou en boîte
Kirsch

Faire une crème anglaise parfumée au kirsch (345). Piler l'ananas de façon à obtenir une purée très fine. L'incorporer à la crème tiède.

347. Crème aux abricots secs
(quelques heures à l'avance)
Préparation : 10 min – Cuisson : 20 min

125 g d'abricots secs
Sucre en poudre
1 litre de crème anglaise
Kirsch

Faire tremper les abricots quelques heures dans un peu d'eau tiède. Les faire cuire à feu doux. Sucrer en fin de cuisson.
Préparer une crème anglaise parfumée au kirsch (343).
Passer les abricots au tamis et les incorporer à la crème tiède. Servir bien froid.

348. Crème aux pruneaux
(quelques heures à l'avance)
Préparation : 10 min – Cuisson : 20 min

250 g de pruneaux
100 g de sucre en poudre
1 litre de crème anglaise

Laisser tremper les pruneaux dans 30 cl d'eau froide pendant plusieurs heures. Les faire cuire, dans cette eau, avec le sucre, à feu doux, pendant 1 h environ.
Les dénoyauter. Piler finement la pulpe des fruits, la mêler au jus de cuisson, et incorporer le tout à une crème anglaise faite selon la formule 343.
Remarque. – On peut aussi mettre les pruneaux cuits en entiers dans une coupe. Puis les napper de crème anglaise parfumée au rhum. Servir bien frais.

349. Crème à la banane

1 litre de crème anglaise
6 bananes

Préparer une crème anglaise selon la formule 343.
Passer au tamis les bananes épluchées. Incorporer cette purée à la crème tiède. Servir bien froid.

350. Crème au citron ou à l'orange
Préparation : 10 min – Cuisson : 20 min

Faire bouillir dans le lait qui servira à préparer la crème anglaise (343) un zeste de citron ou d'orange.

Remarques. – On peut aussi, au moment où la crème est prête, y ajouter le zeste râpé du citron ou de l'orange, mais la crème est moins lisse, puisqu'elle contient les parcelles de zeste.
– Il est prudent d'incorporer au mélange 10 g de fécule avant la cuisson de la crème.

351. Crème anglaise au café

Préparer une crème anglaise selon la formule 343 mais mélanger aux jaunes d'œufs 2 c. à c. de café (soluble ou extrait).

352. Crème anglaise au chocolat

1 litre de lait
200 g de chocolat
5 œufs

Faire fondre le chocolat dans le lait. Procéder ensuite selon la formule 343. Ne pas sucrer.

353. Crème au caramel

Faire, dans une casserole, un caramel avec 200 g de sucre en poudre (36). Lorsqu'il a atteint la couleur un peu plus foncée que la couleur voulue, verser avec précaution 1 litre de lait chaud en tournant, pour faire fondre le sucre caramélisé. Passer le lait ainsi parfumé. Puis procéder selon la formule 343.
Remarque. – Il existe du caramel tout prêt (poudre ou liquide).

354. Crème péruvienne
Préparation : 30 min – Cuisson : 20 min

80 g de café en grains
1 litre de lait
80 g de sucre en poudre
125 g de chocolat
5 jaunes d'œufs

Faire chauffer au four les grains de café et les laisser infuser dans 50 cl de lait chaud.
Préparer avec le sucre un caramel (voir p. 51). Au moment où il est bien coloré, l'incorporer au reste du lait chaud, et passer au chinois. Faire fondre le chocolat dans ce lait caramélisé. Puis l'incorporer au lait parfumé au café.

Faire avec les 5 jaunes d'œufs et ce lait parfumé, une crème anglaise (343).
Faire bien refroidir avant de servir.

355. Œufs à la neige
Préparation : 25 min – Cuisson : 40 min

| 1 litre de lait |
| 6 œufs |
| 100 g de sucre en poudre |
| Parfum au choix |

Faire bouillir le lait avec le sucre. Battre les blancs en neige très ferme. Au moment où le lait monte, y jeter les blancs, cuillerée par cuillerée. Laisser monter le lait ; retourner les blancs, laisser remonter, puis égoutter. La cuisson des blancs ne doit pas durer plus de 30 s chaque fois. Elle peut aussi se faire dans de l'eau bouillante.

Procéder ensuite, avec le lait et les jaunes, comme pour une crème anglaise (343) ; compléter le volume de lait si nécessaire ; parfumer à volonté.

Lorsque la crème est refroidie, y disposer les blancs.

356. Crème vénitienne
Préparation : 10 min – Cuisson : 40 min

Faire une crème anglaise (343). Battre les blancs d'œufs en neige très ferme. Parfumer la crème selon le goût et ajouter les blancs dans la crème lorsqu'elle est encore chaude. Bien mélanger. Se mange chaud ou froid.

357. Crème blanche
Préparation : 10 min – Cuisson : 45 min

| 8 blancs d'œufs |
| 1 litre de lait |
| 120 g de sucre en poudre |
| Parfum à volonté |

Battre les blancs en neige très ferme. Verser sur ceux-ci, en tournant doucement, le lait chaud sucré et parfumé.

Passer ensuite à travers une passoire. Puis mettre dans une casserole et cuire à feu doux en remuant jusqu'à épaississement.

358. Crème aux oranges

(à préparer la veille)
Préparation : 20 min

180 g de sucre en poudre
6 œufs
6 oranges
2 citrons
20 g de gélatine

Battre dans une terrine, à la fourchette, le sucre, les jaunes et le jus des fruits. Laisser tremper la gélatine dans un peu d'eau. Lorsqu'elle est dissoute, la passer à travers une passoire très fine, l'incorporer à la préparation et ajouter, pour terminer, les blancs battus en neige.

Verser dans un moule passé à l'eau. Laisser prendre au frais jusqu'au lendemain.

359. Crème bavaroise (généralités)

La crème bavaroise doit être mise dans un moule à grosses côtes et doit rester 2 à 3 h entourée de glace pilée ou au réfrigérateur afin de pouvoir être démoulée facilement. Tenir compte de ce temps de repos au frais pour toutes les recettes qui suivent.

La gélatine est un élément important de cette préparation. Elle demande quelques précautions dans son emploi. Il faut la laisser tremper dans l'eau froide au moins 15 min avant de la faire dissoudre dans la préparation chaude. Une fois le mélange effectué, il faut le passer à travers un chinois ou une passoire fine, afin de retenir les petites parcelles non dissoutes.

Enfin, le mélange contenant la gélatine ne doit être ajouté à la crème fraîche fouettée que froid.

360. Crème bavaroise à la vanille

Préparation : 25 min – Cuisson : 20 min

6 jaunes d'œufs
100 g de sucre en poudre
Vanille en poudre
30 cl de lait
6 feuilles de gélatine
300 g de crème fraîche

Travailler d'abord les jaunes avec le sucre afin d'obtenir un mélange blanc et mousseux. Parfumer à la vanille. Ajouter le lait bouillant pour faire une crème anglaise (343) et la faire épaissir au bain-marie. Préparer la gélatine (359), lorsqu'elle est ramollie, l'égoutter et la mélanger à la crème chaude. Laisser refroidir et ajouter déli-

catement la crème fraîche fouettée avant que la crème anglaise ne soit prise en gelée.
Verser dans un moule beurré. Faire prendre à la glace pendant 3 h ou au réfrigérateur.

361. Crème bavaroise au café
Préparation : 25 min – Cuisson : 20 min

20 ou 30 cl de lait
1 verre à liqueur d'extrait de café ou du café moulu
100 g de sucre en poudre
6 jaunes d'œufs
6 feuilles de gélatine
350 g de crème fraîche

Pour obtenir le parfum au café, on peut soit passer le lait (30 cl) bouillant sur du café moulu, soit remplacer une partie du lait par un tiers de café noir bien fort (dans ce cas, on met 20 cl de lait et 10 cl de café noir), soit ajouter un peu d'extrait de café ou de café lyophilisé en poudre.
Faire une crème anglaise (343). Ajouter la gélatine ramollie à l'avance (359) et incorporer la crème fraîche fouettée au mélange refroidi. Verser dans un moule beurré et laisser prendre, entouré de glace, pendant 2 à 3 h.

362. Crème bavaroise au chocolat
Préparation : 25 min – Cuisson : 25 min

200 g de chocolat
30 cl de lait
5 jaunes d'œufs
6 feuilles de gélatine
250 g de crème fraîche

Faire fondre le chocolat dans le lait. Faire avec les jaunes d'œufs et ce lait une crème anglaise (343). Ajouter la gélatine (préparée à l'avance [359]). Incorporer la crème fraîche fouettée au mélange refroidi. Verser dans un moule beurré et laisser prendre, entouré de glace, pendant 2 à 3 h.

363. Crème bavaroise aux fraises
Préparation : 20 min – Cuisson : 10 min

500 g de fraises
30 cl de sirop à 30°
8 feuilles de gélatine
350 g de crème fraîche

Mixer les fraises lavées et épluchées. Ajouter la purée de fruits au sirop ainsi que la gélatine qui a déjà trempé dans l'eau froide (359). Lorsque le tout est bien mélangé, laisser refroidir et incorporer alors à la crème fraîche bien fouettée. Laisser prendre en moule, entouré de glace, pendant 2 à 3 h.

364. Crème bavaroise aux fruits
Préparation : 25 min – Cuisson : 20 min

On peut préparer une crème bavaroise à la vanille et y incorporer des fruits coupés en lamelles : pêches, fraises, cerises, framboises, etc. Il faut prévoir environ 500 g de fruits pour les proportions indiquées dans la recette 360. Même temps de repos au frais.

Les flans

Les flans sont des entremets dans lesquels figurent du lait, des œufs et du sucre. Très souvent, on ajoute de la farine, de la Maïzena ou de la fécule de pomme de terre.

On appelle aussi quelquefois flan, une pâtisserie composée de pâte à tarte sur laquelle on verse une garniture de crème composée et de fruits.

Lorsque, dans un flan, les œufs sont utilisés entiers, les blancs, après cuisson, donnent à la crème une fermeté permettant de la renverser sur un plat pour la servir. D'où son nom de *crème renversée*. Le prix de revient et la finesse de ce dessert dépendent du nombre d'œufs employés qui doivent toujours être de première fraîcheur.

Lorsqu'on ajoute au mélange de lait et d'œufs une certaine quantité de farine, de crème de riz ou de Maïzena, l'entremets, grâce à l'amidon apporté par ces farines, prend très vite une bonne consistance. Le nombre d'œufs se trouve diminué et, par conséquent, le prix de revient se trouve abaissé.

365. Œufs au lait
Préparation : 15 min – Cuisson : 45 min

1 litre de lait
100 g de sucre en poudre
Parfum
6 œufs

Faire bouillir le lait sucré et parfumé. Battre les œufs ; les mélanger au lait en tournant avec une cuillère. Verser dans un plat allant au four et faire cuire 45 min à four doux. Servir dans le plat.

Les entremets **175**

366. Crème prise en pots
Préparation : 15 min – Cuisson : 20 à 25 min

| 1 litre de lait |
| 100 g de sucre en poudre |
| Parfum |
| 5 œufs entiers ou 8 jaunes |

Procéder selon la formule 365. Verser la crème dans des petits moules à ramequins. Les placer dans un plat contenant de l'eau chaude et cuire au four et au bain-marie pendant 20 à 25 min.

Remarque. – Si la crème bout, il y a désagrégation des éléments et formation d'eau.

367. Crème renversée
Préparation : 15 min – Cuisson : 45 min

| 1 litre de lait |
| 160 g de sucre en poudre |
| Parfum |
| 6 gros œufs |

Faire bouillir le lait parfumé à volonté et sucré avec 100 g de sucre. Procéder comme pour les œufs au lait (365). Caraméliser un moule avec le reste de sucre (36). Verser la crème par-dessus et faire cuire au bain-marie et à four chaud pendant 45 min.

Laisser refroidir. Tremper le moule dans l'eau bouillante 30 s et démouler au moment de servir. La crème doit être bien froide.

368. Abricots viennoise
(24 h à l'avance)
Préparation : 25 min – Cuisson : 1 h

| 250 g d'abricots secs |
| 260 g de sucre en poudre |
| 1 litre de lait |
| 6 œufs |
| Vanille |

Mettre les abricots à tremper la veille.

Les faire cuire à petit feu avec 100 g de sucre, pendant 40 min. Préparer une crème renversée, parfumée à la vanille, selon la formule 367. La verser dans un moule en couronne, caramélisé avec 60 g de sucre (36). Lorsqu'elle est cuite et refroidie, démouler et garnir avec les abricots cuits et refroidis.

369. Crème belle et bonne
Préparation : 1 h 30 – Cuisson : 1 h 15

Crème renversée
150 g de sucre en poudre
4 petites poires
40 cl de vin rouge
6 poires moyennes
20 cl de crème fraîche

Faire une crème renversée parfumée à la vanille selon la formule 367 dans un moule en couronne. Faire cuire, dans le vin rouge sucré avec 150 g de sucre, les petites poires coupées en dés, pendant 30 min. Faire cuire ensuite les grosses poires coupées en deux dans le sens de la longueur dans le même sirop (40 min). Lorsque la crème renversée est cuite, la laisser refroidir, démouler. Disposer les demi-poires autour de la couronne, les petits dés au centre. Fouetter la crème et en garnir le dessert.

370. Flan aux biscuits
Préparation : 15 min – Cuisson : 45 min

100 g de biscuits à la cuillère
10 cl de rhum
Crème renversée
50 g de sucre en poudre

Couper les biscuits à la cuillère en tronçons, les faire tremper dans le rhum.
Préparer une crème renversée selon la formule 367.
Caraméliser le moule avec 50 g de sucre (36). Verser la crème et y plonger les morceaux de biscuits. Cuire de préférence au bain-marie, à four moyen, pendant 20 à 25 min ; à four chaud pendant 20 min. Démouler froid et servir froid.

371. Flan à la neige
Préparation : 15 min – Cuisson : 50 min

75 cl de lait
160 g de sucre en poudre
Vanille en poudre
8 œufs
Gelée de groseille

Faire bouillir le lait avec la moitié du sucre et la vanille. Il doit être bien parfumé.
Battre 6 œufs à la fourchette. Ajouter peu à peu le lait sucré et vanillé. Verser dans un plat allant au four. Cuire à four moyen pendant 45 min.
Battre, 5 min avant de servir, 2 blancs d'œufs en neige très ferme ; y incorporer le reste du sucre. Décorer le flan de cette préparation. Parsemer de cuillerées de gelée de groseille et passer à four vif pendant 5 min. La meringue doit être dorée.

372. Flan aux fruits
Préparation : 25 min – Cuisson : 1 h 45

Éplucher les fruits, les faire cuire avec 100 g de sucre pendant 45 min pour obtenir une marmelade. Faire bouillir le lait, le mélanger aux œufs entiers battus à la fourchette. Saupoudrer de vanille et de zeste de citron râpé. Sucrer avec 50 g de sucre. Disposer, dans un plat allant au four bien beurré, une couche de biscottes, une couche de marmelade, une couche de biscottes. Arroser de crème, de façon à bien imbiber les biscottes. Cuire à four moyen pendant 1 h environ. Saupoudrer de sucre avant de servir.

500 g de fruits :	fraises ou abricots
150 g de sucre en poudre	
75 cl de lait	
5 œufs	
Vanille en poudre	
1 citron non traité (zeste)	
200 g de biscottes	

373. Flan campagnard
Préparation : 15 min – Cuisson : 40 min

Casser les œufs dans une terrine ; les délayer avec la farine et le sucre. Saler. Ajouter le lait bouilli de façon à obtenir une crème bien lisse. Parfumer selon le goût avec de l'eau de fleur d'oranger. Éplucher les pommes, les couper en minces rondelles, les disposer dans un plat beurré allant au four, verser la crème par-dessus. Cuire à four doux pendant 40 min. Sucrer largement avant de servir.

- 4 œufs
- 60 g de farine
- 125 g de sucre en poudre
- Sel
- 80 cl de lait
- Eau de fleur d'oranger
- 500 g de pommes

374. Flan de riz
Préparation : 25 min – Cuisson : 35 min

Bien laver le riz. Le cuire dans deux fois et demie son volume de lait pendant 15 min. Sucrer avec 80 g de sucre. Parfumer à la vanille. Quand le riz est cuit, ajouter le beurre et les jaunes d'œufs. D'autre part, éplucher les pommes, les couper en quartiers. Les cuire dans 50 cl d'eau contenant de la vanille et 80 g de sucre pendant 10 min. Lorsqu'elles sont cuites, disposer dans un plat

- 150 g de riz
- Lait
- 210 g de sucre en poudre
- Vanille en poudre
- 25 g de beurre
- 4 œufs
- 500 g de pommes

allant au four beurré d'abord le riz puis les quartiers de pommes. Battre les blancs en neige bien ferme, sucrer avec 50 g de sucre. En recouvrir les pommes. Passer à four chaud pendant 10 min. Servir aussitôt.

375. Frangipane aux fraises
Préparation : 30 min – Cuisson : 35 min

5 œufs
150 g d'amandes mondées
200 g de sucre en poudre
500 g de fraises

Battre au fouet les jaunes d'œufs. Les mélanger aux amandes et ajouter 100 g de sucre.
Éplucher les fraises, les placer dans un plat allant au four, bien beurré. Faire épaissir à chaud, mais à feu doux et régulier, le mélange amandes/œufs. En recouvrir les fraises.
Passer à four moyen pendant 15 à 20 min. Servir chaud ou froid.

376. Crème frangipane
Préparation : 15 min – Cuisson : 20 min

100 g de sucre en poudre
3 œufs
90 g de farine
30 g de beurre
30 cl de lait
60 g d'amandes mondées

Mélanger le sucre, 2 œufs et 1 jaune, la farine et le beurre. Ajouter le lait bouillant et faire cuire sur le fourneau à feu doux en tournant constamment jusqu'à ce que le mélange épaississe. Incorporer les amandes pilées.

377. Flan à la parisienne
Préparation : 10 min – Cuisson : 45 min

100 g de farine
100 g de sucre en poudre
4 œufs
30 g de beurre
1 litre de lait
Vanille

Mettre la farine dans une terrine, faire un puits, y ajouter le sucre. Casser les œufs sur le sucre. Mélanger en ajoutant le beurre fondu. Verser ensuite, peu à peu, le lait vanillé chaud. Bien travailler la pâte pour la rendre entièrement lisse. Verser dans un moule beurré. Cuire à four chaud pendant 45 min. Démouler et servir froid.

Les entremets 179

378. Flan à l'ananas
(à préparer la veille)
Préparation : 15 min – Cuisson : 1 h 10

1 boîte d'ananas de 1 kg
385 g de sucre en poudre
6 œufs
35 g de farine
1 citron
10 cl de kirsch

Écraser les trois quarts de l'ananas et les faire cuire dans le jus de la boîte avec 300 g de sucre. Laisser bouillir 5 min. Ajouter le dernier quart des fruits coupés en dés et prolonger la cuisson pendant 5 min.
Casser les œufs dans une terrine ; les mélanger avec la farine, le jus du citron et le kirsch. Ajouter la compote d'ananas. Verser la préparation dans un moule caramélisé avec 85 g de sucre (36). Faire cuire au four et au bain-marie pendant 1 h. Laisser refroidir et servir le lendemain.

379. Flan à l'orange
(à préparer la veille)
Préparation : 15 min – Cuisson : 1 h

10 œufs
60 g de farine
385 g de sucre en poudre
1 citron
6 oranges

Travailler dans une terrine la farine et les œufs. Ajouter 285 g de sucre et le jus des fruits.
Caraméliser un moule à pudding avec 100 g de sucre (36). Y verser le mélange et cuire au four et au bain-marie pendant 1 h. Laisser refroidir et servir le lendemain.

380. Demi-Saison
Préparation : 15 min – Cuisson : 15 min

50 g de farine
100 g de sucre en poudre
3 œufs
50 cl de lait
60 g de raisins de Smyrne
10 cl de rhum
60 g de beurre

Travailler à froid, dans une casserole, la farine, le sucre, 2 œufs et 1 jaune. Délayer ensuite avec le lait et faire chauffer à feu doux, en battant sans arrêt avec un fouet jusqu'à épaississement.
Ajouter les raisins de Smyrne, le rhum et le beurre coupé en morceaux.
Servir dans une coupe et garnir, si l'on veut, d'une compote de fruits : pommes, poires et abricots cuits ensemble et réduits en purée.

381. Délicieux aux marrons
Préparation : 25 min – Cuisson : 15 min

Faire une crème pâtissière selon la formule 23 avec les quantités indiquées ci-contre. La parfumer au rhum. Y mettre les raisins de Smyrne et disposer la crème sur un compotier, au centre.
Entourer cette crème d'un cordon de confiture de marrons dans laquelle on a mis les noisettes hachées grossièrement. Disposer enfin, tout autour, des coquilles de meringues (214 ou 215) garnies de crème fouettée.

Pour la crème pâtissière
50 cl de lait
100 g de sucre en poudre
50 g de farine
2 œufs entiers, 1 jaune
10 cl de rhum

Pour la garniture :
60 g de raisins de Smyrne
250 g de confiture de marrons
60 g de noisettes
6 croûtes de meringues
125 g de crème fraîche

382. Crème Eva
Préparation : 15 min – Cuisson : 15 min

Faire une crème pâtissière selon la formule 23. Ajouter à la crème, une fois cuite, les blancs battus en neige très ferme. La garnir de pommes Eva (696) ou de pommes aux amandes (685).

Crème pâtissière
4 blancs d'œufs
Pommes Eva ou pommes aux amandes

383. Crème Jamaïque
Préparation : 10 min – Cuisson : 10 min

Réserver le jus de l'ananas et le mélanger au vin blanc. Le verser sur le sucre et en faire chauffer la moitié.
Avec l'autre moitié du mélange, délayer, dans une terrine, la Maïzena et les jaunes d'œufs. Ajouter le reste du jus chauffé et faire épaissir le tout à feu doux. Parfumer avec le kirsch. Disposer les tranches d'ananas dans un compotier ; napper de crème. Garnir de cerises confites et tenir au frais avant de servir.

1 boîte d'ananas de 1 k
10 cl de vin blanc sec
125 g de sucre en poudre
20 g de Maïzena
3 jaunes d'œufs
10 cl de kirsch
60 g de cerises confites

Les entremets 181

384. Macarons à la crème
Préparation : 10 min – Cuisson : 10 min

20 g de Maïzena
100 g de sucre en poudre
2 œufs
50 cl de lait
6 macarons
10 cl de rhum

Délayer dans une terrine, et à froid, la Maïzena, le sucre avec les jaunes et la moitié du lait. Faire chauffer le reste de lait. L'incorporer à la crème obtenue. Faire cuire à feu doux jusqu'au premier bouillon.
Laisser refroidir dans une jatte et disposer dessus les macarons imbibés de rhum.

385. Crème Aveline
Préparation : 10 min – Cuisson : 30 min

1 litre de lait
100 g de sucre en poudre
6 jaunes d'œufs
20 g de Maïzena
300 g de noisettes en poudre
Quelques noisettes entières

Préparer, avec le lait, le sucre, la Maïzena, et les jaunes d'œufs, une crème anglaise (343). Ajouter les noisettes en poudre, et cuire au bain-marie jusqu'au moment où les jaunes d'œufs sont bien incorporés au lait et aux noisettes.
Servir bien frais et décorer de noisettes grillées.

386. Crème au vin blanc
Préparation : 20 min – Cuisson : 25 min

10 g de bâton de cannelle
50 cl de vin blanc sec
1 citron non traité
4 œufs
20 g de Maïzena
100 g de sucre en poudre

Faire cuire pendant 5 à 10 min le morceau de cannelle dans 10 cl d'eau. Ajouter le vin blanc ; laisser cuire encore 3 à 5 min. Mettre alors le zeste de citron râpé et le jus du citron.
Délayer dans une terrine les jaunes d'œufs, la Maïzena, à l'aide du jus ainsi préparé. Sucrer. Faire cuire à feu moyen, dans une casserole, jusqu'au premier bouillon. Retirer du feu. À ce moment, battre en neige très ferme 2 blancs d'œufs. Les mélanger délicatement à la crème et tenir au frais avant de servir.

387. Crème de riz à la turque
Préparation : 10 min – Cuisson : 10 min

100 g de crème de riz
75 cl de lait
150 g de sucre en poudre
2 c. à s. d'eau de fleur d'oranger
60 g de fruits confits (cerises et angélique)

Délayer la crème de riz dans un peu de lait froid. Faire bouillir le reste du lait avec le sucre. Au moment de l'ébullition, verser le mélange. Laisser cuire doucement jusqu'à épaississement. Ajouter alors la fleur d'oranger. Verser dans des petits moules ramequins. Garnir de fruits confits.

388. Crème aux citrons et au vin blanc
Préparation : 25 min – Cuisson : 20 min

3 citrons non traités
4 œufs
20 g de Maïzena
50 cl de vin blanc sec
250 g de sucre en poudre

Râper le zeste des 3 citrons ; recueillir les jus. Travailler les jaunes d'œufs avec la Maïzena et un peu de vin. Puis ajouter peu à peu le sucre, le jus et le zeste des citrons et le reste du vin. Fouetter le mélange ; le faire épaissir à feu doux. Au moment où la crème a pris consistance, incorporer les blancs battus en neige.

389. Crème d'oranges
Préparation : 25 min – Cuisson : 20 min

5 oranges non traitées
1 citron non traité
6 œufs
20 g de Maïzena
25 cl de vin blanc sec
200 g de sucre en poudre

Procéder selon la formule 388.

Les mousses et les soufflés

Les mousses

Les mousses sont des entremets dans lesquels figurent toujours des blancs en neige très ferme. On y ajoute parfois de la crème fraîche fouettée. Préparer la mousse 1 h avant de servir et la tenir au réfrigérateur. Si elle est seulement à base de blancs d'œufs crus, elle ne doit pas être gardée jusqu'au lendemain.

390. Mousse au chocolat
Préparation : 20 min

200 g de chocolat
50 g de beurre doux extra-fin
6 blancs d'œufs
80 g de sucre en poudre

Faire fondre le chocolat et le beurre dans très peu d'eau (2 c. à s.), de façon à faire une pâte épaisse. Battre les blancs d'œufs en neige, les sucrer. Incorporer la pâte au chocolat aux blancs en mélangeant doucement. Réserver au réfrigérateur.

391. Mousse au café
Préparation : 10 min

100 g de sucre en poudre
6 blancs d'œufs
2 c. à s. de café (extrait ou soluble)

Incorporer, aux blancs battus en neige et sucrés, l'essence de café. Réserver au réfrigérateur.

392. Mousse aux fraises
Préparation : 15 min

300 g de fraises
4 blancs d'œufs
100 g de sucre en poudre

Mixer les fraises, les incorporer aux blancs battus en neige et sucrés en mélangeant doucement. Réserver au réfrigérateur.

393. Mousse à la crème Chantilly
Préparation : 10 min

200 g de crème fraîche
4 blancs d'œufs
150 g de sucre en poudre
Parfum, au choix

Fouetter la crème. Battre les blancs en neige. Mélanger les deux préparations. Sucrer et parfumer à volonté avec de la vanille ou du chocolat en poudre, ou de l'extrait de café. Réserver au réfrigérateur.

394. Mousse aux fruits confits
(2 ou 3 h à l'avance)
Préparation : 10 min

125 g de fruits confits
1 verre à liqueur de kirsch
4 blancs d'œufs
200 g de crème fraîche
150 g de sucre en poudre

Faire macérer 2 ou 3 h à l'avance les fruits confits coupés en morceaux (de préférence des cerises) dans le kirsch. Battre d'une part les blancs en neige, d'autre part la crème.
Mélanger les deux préparations, sucrer, et pour finir, ajouter les fruits confits. Verser dans des petits moules à ramequins. Servir bien frais.

395. Mousse à la confiture
Préparation : 15 min

6 blancs d'œufs
Gelée de framboise ou de groseille
60 g de sucre en poudre

Battre les blancs en neige très ferme. Ajouter la gelée, cuillerée par cuillerée, et mélanger très soigneusement. Sucrer. Réserver au réfrigérateur.

396. Mousse au citron
Préparation : 20 min – Cuisson : 8 min

200 g de sucre en poudre
4 citrons non traités
6 œufs

Mélanger le sucre, le jus des citrons et le zeste râpé de 2 citrons avec 3 c. à s. d'eau. Ajouter les jaunes d'œufs. Faire épaissir au bain-marie.
Battre les blancs d'œufs en neige très ferme et les incorporer au mélange refroidi. Réserver au réfrigérateur.

397. Mousse à l'orange
Préparation : 20 min – Cuisson : 8 min

100 g de sucre en poudre
5 oranges non traitées
6 œufs

Procéder selon la formule 396 en remplaçant les citrons par des oranges. Râper le zeste de 3 oranges. Réserver au réfrigérateur.

398. Crème bachique
Préparation : 10 min – Cuisson : 10 min

6 œufs
180 g de sucre en poudre
10 cl de rhum

Travailler les jaunes avec le sucre. Ajouter le rhum.
Faire épaissir au bain-marie. Laisser refroidir.
Ajouter les blancs battus en neige juste avant de servir.

399. Crème Zabaglione
Préparation : 10 min – Cuisson : 8 à 10 min

6 œufs
180 g de sucre en poudre
20 cl de marsala ou de pascito (vin italien)

Travailler à froid les œufs avec le sucre et le vin, afin d'obtenir un mélange mousseux.

Verser dans une petite sauteuse évasée, afin que la chaleur reste douce et régulière. Faire épaissir la crème en la fouettant sans arrêt et en surveillant sa cuisson : la crème doit être montée, légère, mousseuse et les jaunes ne doivent pas se séparer du reste de la préparation. Servir chaud aussitôt prêt.

Il est possible d'utiliser un petit saladier placé sur une casserole contenant de l'eau bouillante.

400. Balancés
(6 h à l'avance)
Préparation : 10 min

250 g de chocolat
6 œufs
Sucre en poudre

Faire ramollir le chocolat dans une casserole, au bain-marie. Ajouter ensuite les jaunes, l'un après l'autre. Battre les blancs en neige et les ajouter au mélange. Sucrer selon le goût.
Verser dans des pots à ramequins et tenir au frais pendant 6 h.

401. Crème liégeoise
Préparation : 15 min

6 jaunes d'œufs
180 g de sucre en poudre
30 cl de kirsch
2 tranches d'ananas

Travailler au fouet les jaunes et le sucre afin d'obtenir un mélange très mousseux. Ajouter le kirsch et battre encore quelques minutes. Mettre alors l'ananas coupé en dés. Tenir au frais pendant 1 h.

402. Crème Marie-Louise
Préparation : 10 min

6 tablettes de chocolat
10 cl de café très fort
6 œufs

Faire fondre, au bain-marie, dans le café, le chocolat coupé en petits morceaux. Ajouter ensuite les jaunes d'œufs, puis les blancs battus en neige. Servir frais dans des moules à ramequins.

403. Abricots Chantilly
Préparation : 20 min – Cuisson : 30 min

250 g d'abricots frais
Sucre en poudre
200 g de crème fraîche

Cuire d'abord les abricots, sans les noyaux, avec la quantité de sucre nécessaire. Les passer au tamis lorsqu'ils sont bien cuits. Recueillir la purée de fruits.
D'autre part, fouetter la crème, la sucrer selon le goût et y ajouter la purée d'abricots. Servir bien frais.

404. Fouetté au chocolat
Préparation : 15 min – Cuisson : 30 min

200 g de chocolat
60 g de sucre en poudre
250 g de crème fraîche

Casser le chocolat en petits morceaux dans une casserole avec le sucre et recouvrir d'eau. Faire fondre et laisser cuire à feu très doux pendant 30 min environ. Tourner de temps en temps.
Verser cette pâte dans un saladier et laisser refroidir pendant 1 h.
Ajouter alors la crème fraîche fouettée. Bien mélanger et laisser environ 1 h au frais avant de servir.

405. Marquise au chocolat

(4 h à l'avance)
Préparation : 15 min

250 g de chocolat
60 g de sucre en poudre
4 œufs
175 g de beurre frais
50 cl de crème à la vanille

Couper le chocolat en morceaux. Le faire ramollir à feu doux avec un peu d'eau de façon à obtenir une bouillie épaisse et lisse. Laisser refroidir. Incorporer le sucre, les jaunes d'œufs et le beurre travaillé en crème. Bien mélanger avant d'ajouter les blancs battus en neige très ferme. Verser dans un moule à charlotte et faire raffermir sanglé dans la glace. Pour démouler, tremper le moule dans l'eau chaude pendant 1 ou 2 min. Napper d'une crème à la vanille (344).

406. Crème suisse

Préparation : 20 min

3 petits-suisses
125 g de sucre en poudre
Curaçao ou kirsch
2 blancs d'œufs

Mélanger les petits-suisses avec le sucre en poudre. Bien battre pour rendre la pâte aussi légère que possible. Parfumer. Avec du curaçao, on peut ajouter des écorces d'oranges confites hachées finement. Avec le kirsch, on peut mettre des cerises confites.
Ajouter ensuite les blancs battus en neige très ferme. Laisser reposer au frais pendant 2 h avant de servir.

407. Dame-Blanche

Préparation : 15 min – Cuisson : 30 min

6 œufs
150 g de sucre en poudre
Zeste d'1 citron non traité râpé
Crème à la vanille

Battre les blancs en neige bien ferme. Ajouter le sucre et le zeste de citron. Mélanger très délicatement. Verser dans un moule bien beurré. Et cuire au four et au bain-marie pendant 30 min. Laisser refroidir dans l'eau. Démouler froid. Servir avec une crème à la vanille épaisse, faite avec les jaunes d'œufs (344).
Remarque. – On peut remplacer la crème par un sirop de framboises, de fraises ou de groseilles.

408. Île flottante

Préparation : 30 min – Cuisson : 30 à 35 min

6 œufs
3 g de gomme adragant
200 g de sucre en poudre
75 cl de lait

Battre les blancs en neige très ferme ; ajouter la gomme adragante, 60 g de sucre. Colorer si l'on veut avec quelques pralines pilées.

Caraméliser un moule avec 80 g de sucre (36).

Verser la mousse dans le moule ; faire prendre au bain-marie, à four moyen, pendant 30 à 35 min. L'île flottante est cuite lorsqu'une lame de couteau, plongée en plein centre de l'entremets, en ressort tout à fait sèche.

Avec le lait, les jaunes d'œufs et le reste du sucre, préparer une crème anglaise (343).

Laisser refroidir l'île flottante. La démouler sur un plat creux. Napper de crème anglaise.

409. Macarons à la neige

Préparation : 15 min – Cuisson : 10 min

6 blancs d'œufs
150 g de sucre en poudre
6 macarons
10 cl de rhum
Confiture de framboises ou de groseilles

Battre les blancs en neige très ferme. Les mélanger très délicatement avec le sucre en poudre.

Beurrer un plat allant au four. Placer une couche de blancs d'œufs, puis disposer les macarons imbibés de rhum par-dessus. Recouvrir de confiture, à volonté.

Mettre le reste des blancs d'œufs, puis encore un peu de confiture. Saupoudrer de sucre. Faire dorer au four chaud pendant 10 min.

ID
Les soufflés

Les blancs d'œufs battus en neige jouent toujours un rôle important dans la fabrication des soufflés.

Lorsque la pâte, servant de fond au soufflé, réunit les conditions d'élasticité et d'imperméabilité et lorsque, en outre, le chauffage est assez rapide, la pâte se dilate vite. En effet, l'air, qui est introduit dans les blancs, gonfle et augmente le volume du soufflé.

La température du four doit s'élever progressivement.

Une bonne précaution consiste à chauffer un moment, sur le fourneau ou sur le four (à condition que la chaleur soit suffisante à sa surface), le fond du soufflé.

Il faut compter 20 à 25 min de cuisson en général, pour les proportions indiquées. Naturellement, il faut moins de temps pour cuire un soufflé de deux personnes que pour cuire un soufflé de six personnes.

Le soufflé doit être servi au moment où il est monté. Un soufflé n'attend pas. On attend un soufflé.

Remarque. – On peut ajouter 1 c. à c. de Maïzena dans l'appareil à soufflé. Celui-ci, une fois prêt à servir, « retombera » moins vite.

410. Soufflé au chocolat

Préparation : 10 min – Cuisson : 30 min

- 40 cl de lait
- 140 g de chocolat
- 30 g de sucre en poudre
- 4 œufs
- 40 g de crème de riz

Faire chauffer et bouillir le lait sucré et chocolaté. Battre les jaunes d'œufs, ajouter doucement le lait en tournant, ainsi que la crème de riz délayée dans un peu de lait, à froid. Battre les blancs en neige bien ferme. Les incorporer à la préparation. Mélanger doucement, verser dans un moule à soufflé beurré et sucré. Mettre à four doux 10 min, puis chaud pendant 20 min. Servir aussitôt.

411. Soufflé au chocolat (très léger)

Préparation : 10 min – Cuisson : 30 min

140 g de chocolat
40 cl de lait
40 g de beurre
20 g de farine
Sucre en poudre à volonté
6 œufs

Faire fondre le chocolat dans le lait.
Faire chauffer le beurre. Le mélanger à la farine et mouiller peu à peu avec le lait chaud. Sucrer si nécessaire.
Mettre alors 4 jaunes d'œufs puis les 6 blancs battus en neige très ferme ; mélanger très délicatement.
Verser dans un plat à four bien beurré. Chauffer quelques minutes le fond du soufflé. Puis cuire à four doux pendant 10 min et à four chaud pendant 20 min environ. Servir aussitôt.

412. Soufflé au citron

Préparation : 15 min – Cuisson : 15 min

6 œufs
100 g de sucre en poudre
4 c. à c. de jus de citron

Battre les jaunes dans une terrine. Ajouter le sucre, le jus de citron et les blancs battus en neige très ferme. Verser le tout dans un plat à four bien beurré.
Cuire à four chaud pendant 15 min environ. Servir aussitôt.
Remarque. – Ce soufflé retombe très vite.

413. Soufflé à la vanille

Préparation : 10 min – Cuisson : 30 min

30 cl de lait
Vanille en poudre
Sucre en poudre
60 g de beurre
50 g de farine
Sel
5 œufs

Faire bouillir le lait sucré et fortement vanillé.
Mélanger la farine au beurre fondu. Ajouter peu à peu le lait chaud de façon à obtenir une bouillie.
Mettre un peu de sel et 3 jaunes d'œufs.
Lorsque l'appareil est presque refroidi, ajouter les blancs d'œufs battus en neige très ferme.
Verser dans un moule à soufflé bien beurré et sucré.
Faire cuire à four moyen pendant 10 min, puis chaud, environ 20 min. Servir aussitôt.

414. Soufflé au café
Préparation : 10 min – Cuisson : 20 min

30 cl de lait
Café soluble ou extrait (selon les goûts)
6 œufs
40 g de crème de riz
Sel
150 g de sucre en poudre
Sucre glace

Faire bouillir le lait avec le café. Travailler dans une terrine 4 jaunes d'œufs avec la crème de riz, un peu de sel et le sucre. Ajouter le lait en tournant sans arrêt. Faire chauffer le mélange jusqu'à épaississement. Laisser refroidir légèrement avant d'incorporer les 6 blancs battus en neige très ferme.
Beurrer un moule à soufflé. Y verser l'appareil. Cuire à four moyen pendant 10 min. Saupoudrer la surface de sucre glace et mettre à four chaud pendant 10 min. Servir aussitôt.

415. Soufflé aux fruits confits
Préparation : 15 min – Cuisson : 30 min

125 g de fruits confits
10 cl de kirsch
30 cl de lait
50 g de farine
60 g de beurre
60 g de sucre en poudre
5 œufs
Vanille en poudre

Faire macérer, quelques heures à l'avance, les fruits confits dans le kirsch. Préparer le soufflé selon la formule 413.
Ajouter les fruits et le kirsch. Beurrer un moule et y verser l'appareil. Cuire à four moyen pendant 10 min et à four chaud pendant 20 min. Servir aussitôt.

416. Soufflé aux macarons
Préparation : 20 min – Cuisson : 45 min

10 macarons secs
4 c. à s. de confiture d'abricots
60 g de sucre en poudre
5 œufs

Piler les macarons en poudre fine. Les mélanger à la confiture d'abricots, au sucre et aux jaunes d'œufs. Battre les blancs en neige, les ajouter à la préparation. Verser dans un plat allant au four beurré et cuire à feu assez doux. Servir aussitôt.

417. Soufflé aux marrons
Préparation : 45 min – Cuisson : 1 h

500 g de marrons
20 cl de crème fraîche
5 œufs
125 g de sucre en poudre
Vanille en poudre à volonté

Fendre les marrons dans la longueur. Les cuire 5 min à l'eau bouillante. Les éplucher. Les cuire ensuite jusqu'à ce qu'on puisse les réduire facilement en purée. Ajouter à cette purée la crème fraîche, les jaunes d'œufs, le sucre et la vanille. Battre les blancs en neige très ferme. Les incorporer à la préparation en mélangeant très doucement. Verser le tout dans un moule bien beurré. Cuire au bain-marie et à four moyen pendant 1 h environ, jusqu'à ce que l'entremets ait pris la consistance d'un flan. Démouler sur un plat creux et entourer d'une crème à la vanille (344). Servir aussitôt.

418. Soufflé au vermicelle
Préparation : 10 min – Cuisson : 1 h 25

75 cl de lait
100 g de sucre en poudre
Vanille en poudre
120 g de vermicelle
4 œufs

Faire bouillir le lait avec le sucre et la vanille. Y verser en pluie le vermicelle. Laisser cuire à couvert et à feu doux. Lorsque le vermicelle est bien cuit, laisser refroidir un moment. Mélanger alors 2 jaunes et les 4 blancs battus en neige. Cuire à four doux, dans un plat bien beurré, pendant 1 h environ. Servir aussitôt.

419. Soufflé au riz
Préparation : 20 min – Cuisson : 40 min

180 g de riz
Lait
Sel
150 g de sucre en poudre
30 g de beurre
Eau de fleur d'oranger
1 citron non traité (zeste)
6 œufs

Faire cuire le riz dans deux fois et demie son volume de lait chaud, auquel on ajoute un peu de sel, le sucre, le beurre, de l'eau de fleur d'oranger et le zeste de citron râpé. Lorsque le riz est cuit, passer le tout au tamis. Ajouter alors 4 jaunes d'œufs et ensuite les 6 blancs battus en neige très ferme. Verser le tout dans un plat allant au four bien beurré. Cuire à four moyen pendant 20 à 25 min. Servir aussitôt.

420. Soufflé au tapioca

Préparation : 15 min – Cuisson : 30 min

75 cl de lait
125 g de sucre en poudre
60 g de chocolat
100 g de tapioca
20 g de beurre
4 œufs

Faire bouillir le lait avec le sucre et le chocolat. Jeter en pluie le tapioca et laisser cuire à feu doux pendant 10 min, en tournant de temps en temps.

Incorporer alors à la préparation le beurre, 3 jaunes d'œufs, puis les blancs battus en neige très ferme.

Verser dans un plat allant au four, beurré, et cuire à four moyen 10 min, puis à four chaud pendant 10 min. Servir aussitôt.

421. Soufflé au kummel

Préparation : 10 min – Cuisson : 20 à 25 min

20 cl de lait
60 g de sucre en poudre
60 g de beurre
35 g de fécule de pomme de terre
Kummel (selon les goûts)
6 œufs

Faire bouillir le lait avec le sucre.

D'autre part, délayer le beurre et la fécule. Ajouter peu à peu le lait refroidi, du kummel, et faire chauffer à feu doux jusqu'à épaississement. Retirer du feu. Mettre 4 jaunes d'œufs et les 6 blancs battus en neige.

Verser le tout dans un plat beurré. Cuire à four moyen pendant 5 à 6 min, puis chaud pendant 10 min. Servir aussitôt.

Remarque. – On peut parfumer le soufflé avec du curaçao, du cherry ou de l'anisette, etc.

Les puddings

Les puddings (mot d'origine anglaise) étaient initialement des mets composés de nombreux éléments assez variés : farine, graisse de porc, de bœuf, raisins, fruits confits, etc. En général, les puddings de ce genre sont cuits à l'eau.

Peu à peu, ce mot a désigné une infinité de plats sucrés dans lesquels, cependant, figure toujours une substance qui, à la cuisson, prend beaucoup de consistance : pain, riz, semoule, macarons, biscuits, etc.

Naturellement, d'autres aliments y sont ajoutés : œufs, lait, sucre, fruits, liqueurs.

Ces entremets sont cuits en général dans un moule et au four, ou bien au bain-marie.

Leur valeur nutritive dépend des éléments qui les composent. On les sert quelquefois avec une compote de fruits ou une crème anglaise, la présentation est plus jolie, le goût en est plus fin, et si la dépense est un peu augmentée, il ne faut pas le regretter : le pudding est meilleur et plus nourrissant.

422. Riz au lait
Préparation : 5 min – Cuisson : 1 h

| 250 g de riz rond |
| 150 cl de lait |
| 100 g de sucre en poudre |
| Vanille |
| Sel |

Laver soigneusement le riz, le jeter dans le lait bouillant sucré, vanillé et très légèrement salé. Laisser cuire à feu très doux sans remuer.

Cet entremets se sert chaud, mais on peut aussi le verser dans un moule et le servir froid.

Remarque. – Le riz peut être blanchi durant 1 min au préalable.

423. Riz au four
Préparation : 10 min – Cuisson : 2 h

| 250 g de riz rond |
| 125 cl de lait |
| 100 g de sucre en poudre |
| Vanille ou 1 citron non traité (zeste râpé) |
| Sel |

Laver soigneusement le riz. Le mettre dans le fond d'un plat beurré. Arroser avec le lait bouillant sucré, parfumé à volonté et très légèrement salé. Faire cuire à four doux pendant 2 h environ.

424. Pudding de riz
Préparation : 20 min – Cuisson : 20 min

| 180 g de riz rond |
| 1 litre de lait |
| Sel |
| Vanille à volonté |
| 140 g de sucre en poudre |
| 2 œufs |
| 100 g de raisins de Corinthe |

Laver le riz. Le mettre dans le lait bouillant légèrement salé et vanillé avec 80 g de sucre. Lorsque le riz est cuit, ajouter les jaunes d'œufs, les raisins lavés et les blancs battus en neige. Verser dans un moule caramélisé avec 60 g de sucre (36). Passer

à four chaud pendant 10 min. Laisser refroidir avant de démouler.
Remarque. – On peut servir tous les puddings accompagnés d'une crème anglaise (343) ou arrosés de rhum et flambés.

425. Riz à la hongroise
Préparation : 20 min – Cuisson : 35 min

200 g de riz rond
1 litre de lait
Sel
150 g de sucre en poudre
100 g d'écorces d'oranges confites
100 g d'écorce de citron confit
200 g de chocolat

Laver le riz. Le faire cuire dans le lait bouillant légèrement salé et sucré. Hacher finement les écorces confites et les incorporer au mélange. Verser le tout dans un moule passé à l'eau. Faire refroidir, si possible, en glacière. Au moment de servir, démouler en plongeant le fond du moule dans de l'eau chaude, et napper de chocolat fondu et cuit dans suffisamment d'eau pour former une crème lisse.

426. Riz au chocolat
Préparation : 15 min – Cuisson : 25 à 35 min

200 g de riz rond
1 litre de lait
125 g de chocolat
60 g de sucre en poudre
40 g de beurre

Bien laver le riz. Faire bouillir le lait avec le chocolat.
Au moment où le chocolat est fondu et que l'ébullition commence, y jeter le riz. Ajouter le sucre et le beurre. Laisser cuire à feu très doux et à couvert, jusqu'au moment où tout le lait est absorbé. Verser dans un moule passé à l'eau. Laisser refroidir. Démouler.
Remarque. – Pour servir, on peut :
– napper d'une crème anglaise au chocolat (352) ;
– garnir avec des blancs d'œufs battus en neige dans lesquels on met du chocolat en poudre ;
– recouvrir avec 70 g de chocolat fondu dans un peu d'eau chaude.

427. Riz au sabayon
(1 h à l'avance)
Préparation : 10 min – Cuisson : 35 min

	Riz au lait
	Sabayon au lait

Préparer le riz au lait, bien lavé, selon la formule 422.
Pour la cuisson, le verser dans un moule beurré. Cuire à four chaud pendant 20 min environ. Laisser refroidir. Démouler et servir avec un sabayon (33).

428. Pudding de riz aux pommes
(1 h à l'avance)
Préparation : 20 min – Cuisson : 1 h

	200 g de riz rond
	1 litre de lait
	Sel
	Cannelle en poudre
	Sucre en poudre
	50 g de beurre
	375 g de pommes

Bien laver le riz. Le faire cuire dans le lait bouillant auquel on ajoute un peu de sel, la cannelle, 80 g de sucre et le beurre, selon la formule 422 pendant 30 min.

D'autre part, éplucher les pommes. Les couper en fines lamelles. Caraméliser le moule à pudding avec 70 g de sucre (36).

Disposer une couche de riz dans le moule, puis une couche de pommes. Sucrer. Continuer à alterner les couches de riz, de pommes et de sucre jusqu'à épuisement. Cuire à four chaud pendant 30 min. Pour démouler, laisser refroidir.

Remarque. – Ce pudding peut aussi se manger chaud. Dans ce cas, le faire cuire dans un plat allant au four que l'on peut servir à table.

429. Riz en mandarines
Préparation : 25 min – Cuisson : 35 min

	200 g de riz rond
	1 litre de lait
	60 g de sucre en poudre
	6 mandarines non traitées

Préparer le riz selon la formule 426. Couper une rondelle à la base de chaque mandarine.
Retirer les quartiers par cette ouverture. Remplir les écorces de riz. Monter, avec le reste du riz, un gâteau. Entourer le gâteau avec les écorces remplies de riz et garnir de quartiers de mandarines.

430. Gâteau de riz

(à préparer la veille)
Préparation : 35 min – Cuisson : 35 min

180 g de riz rond	
1 litre de lait	
Vanille ou 1 citron non traité (zeste râpé)	
Sel	
20 g de gélatine	
150 g d'amandes mondées	
75 g de beurre	
125 g de sucre en poudre	
6 œufs	

La veille, mettre le riz bien lavé, à tremper, dans de l'eau froide.

Le cuire, recouvert du lait froid, parfumé avec de la vanille ou du citron et légèrement salé. La cuisson se fait à feu doux. Tourner de temps en temps, en évitant d'écraser les grains.

Pendant la cuisson du riz, faire tremper la gélatine dans de l'eau froide. La faire fondre dans 10 cl d'eau bouillante. Hacher grossièrement les amandes.

Ajouter au riz : le beurre, le sucre, les amandes et la gélatine, les jaunes d'œufs et les blancs montées en neige.

Mettre dans un endroit frais. Tourner de temps en temps pour que cette préparation devienne ferme. La verser dans un moule passé à l'eau froide. Réserver au réfrigérateur.

Le jour même, démouler le gâteau en plongeant le fond du moule dans de l'eau chaude puis servir avec une crème à la vanille (344), au kirsch (345), ou au curaçao, suivant le parfum du pudding.

431. Pain de riz aux oranges

Préparation : 20 min – Cuisson : 40 min

3 oranges non traitées	
1 litre de lait	
Sel	
50 g de beurre	
150 g de riz rond	
200 g de sucre en poudre	
10 cl de rhum	

Râper le zeste d'une orange, le mettre dans le lait avec un peu de sel et le beurre. Faire bouillir ; y jeter alors le riz bien lavé. Cuire à feu doux. Ajouter 80 g de sucre. Passer un moule à l'eau, y verser la pâte et laisser refroidir.

Avec le reste du sucre, un peu d'eau et le zeste râpé de la deuxième orange, préparer un sirop assez épais. Parfumer avec le rhum. Couper la chair des 3 oranges bien épluchées en petits dés. Verser le sirop chaud sur les dés d'oranges, couvrir. Laisser macérer et refroidir. Démouler le riz sur un compotier creux. Garnir avec les fruits et napper de sirop.

432. Riz à la reine
Préparation : 15 min – Cuisson : 30 min

200 g de riz rond
1 litre de lait
50 cl de crème fraîche
Vanille en poudre
Sucre en poudre
125 g de cerises confites

Laver le riz, le faire cuire pendant 10 min environ dans 50 cl d'eau bouillante. Lorsque l'eau est absorbée, ajouter peu à peu du lait chaud, jusqu'au moment où le riz est bien cuit. L'étaler sur un plat beurré pour le faire refroidir. Battre la crème liquide. Sucrer, vanniller. La mélanger délicatement au riz. Dresser en dôme sur un plat et décorer de cerises confites.

433. Riz à l'ananas
(à préparer la veille)
Préparation : 35 min – Cuisson : 25 min

60 g de riz rond
20 g de gélatine
200 g de sucre en poudre
14 tranches d'ananas en boîte
10 cl de kirsch
Crème Chantilly

Faire cuire le riz bien lavé dans deux fois et demie son volume d'eau bouillante. Faire fondre la gélatine et la mêler au riz.

Mélanger le sucre et le jus de l'ananas. Faire un sirop assez épais ; parfumer avec le kirsch.

Réserver au frais 2 tranches d'ananas. Hacher le reste finement, ajouter le sirop.

Mélanger la crème Chantilly (8) au riz ainsi que l'ananas haché et le sirop. Beurrer un moule. Le remplir de cette préparation. Faire prendre 24 h au réfrigérateur.

Le lendemain, démouler en plongeant le fond du moule dans de l'eau chaude. Couper les 2 tranches d'ananas en losanges pour la décoration, puis servir.

434. Riz aux macarons
Préparation : 10 min – Cuisson : 35 min

Riz au lait parfumé à la cannelle
50 g de beurre
2 œufs
6 macarons

Préparer un riz au lait parfumé à la cannelle, selon la formule 422. Ajouter le beurre et les œufs battus à la fourchette. Cuire encore à feu moyen jusqu'à ce que la pâte soit bien ferme. Servir chaud ou froid sur un plat en couronne et garnir de macarons.

435. Riz à l'impératrice

(1 h à 2 h à l'avance)
Préparation : 1 h 30 – Cuisson : 35 min

Pour le riz :
125 g de fruits confits
Kirsch
150 g de riz long
75 cl de lait
50 g de sucre en poudre
Sel
Pour la crème :
50 cl de crème anglaise
3 feuilles de gélatine
150 g de crème Chantilly

Couper les fruits confits et les faire macérer dans le kirsch. Laver le riz, le faire cuire 5 min dans 1 litre d'eau bouillante, égoutter. Le mettre dans une casserole, le recouvrir de lait sucré et légèrement salé, faire cuire doucement jusqu'à ce que le riz soit sec.

Préparer 50 cl de crème anglaise (343) sucrée avec 60 g de sucre.

Mettre les feuilles de gélatine à ramollir dans de l'eau froide. Les mélanger égouttées à la crème anglaise, puis incorporer la crème dans le riz ; ajouter les fruits confits. Laisser refroidir, mais pas complètement.

Pendant ce temps préparer la crème chantilly (8), l'incorporer au mélange, avant qu'il ne soit entièrement pris.

Verser la préparation dans un moule beurré. Laisser reposer au frais ; pour démouler, plonger le fond du moule dans de l'eau chaude.

Servir garni de crème fraîche fouettée, de gelée de groseille ou de crème anglaise parfumée au kirsch (345).

436. Pudding à la semoule

Formule A
Préparation : 15 min – Cuisson : 45 min

1 litre de lait
Vanille en poudre
Sel
120 g de sucre en poudre
125 g de semoule de blé dur
40 g de beurre
3 œufs
100 g d'amandes mondées

Faire bouillir le lait parfumé, légèrement salé et sucré avec 60 g de sucre. Y jeter la semoule en pluie au moment de l'ébullition. Laisser cuire doucement jusqu'à épaississement en tournant de temps en temps. Ajouter le beurre, les œufs battus en omelette et les amandes hachées. Verser la préparation dans un moule caramélisé avec 60 g de sucre (36). Faire cuire à four moyen pendant 30 min environ. Laisser refroidir et démouler.

Formule B
Préparation : 10 min – Cuisson : 45 min

Faire bouillir le lait légèrement salé et sucré avec 60 g de sucre. Y jeter la semoule en pluie au moment de l'ébullition. Cuire pendant 15 min en tournant sans arrêt. Ajouter le beurre, le zeste râpé et les jaunes, puis les blancs battus en neige très ferme. Verser dans un moule caramélisé avec le reste de sucre (36) et cuire à four moyen 15 min puis à four chaud pendant 15 min. Laisser refroidir avant de démouler.

1 litre de lait	
Sel	
120 g de sucre en poudre	
120 g de semoule de blé dur	
50 g de beurre	
1 citron non traité (zeste)	
3 œufs	

437. Semoule à la crème
Préparation : 10 min – Cuisson : 30 min

Faire bouillir le lait avec 60 g de sucre. Y jeter la semoule en pluie au moment de l'ébullition. Lorsqu'elle est cuite, ajouter les fruits confits, les jaunes battus à la fourchette et les blancs battus en neige. Caraméliser un moule avec 60 g de sucre (36). Y verser la préparation. Passer au four chaud pendant 15 min environ. Laisser refroidir avant de démouler.
Servir nappé de crème anglaise (343).

1 litre de lait	
120 g de sucre en poudre	
125 g de semoule de blé dur	
50 g de fruits confits	
2 œufs	
50 cl de crème anglaise	

438. Pudding au tapioca
(12 h à l'avance)
Préparation : 20 min – Cuisson : 35 min

Faire bouillir le lait. Le sucrer. Y jeter le tapioca en pluie et faire cuire jusqu'à épaississement. Laver les raisins de Corinthe à l'eau bouillante et les ajouter. Mettre le beurre, les jaunes et, pour finir, les blancs battus en neige.
Mettre alors à feu très doux pour continuer la cuisson qui doit être régulière, pendant 15 à 20 min.
Verser dans un moule passé à l'eau froide.

1 litre de lait	
100 g de sucre en poudre	
150 g de tapioca	
100 g de raisins de Corinthe	
40 g de beurre	
3 œufs	
Sauce au rhum	

Et laisser au frais pendant 12 h.
Pour démouler, plonger le fond du moule dans de l'eau chaude et servir avec une sauce au rhum (26).

439. Pudding tapioca au caramel
Préparation : 10 min – Cuisson : 20 min

1 litre de lait
120 g de sucre en poudre
3 œufs
150 g de tapioca

Faire avec le sucre un caramel de jolie couleur (36). Ajouter le lait bien chaud et verser ensuite, en pluie, le tapioca. Cuire jusqu'à épaississement.
Ajouter les œufs battus hors du feu. Puis faire chauffer le mélange 4 à 5 min à feu doux. Le mettre dans un moule passé à l'eau froide, réserver 1 h au frais et démouler froid.

440. Gâteau chartrain
Préparation : 8 min – Cuisson : 20 min

150 g de chocolat
130 g de sucre en poudre
75 cl de lait
25 g de tapioca
60 g de semoule

Faire fondre le chocolat et 50 g de sucre dans le lait. Faire bouillir. À ce moment, verser en pluie semoule et tapioca. Laisser cuire 15 min. Caraméliser un moule avec 80 g de sucre (36). Verser le mélange bouillant dans le moule refroidi. Démouler froid.

441. Pudding au vermicelle
Préparation : 10 min – Cuisson : 50 min

1 litre de lait
100 g de sucre en poudre
1 citron non traité (zeste)
Sel
150 g de vermicelle
3 œufs
40 g de beurre
60 g d'amandes mondées
Sauce au rhum ou au kirsch

Faire bouillir le lait avec le sucre, un peu de sel et le zeste de citron râpé. Ajouter ensuite le vermicelle écrasé. Laisser cuire doucement pendant 15 min. Retirer du feu. Ajouter les jaunes d'œufs, le beurre et les blancs battus en neige. Hacher grossièrement les amandes. Les incorporer au mélange.
Verser dans un moule passé à l'eau froide. Cuire à four chaud pendant 30 min. Laisser refroidir pendant 1 h avant de démouler.
Servir avec une sauce au rhum (26) ou au kirsch (25).

442. Pudding aux amandes et aux raisins

Préparation : 20 min – Cuisson : 55 min

6 œufs
100 g de sucre en poudre
200 g de beurre
375 g d'amandes en poudre
250 g de raisins de Corinthe
125 g de raisins de Smyrne
Sauce au rhum

Mélanger les œufs battus, avec le sucre. Ajouter ensuite le beurre légèrement ramolli, les amandes et les raisins épluchés et lavés. Verser dans un moule bien beurré, cuire à four moyen pendant 45 min. Démouler froid et servir froid, entouré d'une sauce au rhum (26).

443. Pudding aux noisettes
(à préparer la veille)

Préparation : 25 min – Cuisson : 10 min

25 cl de lait
2 œufs
Vanille en poudre
500 g de noisettes entières
250 g de beurre
250 g de sucre en poudre
200 g de biscuits à la cuillère

Préparer avec le lait légèrement vanillé et les œufs entiers, une crème anglaise assez épaisse (343). La laisser refroidir.

Casser les noisettes, les hacher.

Travailler le beurre, ajouter le sucre, les noisettes hachées et la crème anglaise de façon à obtenir une pâte bien homogène. Cette crème peut être parfumée au café ou au chocolat.

Disposer dans un moule à pudding les biscuits à la cuillère de façon à bien en tapisser le fond et les parois. On peut même, si l'on veut, les humecter de café ou de liqueur.

Garnir d'une couche de crème. Remettre des biscuits à la cuillère, une couche de crème. Terminer avec des biscuits. Tenir au frais jusqu'au lendemain en ayant soin de mettre sur le dessus du gâteau une petite assiette et, sur celle-ci, un poids léger. Pour démouler, plonger le fond du moule dans de l'eau chaude. Servir, si l'on veut, avec une crème anglaise (343) parfumée comme le pudding.

444. Pudding de pommes de terre

Préparation : 20 min – Cuisson : 50 min

250 g de pommes de terre
Sel
185 g de fruits confits
10 cl de rhum
6 œufs
60 g de beurre
150 g de sucre en poudre
1 citron non traité (zeste)
Crème Chantilly

Faire cuire les pommes de terre, de préférence à la vapeur. Les écraser, les réduire en purée. Saler légèrement.

Faire macérer les fruits confits dans le rhum.

Incorporer à la purée chaude les jaunes d'œufs, le beurre, le sucre, le zeste de citron râpé et les fruits confits macérés. Puis battre les blancs en neige très ferme. Les mélanger délicatement à la préparation. Verser dans un moule à pudding beurré. Cuire au bain-marie et à four moyen pendant 30 min au moins.

Laisser refroidir et démouler. Servir avec une crème Chantilly (8).

445. Pudding de patates

Préparation : 10 min – Cuisson : 1 h

1 kg de patates douces
130 g de sucre en poudre
10 cl de lait
2 œufs
60 g de beurre
Sel
Vanille en poudre
Sauce au rhum

Cuire les patates à l'eau. Les réduire en purée. Ajouter 80 g de sucre, le lait, les œufs et le beurre. Saler légèrement. Parfumer à la vanille. Caraméliser un moule avec le reste du sucre (36) et verser la préparation. Cuire 35 à 40 min à four moyen et au bain-marie.

Démouler chaud ou froid et servir avec une sauce au rhum (26).

446. Pudding aux marrons

Préparation : 30 min – Cuisson : 1 h

250 g de marrons
25 cl de lait
6 œufs
180 g de sucre en poudre
125 g d'amandes en poudre
Sel
60 g de beurre
Vanille

Fendre les marrons, les mettre 5 min à l'eau bouillante. Enlever les deux peaux ou utiliser des marrons sous vide ou au naturel. Les cuire dans le lait chaud. Réduire en purée très vite de façon qu'elle ne refroidisse pas. Ajouter les 6 jaunes, l'un après l'autre, la vanille, le sucre et les amandes en poudre. Mettre un peu de sel, le beurre ramolli et les blancs battus en neige très ferme.

Verser dans un moule bien beurré et cuire au bain-marie et à four moyen pendant 40 min environ.

Démouler chaud et servir arrosé d'une sauce au rhum (26), ou napper de gelée de groseille ou d'abricot délayée dans un peu d'eau.

447. Pudding au chocolat
Préparation : 25 min – Cuisson : 1 h

Ingrédients
185 g de brioche rassise
8 œufs
185 g de sucre en poudre
185 g de chocolat
185 g de beurre
Crème anglaise au chocolat

Réduire en poudre fine la brioche qui doit être, à l'avance, bien sèche. Battre les jaunes avec le sucre pour obtenir un mélange mousseux. Ajouter le chocolat râpé, le beurre amolli et la brioche. Incorporer à cette pâte les blancs battus en neige très ferme.

Mettre dans un moule beurré. Cuire 1 h au four à moyen et au bain-marie. Démouler froid et servir accompagné d'une crème anglaise au chocolat (352).

448. Pudding au pain et aux amandes
Préparation : 25 min – Cuisson : 50 min

Ingrédients
250 g d'amandes en poudre
250 g de beurre
10 cl de vin blanc
5 œufs
125 g de sucre en poudre
20 cl de crème fraîche
30 g de fécule de pomme de terre
60 g de mie de pain rassis
Eau de fleur d'oranger ou noix muscade

Mettre les amandes en poudre dans une terrine. Y ajouter le beurre, très légèrement ramolli, le vin blanc, 5 jaunes et 2 blancs non battus, le sucre, la crème, la fécule et la mie de pain. Bien mélanger. Parfumer, selon le goût, avec de la noix muscade râpée et de l'eau de fleur d'oranger.

Verser la pâte ainsi obtenue dans un moule à pudding bien beurré. Cuire 40 à 50 min à four moyen et au bain-marie. Laisser refroidir avant de démouler.

449. Pudding au pain et aux raisins
Préparation : 15 min – Cuisson : 1 h

200 g de pain de mie ou brioché
100 g de beurre
500 g de raisins de Corinthe
75 cl de lait
150 g de sucre en poudre
Noix muscade
4 œufs
Sel

Couper le pain en tranches minces et régulières. Les beurrer soigneusement. Beurrer un plat allant au four (il vaut mieux que le plat soit à bords hauts). Disposer une couche de pain beurré. Parsemer de raisins. Alterner le pain et les raisins jusqu'à épuisement.

Faire bouillir le lait avec le sucre et de la noix muscade râpée.

Battre les œufs à la fourchette dans une terrine, saler. Verser ensuite le lait par-dessus et bien mélanger. Recouvrir le pudding de cette crème. Cuire à four moyen pendant 10 à 15 min, puis chaud pendant 25 à 30 min.

450. Pudding au pain et aux fruits
Préparation : 25 min – Cuisson : 35 min

200 g de pain de mie ou brioché
100 g de beurre
500 à 750 g de fruits variés selon la saison
75 cl de lait
200 g de sucre en poudre
4 œufs
Sel

Procéder selon la formule 449.

Remarque. – En hiver : utiliser des pommes coupées en fines lamelles et relevées d'un peu de cannelle en poudre.

– En été : un mélange de fraises, cerises et pêches est excellent. De préférence, éplucher et dénoyauter les fruits.

451. Pudding au pain
Préparation : 20 min – Cuisson : 1 h 10

125 g de fruits confits
50 cl de lait
180 g de sucre en poudre
3 œufs
500 g de mie de pain rassis

Hacher les fruits confits. Faire bouillir le lait sucré avec 100 g de sucre. Battre les œufs, les mélanger au lait chaud. Verser le tout sur le pain émietté. Incorporer les fruits confits. Caraméliser un moule avec 80 g de sucre (36). Mettre la préparation dans le moule, faire cuire 1 h à four moyen.

Remarque. – On peut supprimer les fruits et les remplacer par une pincée de vanille, de zeste de citron, ou par des pruneaux cuits et dénoyautés.

452. Plum-Pudding anglais
Préparation : 30 min – Cuisson : 4 h

500 g de farine
6 œufs
50 cl de lait
125 g de graisse de bœuf hachée
60 g de sucre en poudre
500 g de raisins de Corinthe
10 cl d'eau-de-vie
Aromates : noix muscade, clous de girofle
Écorces d'orange et de citron confites
Rhum

Mettre la farine dans une terrine ; y faire un puits. Mettre les œufs. Bien délayer et ajouter peu à peu le lait. Ajouter la graisse de bœuf finement hachée, le sucre, les raisins, l'alcool, les aromates et les écorces hachées, à volonté. Si la pâte est un peu trop liquide, ajouter un peu de mie de pain, afin de donner la consistance convenable.

Verser la pâte dans un linge. Ficeler en forme de pain allongé mais épais. Mettre à cuire dans l'eau bouillante pendant 4 h. Développer, servir chaud, coupé en tranches et arrosé de rhum que l'on fait flamber.

453. Pudding royal
(à préparer la veille)
Préparation : 35 min – Cuisson : 40 min

100 g de macarons
50 cl de lait
50 g de beurre
4 œufs
20 cl de rhum
100 g de cerises confites
100 g de biscuits secs
100 g de biscuits à la cuillère
250 g de crème fraîche
Sucre en poudre

Piler les macarons et les mettre en bouillie dans le lait. Ajouter le beurre, les œufs battus, le rhum et 30 g de cerises hachées. Beurrer un moule. Disposer alternativement une couche de biscuits à la cuillère, une couche de la préparation, une couche de biscuits secs et de cerises. Faire cuire au bain-marie et au four, à couvert pendant 30 min, puis à découvert, pendant 10 min, à four moyen. Laisser refroidir et démouler le lendemain ; garnir de crème fouettée et sucrée à volonté.

454. Pudding de cabinet

(à préparer la veille)
Préparation : 25 min – Cuisson : 10 min

185 g de fruits confits
10 cl de kirsch
8 jaunes d'œufs
225 g de sucre en poudre
50 cl de lait
Vanille en poudre
Sel
15 g de gélatine
50 cl de crème liquide
250 g de biscuits à la cuillère

Hacher les fruits confits et les mettre à macérer dans le kirsch. Battre les jaunes avec le sucre de façon à obtenir un mélange blanc et mousseux. Y ajouter peu à peu le lait bouillant puis la vanille, un peu de sel, la gélatine préalablement trempée dans de l'eau froide. Faire chauffer cette crème doucement en tournant toujours pour la faire épaissir.

Laisser refroidir en remuant de temps en temps et incorporer la crème liquide battue en Chantilly (8) avant que la préparation soit prise.

Garnir le fond et les parois d'un moule à charlotte de biscuits. Verser sur le fond une couche de crème puis une couche de fruits. Intercaler des biscuits et continuer jusqu'à épuisement. Terminer par des biscuits.

Placer le moule au réfrigérateur pendant 12 h. Pour démouler, plonger le fond du moule dans de l'eau chaude, puis servir.

455. Pudding à la confiture d'abricots

(à préparer la veille)
Préparation : 20 min – Cuisson : 20 min

250 g de biscuits à la cuillère
20 cl de rhum
250 g de confiture d'abricots
50 cl de crème anglaise

Tremper les biscuits à la cuillère dans le rhum mélangé à 10 cl d'eau. Les placer, bien serrés, contre la paroi et le fond d'un moule à charlotte. Le côté plat doit être tourné en dehors.

Disposer, en alternance, une couche de biscuits puis une couche de confiture.

Former un couvercle avec des biscuits. Couvrir d'une assiette et d'un léger poids. Laisser au frais plusieurs heures avant de servir.

Pour démouler, plonger le fond du moule dans de l'eau chaude, puis servir nappé d'une crème anglaise (343).

456. Pudding au moka
(à préparer la veille)
Préparation : 35 min

	125 g de sucre en poudre
	270 g de beurre
	Essence de café
	250 g de biscuits à la cuillère
	50 cl de crème anglaise au café

Préparer la crème moka selon la formule 15. Imbiber chacun des biscuits avec un mélange d'eau et d'essence de café. Disposer les biscuits dans un moule à charlotte. Puis alterner une couche de crème moka avec une couche de biscuits. Tenir au frais quelques heures.

Pour démouler, plonger le fond du moule dans de l'eau chaude, puis servir nappé d'une crème anglaise au café (351).

457. Pudding cavarois
(à préparer la veille)
Préparation : 25 min

	4 œufs
	125 g de beurre
	Vanille en poudre
	200 g de biscuits à la cuillère
	10 cl de kirsch
	Crème anglaise au kirsch

Faire durcir les œufs. Hacher et piler les jaunes. Les mélanger au beurre ramolli afin d'obtenir une pâte bien lisse, parfumer à la vanille.

Disposer les biscuits à la cuillère imbibés de kirsch dans un moule à pudding. Garnir d'une couche de préparation, puis de biscuits, et continuer ainsi jusqu'à épuisement. Tenir au frais plusieurs heures.

Pour démouler, plonger le fond du moule dans de l'eau chaude, puis servir nappé d'une crème crème anglaise au kirsch (345).

458. Gâteau solognot
Préparation : 25 min

	180 g de chocolat
	3 œufs
	200 g de crème liquide
	60 g de sucre en poudre
	Vanille en poudre
	250 g de biscuits à la cuillère
	15 cl de rhum
	50 cl de crème anglaise à la vanille

Faire ramollir le chocolat au bain-marie. Ajouter aussitôt 3 jaunes d'œufs, puis la crème liquide battue assez ferme. Sucrer et mettre un peu de vanille en poudre.

D'autre part, imbiber les biscuits à la cuillère d'un mélange de rhum et d'eau. En garnir le fond et les parois d'un moule à pudding. Y verser la crème chocolatée. Recouvrir de biscuits. Mettre au frais plusieurs heures. Pour démouler, plonger le fond du moule dans de l'eau chaude, puis servir nappé d'une crème anglaise à la vanille (344).

459. Gâteau Esmeralda
(à préparer la veille)
Préparation : 20 min

| 200 g de beurre |
| 100 g de sucre en poudre |
| 2 œufs |
| 250 g de biscuits à la cuillère |
| Café noir |
| Rhum |
| Crème au chocolat |

Travailler en crème, pendant 10 min, le beurre avec le sucre. Ajouter les jaunes d'œufs et les blancs battus en neige, le mélange doit être très homogène.
Imbiber les biscuits de café noir parfumé au rhum (selon goût). Placer les biscuits, cinq par cinq, sur un plat creux et mettre entre chaque couche de gâteaux une couche de crème au beurre. Napper d'une crème au chocolat (19). Tenir au frais pendant 24 h.

460. Pudding à la Maïzena
Préparation : 5 min – Cuisson : 10 min

| 1 litre de lait |
| 80 g de sucre en poudre |
| 90 g de Maïzena |

Faire bouillir 75 cl de lait sucré. Délayer la Maïzena avec le reste du lait froid. Verser cette bouillie dans le lait en ébullition. Laisser cuire 5 à 6 min à feu doux en tournant sans arrêt. Passer un moule à l'eau froide. Y verser la préparation et laisser refroidir avant de démouler.

461. Pudding à la Maïzena et aux pêches
Préparation : 10 min – Cuisson : 30 min

| 1 litre de lait |
| 160 g de sucre en poudre |
| 75 g de Maïzena |
| 3 œufs |
| 500 g de pêches |

Faire bouillir 75 cl de lait sucré avec 80 g de sucre. Délayer à froid la Maïzena dans le reste de lait. Incorporer les jaunes, puis les blancs battus en neige. Verser toute la préparation dans le lait bouillant et bien mélanger. Faire avec 80 g de sucre un caramel dans un moule à charlotte (36). Y verser la préparation. Mettre au four et faire cuire 20 min à four moyen.

Démouler froid et décorer avec les fruits pelés, coupés en deux, dénoyautés et pochés 6 min dans un sirop bouillant.

Remarque. – On peut remplacer les pêches par toute espèce de fruits frais ou en conserve.

462. Pudding Maïzena et chocolat

Préparation : 10 min – Cuisson : 35 min

180 g de chocolat
125 g de sucre en poudre
1 litre de lait
70 g de Maïzena
3 œufs

Faire fondre le chocolat et le sucre dans 75 cl de lait.

Délayer la Maïzena et les jaunes d'œufs en ajoutant peu à peu le reste du lait froid. Verser cette crème dans le lait chocolaté bouillant et laisser cuire à feu doux pendant 10 min.

Battre les blancs en neige. Les verser sur la crème et les incorporer le moins possible. Placer la casserole, couverte, sur feu très doux pendant 20 à 25 min. Verser la préparation dans un moule passé à l'eau froide. Laisser complètement refroidir avant de démouler.

463. Croûtes à la Maïzena

Préparation : 20 min – Cuisson : 20 min

8 biscottes
80 g de sucre en poudre
10 cl de rhum
30 g de Maïzena
50 cl de lait
3 œufs

Disposer les biscottes dans un plat allant au four. Les arroser avec 20 cl d'eau mélangé au sucre et au rhum.

D'autre part, délayer la Maïzena dans le lait froid.

Faire bouillir le reste et verser le mélange. Laisser épaissir. Incorporer les jaunes d'œufs à la crème et faire encore cuire quelques minutes, sans bouillir. Battre les blancs en neige très ferme. Recouvrir les biscottes de crème. Puis garnir avec les blancs en neige. Passer à four chaud pendant 5 à 10 min.

Les fritures sucrées

On entend par ces mots des entremets cuits dans le beurre ou dans un bain de friture.

On ne peut frire, à température très élevée, que des aliments contenant de l'amidon : celui-ci se caramélise, devient croustillant.

Lorsqu'un aliment, qui ne contient pas d'amidon, doit être frit, on le roule dans la farine, ou mieux, on l'enrobe d'une pâte à frire. Il y a quelques règles à suivre strictement si l'on veut bien réussir les entremets frits :

– Le bain de friture doit être bien chaud, mais il ne doit pas dépasser 180 °C ;
– Les aliments (en général des fruits) doivent être aussi secs que possible. Il faut éviter la production d'eau et la formation de vapeur d'eau. Ainsi, pour faire des beignets à l'orange, on divisera le fruit en tranches et non en rondelles ;
– Les beignets doivent être de petite taille, afin de cuire régulièrement, sans refroidir le bain d'huile.

Deux pâtes peuvent servir de base à la fabrication des beignets :
– La pâte à crêpes ;
– La pâte à frire proprement dite.

Les beignets

464. Pâte à frire
Formule A
Préparation : 15 min

| 250 g de farine |
| 2 œufs |
| Sel |
| 1 c. à s. d'huile d'olive |
| 1 c. à s. de cognac |
| Lait |

Mettre la farine dans une terrine. Faire un puits ; y mettre 1 œuf entier, 1 jaune, du sel, l'huile, le cognac, et délayer jusqu'à ce que la pâte soit bien homogène. Ajouter alors du lait froid par petites quantités de façon à rendre la pâte assez coulante. Battre le blanc en neige bien ferme. L'incorporer à la pâte.

Le lait peut être remplacé par de la bière.

Formule B
(3 h à l'avance)
Préparation : 10 min

250 g de farine
1 noix de levure de boulanger
1 c. à s. d'huile
1 blanc d'œuf

Mettre la farine dans une terrine, faire un puits, y verser l'huile et la levure. Délayer peu à peu avec de l'eau tiède jusqu'à formation d'une pâte faisant le ruban. Ajouter le blanc battu à la fourchette. Laisser reposer 2 à 3 h avant de l'utiliser.

465. Pâte à crêpes
(1 h à l'avance)
Préparation : 10 min

250 g de farine
3 œufs
1 c. à s. d'huile
Sel
50 cl de lait
50 g de beurre
Parfum au choix

Mettre la farine dans une terrine. Faire un puits ; casser les œufs, ajouter l'huile, du sel et un peu de lait. Travailler énergiquement la pâte avec un petit fouet pour la rendre légère. Mouiller progressivement avec le lait, jusqu'à ce que la pâte fasse, en coulant, un ruban. Parfumer à volonté (rhum, kirsch, fleur d'oranger, citron, etc.). Laisser reposer 1 h. Passer au chinois et ajouter 50 g de beurre fondu ou cuit « noisette ».

466. Beignets aux fruits (remarques)
Les fruits contenant presque tous de l'eau et de la cellulose, ne peuvent être plongés tels quels dans la friture.
Avant d'être enrobés de pâte à frire, ils auront quelques modifications à subir.

467. Beignets aux pommes
Préparation : 30 min – Cuisson totale : 20 min

Pâte à frire
3 pommes
Sucre en poudre
10 cl de calvados ou de rhum
Huile pour friture

Préparer la pâte pour la friture (464 ou 465). Éplucher les pommes ; enlever le cœur à l'aide d'un vide-pomme. Couper en rondelles de 0,5 cm d'épaisseur. Les mettre dans une assiette creuse, saupoudrer de sucre et arroser de calvados ou de rhum. Laisser macérer 30 min.

Mettre les rondelles de pommes dans la pâte à frire. Un beignet doit contenir une tranche de pomme.

Faire dorer des deux côtés en mettant dans la friture à 170 °C. Égoutter. Sucrer. Servir chaud.

468. Beignets d'oranges
Préparation : 25 min – Cuisson totale : 20 min

Pâte à frire
4 oranges
10 cl de curaçao
Sucre en poudre
Huile pour friture

Préparer la pâte pour la friture (464 ou 465). Peler les oranges ; les diviser en quartiers. Mettre ceux-ci à macérer dans un saladier avec le curaçao et du sucre.

Jeter les quartiers dans la pâte, au moment de faire les beignets.

Un beignet doit contenir un quartier. Mettre 4 à 6 beignets à la fois dans la friture à 170 °C.

Laisser dorer. Égoutter. Sucrer. Servir chaud.

469. Beignets aux fraises
Préparation : 25 min – Cuisson totale : 20 min

Pâte à frire
250 g de fraises
Sucre en poudre
Huile pour friture

Éplucher les fraises. Procéder selon la formule 468, en supprimant l'étape de macération.

470. Beignets aux cerises, pêches, abricots, prunes
Préparation : 25 min – Cuisson totale : 20 min

Dénoyauter les fruits, les plonger dans la pâte à frire. Procéder selon la formule 467.

471. Beignets à l'ananas
Préparation : 20 min – Cuisson totale : 20 min

Pâte à frire
4 tranches d'ananas
60 g de sucre en poudre
4 à 5 c. à s. de rhum
Huile pour friture

Préparer une pâte pour la friture selon la formule 464 ou 465.

Mettre les tranches d'ananas, divisées chacune en quatre, dans un saladier, saupoudrées de 60 g de sucre et recouvrir de rhum. Enrober chaque part de fruit dans la pâte et les cuire dans l'huile bien chaude. Égoutter. Sucrer. Servir chaud.

472. Beignets à la banane
Préparation : 20 min – Cuisson totale : 20 min

Pâte à frire
5 bananes
10 cl de kirsch
Sucre en poudre
Huile pour friture

Préparer une pâte pour la friture selon la formule 464 ou 465.

Couper les bananes épluchées en rondelles. Les faire macérer dans le kirsch et du sucre. Puis les plonger dans la pâte à frire. Mettre plusieurs rondelles de banane pour un beignet.

Faire dorer en mettant quatre à cinq beignets à la fois dans l'huile à 170 °C. Égoutter. Saupoudrer de sucre. Servir chaud.

473. Beignets de banane
Préparation : 30 min – Cuisson totale : 20 min

Pâte à frire
6 bananes
100 g de sucre en poudre
Rhum
Cannelle en poudre
Huile pour friture

Préparer une pâte pour la friture selon la formule 464 ou 465.

Réduire les bananes en purée. Ajouter le sucre, du rhum et de la cannelle. Former dans cette pâte des galettes du diamètre d'une pomme. Plonger ces disques dans la pâte à frire. Faire dorer dans l'huile chaude à 170 °C. Égoutter. Sucrer. Servir chaud.

474. Beignets de bouillie
Préparation : 30 min – Cuisson totale : 20 min

100 g de farine
4 œufs
Sel
50 cl de lait
Sucre en poudre
1 citron non traité (zeste)
Chapelure blonde
Huile pour friture

Délayer la farine dans une terrine avec 3 œufs, un peu de sel et le lait. Sucrer avec 100 g de sucre. Parfumer du zeste de citron râpé. Faire épaissir le mélange à feu doux en tournant sans arrêt. Étaler la pâte sur un plat. Laisser refroidir.

Couper ensuite cette pâte en beignets de forme régulière.

Battre le dernier œuf à la fourchette. Plonger chaque beignet dans l'œuf, puis les rouler dans la chapelure. Faire dorer dans l'huile bien chaude. Égoutter. Sucrer. Servir chaud.

475. Beignets de pommes de terre
Préparation : 20 min – Cuisson totale : 10 min

250 g de pommes de terre
Sel
125 g de beurre
1 c. à s. de crème fraîche
3 œufs
Farine
Huile pour friture

Faire cuire les pommes de terre puis les réduire en purée. Ajouter du sel, le beurre, la crème, les œufs, l'un après l'autre. Bien travailler la pâte pour la rendre très homogène.

Former des boulettes, les rouler dans la farine et les faire dorer dans l'huile bien chaude. Égoutter. Sucrer. Servir chaud.

476. Beignets au riz
Préparation : 20 min – Cuisson totale : 1 h 10

125 g de riz cuit au lait
125 g de farine
Sel
Sucre en poudre
10 cl de lait
10 cl de rhum ou de cognac
1 œuf
Huile pour friture

Préparer du riz au lait selon la formule 422.

Mettre la farine dans une terrine et y ajouter du sel, 60 g de sucre, et peu à peu, le lait afin d'obtenir une pâte un peu épaisse. Parfumer avec le rhum (ou du cognac), ajouter le jaune puis le blanc battu en neige. Incorporer 125 g de riz au lait.

Verser la pâte, cuillerée par cuillerée, dans la friture bien chaude. Égoutter. Sucrer. Servir chaud.

477. Beignets aux fleurs d'acacia
Préparation : 10 min – Cuisson totale : 15 min

Tremper les fleurs d'acacia dans une pâte pour la friture (464 ou 465) et cuire, cuillerée par cuillerée, dans l'huile bien chaude. Égoutter. Saupoudrer de sucre. Servir chaud.

478. Roussettes
(3 h à l'avance)
Préparation : 15 min – Cuisson totale : 15 min

250 g de farine
2 œufs
90 g de beurre
Sel
10 cl de crème liquide
50 cl d'eau-de-vie
Huile pour friture
Sucre en poudre

Travailler, dans une terrine, la farine avec les œufs et le beurre mou. Ajouter ensuite du sel et la crème. Parfumer avec l'eau-de-vie. Il faut obtenir une pâte lisse et assez épaisse qu'on puisse étendre au rouleau sur la planche à pâtisserie.

Laisser reposer cette pâte, en boule, pendant 3 h environ à température ambiante. Étendre au rouleau sur le plan de travail fariné, sur une épaisseur de 0,5 cm. Couper en losanges, carrés, triangles, etc., avec un coupe-pâte. Faire frire dans l'huile bien chaude. Égoutter. Sucrer. Servir chaud.

479. Merveilles
(1 h à l'avance)
Préparation : 15 min – Cuisson totale : 15 min

250 g de farine
Sel
Sucre en poudre
2 jaunes d'œufs
40 g de beurre
5 c. à s. de rhum
Huile pour friture

Mettre la farine tamisée dans une terrine. Faire un puits ; y mettre du sel, 75 g de sucre, les jaunes, le beurre tiédi et le rhum. Mélanger soigneusement à la spatule en ajoutant peu à peu 10 cl d'eau. La pâte ne doit pas être liquide.

Rouler en boule et laisser reposer pendant 1 h à température ambiante. Fariner le plan de travail. Étaler cette pâte sur 3 mm d'épaisseur. Découper avec des emporte-pièce de formes variées et cuire dans une friture bien chaude. Égoutter. Sucrer.

Se mangent chaudes ou froides.

480. Anneaux de Saturne
Préparation : 20 min – Cuisson totale : 15 min

3 œufs
200 g de sucre en poudre
Sel
1 tasse de crème fraîche
75 g de beurre
1 citron non traité (zeste)
1 pincée de bicarbonate de soude
Farine
Huile pour friture

Battre les œufs, le sucre et un peu de sel jusqu'à l'obtention d'un mélange mousseux. Ajouter la crème, le beurre, le zeste de citron râpé et le bicarbonate de soude.

Incorporer ensuite autant de farine qu'il est nécessaire pour obtenir une pâte épaisse. Sur le plan de travail fariné, étendre la pâte au rouleau pour qu'elle soit épaisse d'1 cm. Couper en anneaux. Faire frire dans l'huile bien chaude ; laisser dorer, égoutter et saupoudrer de sucre. Se mangent chauds et froids.

481. Oreilles d'ours
Préparation : 15 min – Cuisson totale : 15 min

100 g de sucre en poudre
Sel
3 œufs
1 citron non traité (zeste)
Farine
Huile pour friture

Travailler pendant 10 min environ le sucre, du sel et les œufs. Ajouter le zeste de citron râpé et la farine de façon à obtenir une pâte assez épaisse pour l'étendre au rouleau. Lorsqu'elle est abaissée, la replier sur elle-même en trois. Recommencer cette opération trois ou quatre fois. Puis étendre la pâte définitivement au rouleau sur une épaisseur de 5 mm.

Couper avec un couteau ou une roulette à pâte des morceaux de pâte de formes variées. Faire également deux ou trois incisions au centre de chacun des morceaux. Cuire dans l'huile bien chaude. Égoutter. Sucrer. Se mangent chaudes ou froides.

482. Beignets en couronnes
Préparation : 10 min – Cuisson totale : 5 min

500 g de farine
5 g de sel
Sucre en poudre
1 œuf
50 g de beurre
Lait
Huile pour friture

Mettre la farine sur le plan de travail. Faire un puits, y mettre le sel, 180 g de sucre, l'œuf, le beurre légèrement ramolli. Ajouter autant de lait qu'il est nécessaire pour obtenir une pâte souple.

L'étendre au rouleau, sur le plan de travail fariné, sur une épaisseur de 0,5 cm. La découper avec un verre et, à l'aide d'un dé à coudre, faire un trou au milieu.

Cuire dans une friture bien chaude. Égoutter. Servir les beignets, saupoudrés de sucre. Se mangent chauds ou froids.

483. Beignets secs
Préparation : 10 min – Cuisson totale : 10 min

3 œufs
40 g de crème fraîche
3 g de sel
5 cl de kirsch ou de rhum
Sucre en poudre
Farine
Huile pour friture

Casser les œufs entiers dans une terrine ; y mettre la crème. Ajouter le sel, le kirsch ou le rhum et 20 g de sucre, bien mélanger à la cuillère et verser en pluie autant de farine qu'il faut pour obtenir une pâte souple. (Trop de farine rendrait les beignets durs.)

Étendre au rouleau, sur le plan de travail fariné, sur une épaisseur de 3 mm environ. Couper à l'emporte-pièce ou avec une roulette à pâte.

Cuire les beignets dans la friture bien chaude. Égoutter. Servir saupoudrés de sucre. Se mangent chauds.

484. Beignets belges
(6 h à l'avance)
Préparation : 20 min – Cuisson totale : 20 min

250 g de farine
Sel
25 g de levure de boulanger
30 cl de lait
1 œuf
Sucre en poudre
Cannelle en poudre
90 g de beurre
4 pommes
Huile pour friture

Mettre la farine dans une terrine ; y faire un puits. Verser un peu de sel, la levure émiettée. Délayer avec un peu de lait tiède. Ajouter l'œuf, 50 g de sucre, la cannelle et le beurre ramolli. Continuer à travailler à la spatule en ajoutant du lait quand la pâte paraît trop épaisse.

Former avec la pâte une boule. La laisser gonfler pendant quelques heures dans un endroit tiède.

Lorsque la pâte est levée, l'étendre sur le plan de travail fariné, à l'aide d'un rouleau, sur une épaisseur de 3 à 4 mm. Couper cette pâte en carrés de 8 à 10 cm environ.

Peler les pommes, enlever le cœur et couper en quartiers bien réguliers. Envelopper chaque quartier (qui ne doit pas être trop épais) de pâte. Faire cuire dans l'huile bien chaude. Égoutter. Sucrer.

485. Beignets à la confiture

Mêmes proportions que pour la formule 467.
Remplacer les pommes par de la confiture épaisse.

486. Petits chaussons frits
Préparation : 10 min – Cuisson totale : 10 min

Pour la pâte brisée :
200 g de farine
20 g de sucre en poudre
Sel
100 g de beurre
1 petit jaune d'œuf
2 c. à s. d'eau
Pour la garniture :
Confiture
Huile pour friture

Faire une pâte brisée avec les ingrédients ci-contre, selon la formule 218.
Étendre au rouleau, sur un plan de travail fariné, sur une épaisseur de 0,5 cm.
À l'aide d'un emporte-pièce ayant environ 8 cm de diamètre, couper des rondelles de pâte. Placer au milieu de la confiture. Mouiller le bord de la pâte ; rabattre une moitié sur l'autre de façon à souder les bords. Pincer avec une pince à pâte. Faire dorer dans la friture bien chaude. Égoutter. Sucrer.

487. Rubans frits

Mêmes proportions que dans la recette 486.
Étendre la pâte brisée au rouleau, sur un plan de travail fariné.
À l'aide de la roulette à pâte, couper des bandes de diverses largeurs et de diverses longueurs. Elles ne doivent pas, naturellement, dépasser les dimensions de la bassine à friture. Faire dorer dans l'huile bien chaude. Égoutter. Sucrer.

488. Bugnes lyonnaises
Préparation : 20 min – Cuisson totale : 20 min

200 g de farine
2 œufs
1 c. à s. d'huile
Sel
40 g de sucre en poudre
5 c. à s. de rhum
Huile pour friture

Mettre la farine dans une terrine. Y faire un puits. Mélanger peu à peu la farine avec les œufs, l'huile, du sel, le sucre et le rhum. La pâte doit être bien lisse et ferme.

Étaler au rouleau sur le plan de travail fariné et couper en carrés ou en rectangles. Faire cuire dans la friture chaude. Égoutter. Sucrer généreusement.

489. Beignets alsaciens ou Dampfnoudeln
(2 h à l'avance)
Préparation : 20 min – Cuisson totale : 30 min

125 g de beurre
Lait
900 g de farine
50 g de sucre en poudre
Sel
50 g de levure de boulanger
1 kg de saindoux

Faire fondre le beurre dans 50 cl de lait tiède mais non bouilli. Mettre la farine dans une terrine et la travailler avec le mélange beurre/lait, le sucre et du sel. Travailler à la main jusqu'à ce que la pâte se détache du fond du récipient. Ajouter la levure délayée dans 2 c. à s. de lait tiède.

Bien mélanger et laisser la pâte lever pendant 2 h à température ambiante. Faire chauffer le saindoux dans une cocotte. Quand la friture est à 170 °C, y mettre des cuillerées de pâte (4 à 5 par cuisson). Couvrir presque complètement avec le couvercle et introduire dans la fente un demi-verre d'eau froide. Couvrir aussitôt.

L'eau froide, au contact de la graisse bouillante, se transforme en vapeur et fait gonfler les beignets. Égoutter. Servir chaud, saupoudré de sucre et accompagné d'une compote de fruits.

Attention, cette opération est extrêmement dangereuse : prendre soin de bien placer le couvercle, de manière à se protéger des vapeurs brûlantes, avant d'ajouter l'eau froide.

Remarque. – Pour pouvoir prendre facilement la pâte avec une cuillère, la plonger d'abord dans la farine puis dans l'huile pour friture chaude.

Les entremets 221

490. Krapfen
(3 ou 4 h à l'avance)
Préparation : 25 min – Cuisson totale : 30 min

20 g de levure de boulanger
5 c. à s. de lait
500 g de farine
100 g de beurre
4 œufs
Sel
10 g de sucre en poudre
Confiture
Huile pour friture
Cannelle en poudre
Sucre glace

Mélanger la levure avec le lait et environ 100 g de farine. Laisser reposer 20 min.
Ajouter le beurre, 3 œufs, du sel, le sucre et le reste de farine. Bien mélanger et travailler la pâte à la main pour la rendre lisse. Laisser lever cette pâte à température douce.
L'étendre au rouleau, sur un plan de travail fariné (épaisseur 1,5 cm). Couper des rondelles de 4 à 6 cm.
Garnir une rondelle d'un peu de confiture. Recouvrir d'une deuxième rondelle de pâte en soudant les bords avec un peu de blanc d'œuf. Laisser lever encore 30 min à 1 h. Cuire dans la friture chaude. Égoutter. Saupoudrer de cannelle et à volonté de sucre glace.

491. Beignets soufflés
Préparation : 25 min – Cuisson totale : 25 min

10 g de sucre en poudre
Sel
90 g de farine
3 ou 4 œufs
1 citron non traité (zeste)
2 c. à s. de cognac
Huile pour friture
Sucre glace

Faire bouillir dans une casserole 25 cl d'eau, avec une pincée de sel et le sucre. Jeter la farine tamisée dans l'eau bouillante. Mélanger hors du feu, puis faire dessécher à feu doux. Ajouter les œufs, l'un après l'autre, à froid, et mettre autant d'œufs qu'il faut pour obtenir une pâte un peu molle. Mettre le zeste de citron râpé et le cognac.
Cuire ensuite cette pâte, cuillerée par cuillerée, dans la friture chaude. Lorsque la pâte commence à gonfler, augmenter la température de la friture qui doit être très chaude. Égoutter. Saupoudrer de sucre glace ou les fourrer d'une crème, au choix.

492. Boules de Berlin

(5 h à l'avance)
Préparation : 20 min – Cuisson totale : 20 min

250 g de farine
25 g de levure de boulanger
Lait
Crème pâtissière
80 g de beurre
Sucre en poudre
3 œufs
Cannelle en poudre
Huile pour friture
Sucre glace

Mettre la moitié de la farine dans une terrine. Y faire un puits. Verser la levure délayée dans un peu de lait tiède. Bien mélanger et laisser lever la pâte pendant 2 à 3 h à température ambiante.

Pendant ce temps préparer la crème pâtissière (23). Ajouter ensuite à la pâte levée le reste de la farine. Travailler la pâte avec les mains, incorporer le beurre, 20 g de sucre et 2 œufs. Parfumer à la cannelle. Si la pâte semble trop épaisse, ajouter un peu de lait pour la rendre suffisamment souple.

Étendre la pâte au rouleau, sur un plan de travail fariné, sur une épaisseur de 0,5 cm. Couper en rondelles de 6 à 8 cm de diamètre. Mettre sur une rondelle 1 c. à s. de crème pâtissière. Couvrir ensuite d'une autre rondelle et souder au blanc d'œuf. Laisser lever environ 2 h.

Cuire alors dans la friture bien chaude. Égoutter. Saupoudrer de sucre glace.

Les croquettes

493. Croquettes de riz

Formule A
Préparation : 20 min – Cuisson : 35 à 40 min

200 g de riz rond
1 litre de lait
Sel
40 g de beurre
1 citron non traité (zeste)
Sucre en poudre
2 œufs
100 g de raisins de Corinthe
5 c. à s. de rhum

Préparer un riz au lait selon la formule 422, ajouter du sel, le beurre et le zeste de citron râpé au riz.

Ajouter alors 60 g de sucre, 1 œuf, battu à la fourchette, et les raisins qui ont été, au préalable, lavés et macérés dans le rhum. Laisser refroidir le mélange.

Battre l'autre œuf à la fourchette. Former, avec le riz, des croquettes, les passer dans l'œuf battu, puis dans les amandes en poudre. Les faire dorer dans la friture bien chaude. Égoutter. Saupoudrer de sucre et servir chaud.

80 g d'amandes en poudre	
Huile pour friture	

Formule B
Préparation : 20 min – Cuisson : 40 min

Préparer un riz au lait selon la formule 422, ajouter un peu de sel, le beurre et de la vanille.
Lorsqu'il est cuit, ajouter 100 g de sucre et les 2 jaunes d'œufs battus à la fourchette. Laisser refroidir la pâte. Former des boulettes allongées ressemblant à des petites poires.
Battre les blancs en neige bien ferme.
Passer les croquettes dans la chapelure, puis dans les blancs en neige, puis à nouveau dans la chapelure.
Faire dorer dans la friture bien chaude. Égoutter. Saupoudrer de sucre en poudre. Avec de l'angélique, faire des petites queues que l'on pique dans chaque croquette. Servir sur des feuilles de vigne ou de châtaignier.

200 g de riz rond
1 litre de lait
Sel
40 g de beurre
Vanille en poudre
Sucre en poudre
2 œufs
100 g de chapelure
Huile pour friture
Angélique

494. Croquettes de semoule
Préparation : 20 min – Cuisson : 30 min

Faire cuire la semoule dans le lait bouillant sucré avec 100 g de sucre, selon la formule 436. Ajouter du sel, le beurre, le zeste de citron râpé et les œufs. Retirer du feu. Laisser refroidir. Former des petites boules, les rouler dans la farine. Les faire dorer dans l'huile bien chaude. Égoutter. Saupoudrer de sucre. Servir chaud.

125 g de semoule de blé dur
1 litre de lait
Sucre en poudre
Sel
40 g de beurre
1 citron non traité (zeste)
2 œufs
50 g de farine
Huile pour friture

495. Boulettes de semoule
Préparation : 10 min – Cuisson : 15 min

50 cl litre de lait
1 gousse de vanille
30 g de sucre en poudre
200 g de semoule de couscous à grains moyens
180 g de beurre

Faire bouillir le lait avec la gousse de vanille et le sucre. Verser peu à peu la semoule. Laisser cuire 10 min à feu doux. Étendre cette pâte sur un plat à l'aide d'un couteau. La laisser refroidir, puis couper en petits carrés et les faire frire à la poêle dans le beurre chaud.

496. Pain perdu
Préparation : 10 min – Cuisson : 15 min

300 g de pain de mie rassis
50 cl de lait
2 œufs
125 g de beurre
150 g de sucre en poudre
Vanille en poudre

Couper le pain en tranches régulières. Faire chauffer le lait, le mêler aux œufs bien battus en omelette. Tremper les tranches de pain, une à une, dans ce mélange et les faire dorer, au fur et à mesure, dans la poêle, au beurre chaud.
Saupoudrer de sucre parfumé à la vanille. Servir chaud.

497. Pain doré au rhum
Préparation : 10 min – Cuisson : 15 min

200 g de brioche rassis
25 cl de lait
3 œufs
Sucre en poudre
10 cl de rhum
125 g de beurre
Vanille ou cannelle en poudre

Couper la brioche en tranches de 1 cm d'épaisseur. Faire chauffer le lait. Battre les œufs en omelette ; ajouter le lait bien chaud, 60 g de sucre et le rhum. Tremper rapidement chaque tranche de brioche dans la préparation, puis les faire dorer à la poêle, dans du beurre chaud.
Saupoudrer de sucre mêlé de vanille ou de cannelle.

498. Soupe dorée
Préparation : 10 min – Cuisson : 10 min

125 g de sucre en poudre
4 œufs
60 g de farine
Sel
50 cl de lait
Chapelure
Huile pour friture
1 citron non traité (zeste) ou eau de fleur d'oranger

Mettre le sucre dans une terrine ; ajouter 2 œufs, bien battre pour rendre le mélange léger et mousseux ; ajouter ensuite les 2 jaunes restant, l'un après l'autre, puis la farine, un soupçon de sel, le zeste de citron râpé ou quelques gouttes d'eau de fleur d'oranger et le lait froid. Faire chauffer, à feu doux, jusqu'à ce que le mélange soit bien lisse et bien épais. Étaler sur un plat beurré. Laisser refroidir.

Couper des losanges dans cette pâte. Les passer d'abord dans les 2 blancs battus en neige, puis dans la chapelure.

Faire dorer dans la friture bien chaude. Égoutter. Sucrer.

499. Crème frite
Préparation : 20 min – Cuisson : 20 min

Sucre en poudre
4 œufs
60 g de farine
Sel
50 cl de lait
1 citron non traité (zeste) ou eau de fleur d'oranger
Chapelure
Huile pour friture

Mettre 125 g de sucre dans une terrine, ajouter 2 œufs, bien battre pour rendre le mélange léger et mousseux. Ajouter ensuite 2 jaunes, l'un après l'autre, puis la farine, un peu de sel, le zeste de citron râpé ou quelques gouttes d'eau de fleur d'oranger et le lait froid. Faire chauffer, à feu doux, jusqu'au moment où le mélange est bien lisse et bien épais. Étaler sur un plat beurré. Laisser refroidir.

Couper des losanges dans cette pâte. Les passer d'abord dans les blancs battus en neige, puis dans la chapelure.

Faire dorer dans la friture bien chaude. Égoutter. Sucrer.

500. Croûtes frites
Préparation : 20 min – Cuisson : 20 min

300 g de brioche
1 œuf
3 macarons rassis
100 g de beurre
100 g de confiture de framboises

Couper la brioche en tranches de 1 cm d'épaisseur environ. Passer chaque tranche de brioche dans l'œuf battu, puis dans les macarons pilés.

Faire chauffer du beurre dans la poêle. Y faire dorer les tranches de brioche. Les placer en couronne dans un plat allant au four bien beurré. Mettre sur chacune d'elles un peu de confiture de framboises.

Au centre de la couronne, on peut mettre soit une crème pâtissière (23), soit une marmelade de fruits. Cet entremets peut aussi se servir seul, saupoudré de sucre glace et d'amandes effilées grillées.

Les omelettes

501. Omelette au rhum
Préparation : 5 min – Cuisson : 7 min

6 œufs
Sel
10 cl de rhum
50 g de beurre
30 g de sucre en poudre

Casser les œufs dans une terrine. Ajouter un peu de sel, 5 c. à s. de rhum et battre énergiquement à la fourchette.

Faire chauffer le beurre dans une poêle et verser les œufs battus. Laisser cuire à feu régulier et assez vif. Replier l'omelette en deux, la glisser sur un plat de service.

L'apporter sur la table. L'arroser chaude avec le reste de rhum mélangé au sucre. Flamber.

502. Omelette aux confitures
Préparation : 5 min – Cuisson : 7 min

6 œufs
Sel
50 g de beurre
1/2 pot de confiture
30 g de sucre glace

Casser les œufs dans une terrine. Ajouter un peu de sel et battre à la fourchette. Faire chauffer le beurre dans une poêle et verser les œufs battus à feu assez vif. Mettre au milieu, dans l'omelette encore un peu baveuse, la confiture choisie qui a été tiédie à part dans une petite casserole. Replier l'omelette en deux. La glisser sur un plat de service, saupoudrer de sucre glace et caraméliser à la pelle rougie, ou mettre l'omelette dans un plat allant au four, sucrer et faire caraméliser au four sous le gril.

503. Omelette alsacienne
Préparation : 10 min – Cuisson : 10 min

60 g de farine	
Sel	
5 c. à s. de kirsch	
2 œufs	
20 cl de lait	
50 g de beurre	
Cannelle en poudre	
60 g de sucre en poudre	

Mettre la farine dans une terrine. Y faire un puits. Verser un peu de sel, le kirsch et les œufs. Bien mélanger et ajouter peu à peu le lait. Faire chauffer la moitié du beurre dans une poêle et verser la moitié de la pâte. Faire dorer des deux côtés à feu assez vif. Servir chaud, comme une galette, sans oublier de saupoudrer de cannelle et de sucre en poudre.
Faire une deuxième galette avec le reste de la pâte.

504. Omelette aux cerises
Préparation : 20 min – Cuisson : 10 min

250 g de cerises	
60 g de farine	
Sel	
5 c. à s. de kirsch	
2 œufs	
20 cl de lait	
50 g de beurre	
Cannelle en poudre	
60 g de sucre en poudre	

Dénoyauter les cerises lavées et équeutées. Procéder selon la recette 503. Ajouter à la pâte les cerises. Cuire comme l'indique la recette 503.

505. Omelette normande
Préparation : 10 min – Cuisson : 15 min

250 g de pommes	
60 g de beurre	
6 œufs	
1 c. à s. de lait	
Sel	
100 g de sucre en poudre	
Cannelle en poudre	

Couper les pommes épluchées en tranches fines. Les faire cuire à feu doux dans la moitié du beurre, à couvert dans une poêle. Retirer les pommes du feu dès qu'elles sont cuites.
Battre les œufs, dans une terrine, avec le lait et un

peu de sel. Mettre le reste du beurre dans une autre poêle et verser la moitié de l'omelette, laisser cuire 2 min à feu assez vif. Recouvrir avec les pommes, verser le reste de l'omelette. Cuire 5 min. Retourner l'omelette pour la faire dorer de l'autre côté. Servir chaud après avoir saupoudré de sucre et de cannelle.

506. Omelette au sucre
Préparation : 10 min – Cuisson : 10 min

6 œufs
1 citron non traité (zeste)
Sel
10 cl de crème fraîche
40 g de beurre
50 g de sucre en poudre
40 g de sucre glace

Battre les blancs en neige très ferme. Ajouter les jaunes, le zeste de citron râpé, un peu de sel et la crème fraîche. Mélanger très soigneusement.

Faire fondre le beurre dans une poêle et verser l'omelette, saupoudrer de sucre, la replier et la faire glisser sur un plat de service. Saupoudrer de sucre glace. Faire caraméliser ce sucre en mettant l'omelette à four très vif pendant 1 ou 2 min ou en la passant sous le gril.

507. Omelette soufflée
Préparation : 30 min – Cuisson : 20 min

Sucre en poudre
6 œufs
Sel
Vanille en poudre
60 g de beurre

Mélanger 150 g de sucre en poudre avec les jaunes dans une terrine. Travailler à la spatule pendant 10 min environ pour faire une pâte lisse. Mettre un peu de sel. Parfumer à la vanille. Battre les blancs en neige. En ajouter progressivement une partie à la pâte précédemment préparée et bien mélanger. Mettre le reste d'un seul coup.

Faire fondre le beurre dans un plat allant au four. Verser l'appareil par-dessus. Sucrer. Faire une ou deux entailles pour faciliter la pénétration de la chaleur.

Cuire 20 min à four moyen. Servir aussitôt.

Les entremets 229

508. Omelette aux abricots
Préparation : 10 min – Cuisson : 18 à 20 min

6 œufs
Sel
40 g de sucre en poudre
Un peu de kirsch
60 g de beurre
1/2 pot de confiture d'abricots
Sucre glace

Casser les œufs dans une terrine, ajouter un peu de sel, le sucre, du kirsch et bien battre à la fourchette.

Mettre 10 g de beurre dans une petite poêle. Verser un peu de pâte sur le beurre fondu. Faire cuire comme une omelette ordinaire, à feu assez vif. Mettre 1 c. à s. de confiture d'abricots au centre. Replier et placer dans un plat allant au four. Tenir au chaud. Préparer ainsi 6 petites omelettes et les mettre côte à côte.

Saupoudrer légèrement de sucre glace et faire caraméliser 5 min au moins, à four très vif. Servir aussitôt.

509. Omelette aux pêches
Préparation : 15 min – Cuisson : 15 min

300 g de pêches
50 g de beurre
6 œufs
Sel
40 g de sucre en poudre
Rhum

Éplucher les pêches ; enlever les noyaux. Couper chaque fruit en fines tranches et les faire cuire doucement à la poêle dans 30 g de beurre.

Lorsque les fruits sont cuits (il faut compter 5 à 10 min de cuisson), les réserver au chaud et cuire les œufs battus en omelette dans la poêle avec le reste de beurre. Placer les pêches au centre. Replier l'omelette. Saupoudrer de sucre et verser un peu de rhum que l'on fait flamber. Servir aussitôt.

510. Omelette à la farine d'avoine
Préparation : 10 min – Cuisson : 5 min

125 g de farine d'avoine
6 œufs
50 g de beurre
Sucre en poudre

Délayer la farine d'avoine dans une terrine avec de l'eau en quantité suffisante.

Ajouter les œufs entiers et bien battre à la fourchette pour rendre le mélange bien léger.

Faire chauffer le beurre dans une poêle. Y verser la pâte. Laisser dorer un côté. Retourner et faire dorer l'autre côté. Saupoudrer de sucre et servir comme une galette.

On peut aussi napper de gelée de groseille.

Les crêpes

511. Pâte à crêpes

(1 h à l'avance)

Préparation : 20 min – Cuisson : 3 min par crêpe

250 g de farine
3 œufs
1 c. à s. d'huile
Sel
50 cl de lait
1 c. à s. d'eau de fleur d'oranger ou de kirsch ou de rhum, etc.
50 g de beurre
Sucre en poudre

Mettre la farine dans une terrine. Faire un puits ; y casser les œufs, ajouter l'huile, un peu de sel et un peu de lait. Travailler énergiquement la pâte avec un petit fouet pour la rendre légère. Mouiller progressivement avec le lait, jusqu'à ce que la pâte fasse, en coulant, un ruban. Parfumer avec l'eau de fleur d'oranger ou, selon le goût, avec de l'alcool : kirsch, rhum, etc. Passer l'appareil au chinois.

Laisser reposer la pâte pendant 1 h au moins.

En général, la pâte épaissit. Au moment de faire les crêpes, ajouter un peu d'eau ou de lait et le beurre fondu ou cuit « noisette ».

Verser dans la poêle un peu d'huile. Faire chauffer. Verser alors une petite louche de pâte et, au même moment, agiter la poêle de façon qu'elle soit recouverte régulièrement de pâte.

Dès que la crêpe est dorée sur une face, la retourner pour la faire dorer sur l'autre face.

Saupoudrer de sucre. Servir bien chaud.

Remarques. – Les crêpes cuites au beurre sont plus fines. Utiliser de préférence une poêle antiadhésive.

512. Crêpes légères
(1 h à l'avance)
Préparation : 10 min – Cuisson : 3 min par crêpe

250 g de farine
30 cl de lait
100 g de beurre
Sel
5 œufs
1 citron non traité (zeste)
Sucre en poudre

Délayer, dans une terrine, la farine avec le lait et 20 cl d'eau tiède. Ajouter 15 g de beurre et une bonne pincée de sel. Laisser reposer ce mélange pendant 1 h. Ajouter les jaunes, le zeste de citron râpé, le reste du beurre fondu en crème et 90 g de sucre et, finalement, les blancs battus en neige très ferme et légèrement salés. La pâte doit être lisse et claire. Faire cuire selon la formule 511.

513. Crêpes fourrées à la confiture

Procéder selon la formule 511. Étendre sur chaque crêpe 1 c. à s. de confiture. Servir roulé.

514. Crêpes fourrées à la crème (ou pannequets)

Procéder selon la formule 513, remplacer la confiture par de la crème frangipane (22) ou de la crème pâtissière parfumée (23).

515. Crêpes Suzette
Préparation : 20 min – Cuisson : 3 min par crêpe

Pour la pâte à crêpes :
50 cl de lait
3 œufs
Sel
20 g de sucre en poudre
250 g de farine
1 c. à s. d'huile
50 g de beurre
Pour le beurre Suzette :
100 g de beurre

Réaliser la pâte à crêpes selon la formule 511. La laisser reposer puis faire cuire les crêpes comme dans la formule 511. Les réserver.
Réaliser le beurre Suzette : blanchir le beurre avec le sucre, ajouter les zestes et les jus de l'orange et du citron. Ajouter l'alcool et la liqueur, et réserver le beurre Suzette.
Au moment de déguster les crêpes : dans une

grande poêle sur un feu doux, faire fondre du beurre Suzette en évitant de le faire colorer. Passer les crêpes dans le beurre chaud, les plier et les dresser sur des assiettes chauffées au préalable.

100 g de sucre en poudre
1 orange non traitée (zeste)
1 citron non traité (zeste)
8 cl de jus d'orange
3 cl de jus de citron
3 c. à s. de cognac
5 c. à s. de Grand Marnier

516. Crêpes flambées à la crème
(1 h à l'avance)
Préparation : 20 min – Cuisson : 20 min

Avec la farine de châtaigne, le cacao, les œufs, le lait et un peu de sel, faire une pâte à crêpes selon la formule 511.
Faire chauffer le beurre (une petite noisette par crêpe) et cuire les crêpes selon la formule 511. Lorsque la première crêpe est faite, l'étaler sur une assiette. Saupoudrer de sucre. Masquer avec une cuillère de crème fraîche, mélangée aux macarons pilés et parfumée de zeste d'orange haché et de liqueur de cacao. Plier la crêpe en quatre et recommencer l'opération avec toutes les crêpes.
Ranger chacune d'elles, au fur et à mesure, sur un plat en métal ; garder au chaud. Au moment de servir, arroser de fine champagne et flamber.

185 g de farine de châtaigne
35 g de cacao
3 œufs
30 cl de lait
Sel
80 g de beurre
Pour la garniture :
100 g de sucre en poudre
150 g de crème fraîche
50 g de macarons rassis
1 orange non traitée (zeste)
Liqueur de cacao
10 cl de fine champagne

517. Crêpes américaines
(30 min à l'avance)
Préparation : 20 min – Cuisson : 20 min

Mettre la farine dans une terrine, faire un puits. Y mettre un peu de sel, la levure et les œufs. Commencer à bien mélanger et ajouter peu à peu le lait et la crème, de façon à obtenir une pâte lisse formant un ruban.

250 g de farine
Sel
3 g de levure chimique
2 œufs
20 cl de lait
20 cl de crème fraîche
Sucre en poudre
Sirop d'érable

Laisser reposer la pâte 30 min. Cuire dans une poêle beurrée comme des crêpes ordinaires. Sucrer avec du sucre en poudre et du sirop d'érable et servir chaud.

518. Crêpes au maïs
(30 min à l'avance)
Préparation : 20 min – Cuisson : 30 min

20 cl de lait
Sel
60 g de semoule de maïs
30 g de beurre
Pour la pâte à crêpes :
125 g de farine
Sel
3 g de levure chimique
2 œufs
20 cl de lait
20 cl de crème fraîche
Sucre en poudre
Sirop d'érable

Faire bouillir le lait avec un peu de sel. Y jeter en pluie la semoule de maïs. Ajouter le beurre et laisser cuire à feu doux jusqu'à ce que la semoule soit parfaitement gonflée. Laisser refroidir.

Préparer ensuite une pâte à crêpes selon la formule 517, mais seulement avec les ingrédients ci-contre. Si la pâte semble encore trop épaisse, il suffit d'ajouter du lait ou de la crème fraîche en quantité nécessaire.

Cuire comme des crêpes ordinaires. Servir avec du sucre et du sirop d'érable, et fourrer chaque crêpe d'1 c. à s. de maïs.

Les entremets aux fruits

On peut tirer parti de presque tous les fruits pour confectionner des entremets. Et on utilise soit les fruits frais, soit les fruits qui ont subi une modification antérieure ; les fruits secs, les fruits confits, les fruits appertisés et surgelés.

Quelle que soit leur préparation, les fruits sont des aliments de tout premier ordre. Ils sont riches surtout en sucre, en vitamines, cellulose et substances minérales. Ce ne sont pas des éléments à dédaigner, étant donné le rôle qu'ils jouent dans l'équilibre alimentaire.

Certains fruits contiennent une proportion importante d'amidon ou de matière grasse (lipides) : marron, banane, figues, noix, amandes, etc.

D'une façon générale, les fruits sont des aliments intéressants qui ne doivent pas s'ajouter à un repas, mais en faire partie.

On trouvera dans ce chapitre soit des entremets à base de fruits, mais auxquels on ajoute un aliment : farine, biscuits, pain, lait, œufs, soit des entremets composés exclusivement de fruits auxquels on ajoute seulement beurre, sucre et aromates.

Les puddings aux fruits et les fritures sucrées figurent dans les chapitres précédents. Nous renvoyons toujours à la recette numérotée.

519. Abricots à l'anglaise
Préparation : 10 min – Cuisson : 5 à 10 min

500 g de sucre en poudre
1 kg d'abricots
1/2 gousse de vanille

Faire bouillir 1 litre d'eau et le sucre dans une grande casserole. Laver les abricots, enlever les noyaux. Jeter les demi-fruits et la vanille dans le sirop bouillant et baisser le feu. Retirer les fruits dès qu'ils montent à la surface. Dresser sur un compotier. Servir froid.

520. Compote d'abricots
Préparation : 10 min – Cuisson : 15 min

200 g de sucre en poudre
1 kg d'abricots

Préparer un sirop au grand filet (36) avec le sucre et 2 verres d'eau. Cuire à petit feu. Laver les abricots, les couper en deux, retirer les noyaux. Plonger les abricots 12 à 15 min dans le sirop en ébullition. Dresser sur un compotier, arroser avec le jus. Servir frais.

521. Abricots secs en compote
(à préparer la veille)
Préparation : 5 min – Cuisson : 35 min

300 g d'abricots secs
Sucre en poudre

Faire tremper les abricots la veille dans 75 cl d'eau tiède. Le jour même, les cuire à petit feu dans l'eau dans laquelle ils ont gonflé. Les sucrer à volonté. Servir frais.

522. Crème aux abricots secs

Voir formule 347.

523. Abricots viennoise

Voir formule 368.

524. Abricots Chantilly

Voir formule 403.

525. Pudding Maïzena aux abricots

Voir formule 461. Remplacer les pêches par 500 g d'abricots cuits à l'anglaise (519).

526. Beignets aux abricots

Voir formule 470.

527. Omelette aux abricots

Voir formule 508.

528. Charlotte aux abricots
(à préparer la veille)
Préparation : 30 min – Cuisson : 30 min

250 g d'abricots secs
50 cl de vin blanc sec
25 g de gélatine
250 g de sucre en poudre
200 g de biscuits à la cuillère
Vanille en poudre
80 g d'amandes douces mondées

Faire tremper les fruits pendant 6 à 8 h dans le vin. Puis mettre le tout à cuire à feu très doux jusqu'au moment où les abricots sont cuits, mais ne jamais atteindre l'ébullition.

Mettre la gélatine à ramollir dans de l'eau froide. Lorsque le vin est presque complètement réduit,

ajouter hors du feu le sucre, la vanille et la gélatine égouttée. Passer les abricots pour obtenir une purée.
Garnir un moule à charlotte avec les biscuits à la cuillère.
Mêler les amandes à la purée d'abricots. Verser la préparation dans le moule. Laisser refroidir et si possible mettre à la glace. Pour démouler plonger le fond du moule dans de l'eau chaude, servir froid.

529. Abricots meringués
Préparation : 15 min – Cuisson : 1 h

Pour le riz au lait :
100 g de riz rond
50 cl de lait
50 g de sucre en poudre
Sel
Pour la garniture :
500 g d'abricots
Sucre en poudre
3 œufs
Kirsch

Préparer le riz au lait, selon la formule 422.
Faire cuire les abricots dénoyautés dans 50 cl d'eau avec 125 g de sucre, selon la formule 519.
Incorporer au riz cuit la moitié des abricots coupés en dés, du kirsch et les 3 jaunes d'œufs. Verser cette préparation dans un plat allant au four beurré. Garnir avec le reste des abricots cuits et finir avec les blancs battus en neige très ferme auxquels on a incorporé 150 g de sucre en poudre. Passer au four chaud pour dorer pendant 5 à 6 min. Servir chaud.

530. Abricots au miel
Préparation : 15 min – Cuisson : 35 min

50 cl de lait
Sel
Miel
1 citron non traité (zeste)
125 g de semoule de blé dur
80 g de beurre
500 g d'abricots
50 g de biscuits à la cuillère
10 cl de kirsch

Faire bouillir le lait avec un peu de sel et 80 g de miel. Mettre le zeste de citron et jeter la semoule en pluie. Cuire à feu doux jusqu'à épaississement. Incorporer 30 g de beurre et verser cette préparation en couronne dans un plat allant au four.
Pendant la cuisson de la semoule, placer les abricots dénoyautés et nappés de 125 g de miel dans un plat à gratin légèrement beurré ; cuire à four chaud pendant 20 min. Lorsqu'ils sont cuits, les mettre au milieu de la couronne de semoule. Sau-

poudrer de biscuits à la cuillère émiettés. Arroser de kirsch et de 50 g de beurre fondu.
Passer au four chaud pendant 5 à 6 min.

531. Abricots Colbert
Préparation : 15 min – Cuisson : 50 min

Faire cuire la semoule dans le lait bouillant additionné de 60 g de sucre et légèrement salé, à feu doux jusqu'à épaississement. Ajouter le beurre, le zeste de citron râpé, les jaunes et les blancs battus en neige. Verser dans un moule en couronne bien beurré et faire cuire au bain-marie dans le four chaud pendant 30 min. Laisser refroidir. Démouler. Pendant la cuisson de la semoule, préparer un sirop avec le miel, le reste du sucre et 50 cl d'eau. Y cuire les abricots dénoyautés.

Placer les abricots sur la couronne de semoule. Mettre les cerises au milieu. Arroser de sirop.

125 g de semoule de blé dur
50 cl de lait
100 g de sucre en poudre
Sel
30 g de beurre
1 citron non traité (zeste)
2 œufs
100 g de miel
400 g d'abricots
300 g de cerises

532. Abricots Condé
Préparation : 15 min – Cuisson : 1 h

Préparer et cuire le riz selon la formule 422 en ajoutant le beurre.
Préparer les abricots frais (519).
Disposer le riz refroidi sur un plat creux. Garnir d'abricots et napper du sirop réduit additionné de kirsch ou d'un nappage blond (36).

Pour le riz au lait :
200 g de riz rond
1 litre de lait
100 g de sucre en poudre
Sel
30 g de beurre
Pour les abricots :
300 g d'abricots
100 g de sucre en poudre
Kirsch

533. Œufs surprise

Préparation : 10 min

12 biscuits à la cuillère
5 c. à s. de kirsch
200 g de crème fraîche
Sucre en poudre
Vanille en poudre
6 demi-abricots au sirop

Imbiber les biscuits avec le kirsch mêlé d'un peu d'eau.
Les placer dans un plat allant four. Les napper de crème fraîche fouettée en Chantilly, vanillée et sucrée selon le goût (8). Disposer régulièrement par-dessus les moitiés d'abricots, côté bombé vers l'extérieur. Servir très frais.

534. Pudding à la confiture d'abricots

Voir formule 455.

535. Tarte aux abricots

Voir formule 227.

536. Pâte d'amande

Préparation : 30 à 35 min

250 g d'amandes en poudre
250 g de sucre en poudre
2 blancs d'œufs
Parfum : vanille ou kirsch

Mixer les amandes avec le sucre. Ne pas mettre tout le blanc d'œuf en une seule fois, mais seulement au fur et à mesure, afin d'empêcher la pâte de former de l'huile. Parfumer.

537. Tapioca au lait d'amande

Préparation : 35 min – Cuisson : 15 min

250 g d'amandes en poudre
Sel
100 g de tapioca
2 œufs
Sucre en poudre
60 g de crème fraîche

Mixer la poudre d'amandes. Ajouter peu à peu 150 cl d'eau de façon à obtenir une pâte très lisse, très fine et liquide.
Verser une partie de cette pâte dans un torchon très propre et le tordre dans les deux sens pour

recueillir le lait d'amande. Continuer avec le reste de la pâte pour recueillir tout le lait.

Faire bouillir ce liquide. Mettre un soupçon de sel, jeter le tapioca en pluie. Laisser cuire en tournant sans arrêt, ou mieux, en battant au fouet pendant 5 min. Ajouter alors les deux jaunes d'œufs. Sucrer à volonté. Incorporer les blancs battus en neige et la crème fraîche. Se mange chaud ou froid.

Remarque. – Le filtrat d'amandes peut être obtenu en utilisant une centrifugeuse.

538. Gâteau aux amandes
Préparation : 20 min – Cuisson : 45 min

100 g de beurre
125 g de sucre en poudre
200 g d'amandes en poudre
3 œufs
10 cl de crème fraîche
5 c. à s. de kirsch

Travailler dans une terrine le beurre ramolli avec le sucre. Ajouter les amandes, les œufs, la crème et le kirsch. Lorsque la pâte est bien homogène, la verser dans un moule bien beurré. Cuire à four chaud au bain-marie pendant 45 min.

539. Pain d'amandes
Préparation : 15 min – Cuisson : 25 min

250 g d'amandes en poudre
2 œufs
5 g de levure chimique
125 g de sucre en poudre

Piler la poudre d'amandes avec les œufs. Incorporer la levure et le sucre. Verser dans un moule bien beurré.
Cuire à four chaud pendant 20 à 25 min.

540. Blanc-Manger
(quelques heures à l'avance)
Préparation : 1 h

500 g d'amandes douces mondées
50 g d'amandes amères
75 g de gélatine
350 g de sucre en poudre
1 c. à s. d'eau de fleur d'oranger

Mixer les amandes en ajoutant peu à peu 50 cl d'eau. Mettre le mélange dans un linge propre et le tordre au-dessus d'un saladier pour recueillir le lait d'amande. Ajouter la gélatine dissoute dans un verre d'eau tiède, et le sucre. Parfumer. Filtrer à la mousseline. Verser dans un moule. Placer au frais ou sur de la glace. Pour démouler, tremper 30 s le fond du moule dans de l'eau tiède et renverser sur un compotier.

541. Amandes salées
Préparation : 5 min – Cuisson : 10 min

Rincer et sécher les amandes. Battre légèrement un blanc d'œuf, y tremper les amandes. Les placer sur une tourtière. Saler et faire griller à four doux. Les amandes doivent avoir une couleur blonde. Les amandes salées se servent, en général, à l'apéritif.

542. Crème frangipane
Voir formule 22.

543. Pudding aux amandes et aux raisins
Voir formule 442.

544. Pudding au pain et aux amandes
Voir formule 448.

545. Crème prise aux amandes
Préparation : 10 min – Cuisson : 35 min

1 litre de lait
125 g de sucre en poudre
6 œufs
125 g d'amandes en poudre
Vanille en poudre
30 g d'amandes entières mondées

Faire bouillir le lait avec le sucre.
Battre les œufs en omelette. Incorporer les amandes en poudre et de la vanille. Ajouter peu à peu le lait chaud en battant sans arrêt.
Verser dans des petits moules à ramequins. Faire prendre à feu doux, au bain-marie pendant 30 à 35 min. Garnir d'amandes entières.

546. Chocolat aux amandes
(3 h à l'avance)
Préparation : 20 min – Cuisson : 5 min

150 g de chocolat
6 œufs
80 g de sucre en poudre
150 g de beurre
150 g d'amandes en poudre
10 cl de rhum

Faire ramollir le chocolat au bain-marie ou au micro-ondes. Le travailler avec les jaunes d'œufs. Lorsque la pâte est bien lisse, ajouter le sucre et le beurre travaillé à l'avance en crème. Incorporer les amandes, parfumer au rhum, et pour finir mettre les blancs battus en neige bien ferme. Laisser prendre au frais.
Servir dans une coupe ou dans des petits pots.

547. Couronne d'ananas
Préparation : 20 min – Cuisson : 4 à 5 min

200 g de biscuits à la cuillère
10 tranches d'ananas en conserve
10 cl de vin blanc sec
20 g de fécule de pomme de terre
80 g de sucre en poudre
10 cl de kirsch
60 g de cerises confites

Couper les biscuits en morceaux de 4 ou 5 cm. En disposer une partie en couronne dans le fond d'un plat creux. Couper les tranches d'ananas en 2, en recouvrir les biscuits. Remettre une couche de biscuits, puis une couche d'ananas.
Préparer avec le jus de l'ananas une crème : ajouter le vin au jus d'ananas. Faire chauffer le mélange. Au moment de l'ébullition, mettre la fécule délayée dans un peu d'eau. Laisser épaissir en donnant quelques bouillons. Sucrer. Verser le kirsch. Arroser la couronne de cette crème et garnir de cerises confites.

548. Ananas au kirsch
(1 h à l'avance)
Préparation : 5 min

20 cl de sirop léger
1 ananas frais ou 1 boîte d'ananas au naturel
5 c. à s. de kirsch

Préparer le sirop de sucre (35). Couper l'ananas en rondelles, l'arroser du sirop et du kirsch. Laisser macérer 1 h. Servir très frais.
Remarque. – L'ananas se marie aussi au champagne, au rhum, etc.

549. Ananas des îles

(3 h à l'avance)

Préparation : 30 min

4 bananes
1 ananas
250 g de crème liquide
150 g de sucre en poudre
20 cl de kirsch

Éplucher les bananes, les couper en fines rondelles et les mettre à macérer dans la moitié du kirsch.

Enlever le sommet de l'ananas et réserver le couvercle. Creuser le fruit pour en retirer toute la chair. La couper en dés. Réduire les trois quarts de cette chair en une purée assez fine que l'on mélange à la crème liquide fouettée. Sucrer. Ajouter le reste de dés d'ananas et les bananes macérées. Parfumer avec le reste du kirsch. Remplir l'ananas de cette préparation. Tenir au frais jusqu'au moment de servir.

550. Crème à l'ananas

Voir formule 346.

551. Flan à l'ananas

Voir formule 378.

552. Crème Jamaïque

Voir formule 383.

553. Crème liégeoise

Voir formule 401.

554. Riz à l'ananas

Voir formule 433.

555. Beignets à l'ananas

Voir formule 471.

556. Tartelettes à la crème et à l'ananas

Voir formule 237.

557. Ananas Chantilly

Préparation : 20 min

Disposer les tranches d'ananas en couronne dans un plat creux. Battre la crème liquide de façon à la rendre très ferme (8) avec du sucre et de la vanille. Dresser la crème en dôme au centre de la couronne. Arroser l'ananas de kirsch. Saupoudrer largement de sucre en poudre. Servir frais.

10 tranches d'ananas
250 g de crème liquide
Sucre en poudre
Vanille en poudre
10 cl de kirsch

558. Compote de bananes

Préparation : 5 min – Cuisson : 20 min

Éplucher et couper les bananes dans le sens de la longueur. Retirer le filet noir et les couper ensuite en morceaux. Faire chauffer 50 cl d'eau avec le sucre et le zeste du citron. Au moment de l'ébullition, y jeter les fruits et cuire 10 min. Égoutter. Réduire en purée. Servir très frais.

6 bananes
3/4 de leur poids de sucre en poudre
1 citron non traité (zeste)

559. Bananes soufflées

Préparation : 20 min – Cuisson : 6 min

Laver les bananes. Enlever une bande de peau, la réserver de façon à former un petit bateau. Par l'ouverture, retirer la pulpe, l'écraser.
Mélanger intimement le beurre, le sucre, la farine et le lait. Ajouter à ce mélange la pulpe de bananes, les jaunes et les blancs battus en neige très ferme.

6 bananes
30 g de beurre
60 g de sucre en poudre
30 g de farine
15 cl de lait
3 œufs

Remplir les peaux des bananes de cette préparation. Ranger dans un plat allant au four et passer à four chaud pendant 6 min. Servir aussitôt.

560. Bananes à la crème

(1 h à l'avance)
Préparation : 5 min

6 bananes
60 g de sucre en poudre
10 cl de kirsch
150 g de crème fraîche

Éplucher les bananes. Les couper en lamelles dans le sens de la longueur (une banane donne environ 3 lamelles). Les placer sur une coupe, saupoudrer de sucre et arroser de kirsch. Laisser macérer pendant 1 h au frais.
Au moment de servir, recouvrir de crème fraîche.

561. Bananes au four

Préparation : 5 min – Cuisson : 25 min

6 bananes
60 g de gelée de framboise
80 g de sucre en poudre

Éplucher les bananes. Les couper, dans le sens de la longueur, en lamelles (une banane donne environ 3 lamelles). Disposer dans un plat au allant four, pas trop grand, une couche de gelée de framboise puis une couche de bananes. Saupoudrer généreusement de sucre. Recouvrir de gelée de framboise. Faire cuire à four moyen pendant 20 à 25 min. Servir chaud.

562. Bananes au rhum

(1 h à l'avance)
Préparation : 5 min – Cuisson : 5 min

6 bananes
10 cl de rhum
60 g de chapelure
60 g de beurre
80 g de gelée de groseille
50 g de sucre en poudre

Éplucher les bananes. Les mettre entières à macérer dans le rhum pendant 1 h.
Les passer dans la chapelure. Faire bien chauffer le beurre dans une poêle et y faire dorer les bananes égouttées. Mélanger le rhum de macération à la gelée de groseille. Faire chauffer afin d'obtenir une sauce onctueuse. Napper les bananes de ce sirop. Sucrer. Servir chaud.

563. Bananes flambantes

Préparation : 5 min – Cuisson : 5 min

75 g de sucre en poudre
1 pincée de vanille en poudre
6 bananes
2 c. à s. de rhum

Préparer un sirop avec 25 cl d'eau, le sucre et la vanille (35). Peler les bananes, les faire pocher 3 à 4 min dans le sirop en ébullition. Égoutter. Dresser sur un compotier, ajouter le rhum au sirop, verser sur les bananes, enflammer. Servir flambant.

564. Bananes Chantilly

Préparation : 15 min

6 bananes
60 g de biscuits à la cuillère
10 cl de kirsch
185 g de crème liquide
Sucre en poudre

Éplucher les bananes. Les écraser à la fourchette et les réduire en une purée très fine. Imbiber les biscuits à la cuillère avec la moitié du kirsch mêlé à 1 c. à s. d'eau. Disposer les biscuits sur un plat, en couronne.

Battre la crème sucrée en Chantilly (8). Incorporer la purée de bananes à la crème. Parfumer avec le reste du kirsch. Sucrer. Mettre cette mousse au centre de la couronne de biscuits. Servir frais.

565. Crème à la banane

Voir formule 349.

566. Beignets à la banane

Voir formule 472.

567. Bananes en omelette

Préparation : 15 min – Cuisson : 10 min

Pour 1 omelette :
3 œufs
Sel
2 bananes
40 g de beurre
60 g de sucre en poudre
5 c. à s. de kirsch

Prévoir 2 omelettes pour 6 personnes. Préparer la première omelette en battant les œufs avec un peu de sel et 1 c. à s d'eau.

Éplucher les bananes, les couper en rondelles et les cuire à la poêle dans la moitié du beurre. Les

rondelles ne doivent pas être écrasées. Les retirer de la poêle et les garder au chaud.
Faire chauffer le reste du beurre dans la même poêle, y cuire les œufs battus en omelette, sucrer l'intérieur avec la moitié du sucre. Ajouter les bananes. Plier en chausson.
Glisser sur un plat chaud. Sucrer. Arroser de kirsch et flamber.
Renouveler l'opération pour la seconde omelette.

568. Carottes en entremets
Préparation : 15 min – Cuisson : 40 min

750 g de carottes
500 g de sucre en poudre
2 citrons non traités

Gratter les carottes ; les laver puis les couper en fine julienne. Dans une casserole, les couvrir avec 50 cl d'eau et laisser cuire à feu vif jusqu'à ce que l'eau soit réduite de moitié.
Ajouter alors le sucre, continuer la cuisson à feu doux, en tournant de temps en temps. Lorsque l'eau a presque complètement disparu, ajouter les zestes râpés et le jus des citrons. Servir frais.

569. Cerises à l'anglaise
Préparation : 10 min – Cuisson : 5 min

1 kg de cerises
200 g de sucre en poudre

Laver les fruits. Couper les queues aux ciseaux, de manière à n'en laisser qu'1 cm. Jeter les cerises par petites quantités dans une casserole contenant 1 litre d'eau bouillante. Dès que les cerises remontent à la surface, les retirer avec une écumoire, en garnir un compotier. Saupoudrer de sucre. Laisser refroidir.

570. Gâteau de cerises
Préparation : 15 min – Cuisson : 40 min

600 g de cerises noires
125 g d'amandes mondées
125 g de beurre
125 g de sucre en poudre
Sel
100 à 150 g de brioche
10 cl de lait

Laver, équeuter et dénoyauter les cerises. Broyer les amandes au mixeur.
Mettre le beurre dans une terrine et le travailler au bain-marie à feu doux, pour le rendre liquide. Y ajouter le sucre, un soupçon de sel et les amandes mixées. Réserver.

Faire tremper la brioche dans le lait, l'écraser, et l'ajouter à la préparation. Incorporer un à un les œufs, puis les cerises préparées. Beurrer un moule à charlotte, y verser la préparation. Mettre à four vif pendant 30 min. Démouler. Servir froid arrosé de kirsch.

| 4 œufs |
| 2 c. à s. de kirsch |

571. Gâteau de pain aux cerises
Préparation : 25 min – Cuisson : 1 h 10

Faire bouillir le lait. Hors du feu, ajouter le pain émietté. Sucrer avec 100 g de sucre. Laisser reposer quelques minutes, puis réduire le mélange en bouillie. Ajouter les œufs battus en omelette, les cerises équeutées et dénoyautées et le rhum.
Avec 80 g de sucre, caraméliser un moule à pudding (36). Y verser la préparation. Cuire à four chaud pendant 1 h.
Pendant la cuisson préparer la crème à la vanille (344).
Démouler froid. Garnir de cerises confites et napper de crème.

| 1 litre de lait |
| 500 g de pain rassis (de la mie de préférence) |
| 180 g de sucre en poudre |
| 3 œufs |
| 300 g de cerises |
| 10 cl de rhum |
| 50 cl de crème à la vanille |
| 60 g de cerises confites |

572. Beignets aux cerises

Voir formule 470.

573. Omelette aux cerises

Voir formule 504.

574. Clafoutis
Préparation : 30 min – Cuisson : 35 min

Mélanger la farine avec les œufs et un peu de sel. Ajouter un peu de lait. Bien travailler la pâte pour la rendre légère.
Incorporer peu à peu le reste du lait ou la crème

| 40 g de farine |
| 6 œufs |
| Sel |
| 25 cl de lait ou 12,5 cl de lait + 12,5 cl de crème fraîche |
| 750 g de cerises noires |

fraîche. La pâte doit avoir la consistance de la pâte à crêpes. Ajouter alors les cerises noires lavées, équeutées, et le kirsch. Verser la pâte dans un plat allant au four, bien beurré et sucré, et faire cuire à four chaud pendant 35 min. Saupoudrer de sucre. Servir froid.

Kirsch
Sucre en poudre

575. Tarte aux cerises

Voir formule 227.

576. Croûtes aux cerises
Préparation : 20 min – Cuisson : 20 min

6 tranches de pain de mie
100 g de beurre
250 g de cerises noires
100 g de sucre en poudre

Faire dorer les tranches de pain dans 75 g de beurre. Les ranger à plat sur une tourtière beurrée. Équeuter et dénoyauter les cerises. Les placer sur les toasts. Parsemer du reste de beurre ; saupoudrer de sucre en poudre.

Passer à four assez chaud pendant 15 à 20 min. Servir aussitôt.

577. Soupe aux cerises
Préparation : 15 min – Cuisson : 25 min

1 pain de mie
120 g de beurre
1 kg de cerises noires
50 g de farine
150 g de sucre en poudre
15 cl de kirsch

Couper 6 tranches de pain ayant environ 1,5 cm d'épaisseur. Diviser chaque tranche en petits cubes bien réguliers.

Mettre 60 g de beurre dans une poêle ; le faire fondre et y faire dorer ces croûtons. Réserver dans un compotier creux.

Faire fondre le reste du beurre dans la poêle. Y faire sauter les cerises équeutées. Les retirer de la poêle au bout de 5 min de cuisson, les passer dans la farine, les mettre dans une casserole et les recouvrir de 15 cl d'eau, ajouter le sucre et le kirsch. Terminer la cuisson à feu doux, pendant environ 20 min.

Mettre les cerises dans le compotier sur le pain, et napper de sirop. Servir chaud.

578. Crème au citron

Voir formule 350.

Le citron est beaucoup utilisé comme parfum dans les entremets. On emploie soit le zeste râpé (citrons non traités), soit le jus, soit l'écorce confite.
Il ne faut pas oublier que le jus est acide et qu'il ne doit jamais être ajouté au lait sous peine de le voir tourner.

579. Crème aux citrons et au vin blanc

Voir formule 388.

580. Mousse au citron

Voir formule 396.

581. Soufflé au citron

Voir formule 412.

582. Riz à la hongroise

Voir formule 425.

583. Tartelettes au citron

Voir formule 234.

584. Pudding au citron

(à préparer la veille)
Préparation : 20 min – Cuisson : 25 min

15 g de gélatine
250 g de sucre en poudre
6 œufs
3 citrons (dont 1 non traité)

Faire tremper la gélatine 15 min dans de l'eau froide. D'autre part, travailler, dans une terrine au bain-marie, le sucre et les jaunes d'œufs. Ajouter le jus des citrons et le zeste râpé d'un citron. Tourner assez longtemps pour que le mélange prenne consistance. Ajouter la gélatine fondue et passée au tamis.

Laisser refroidir et mélanger de temps en temps pour empêcher la gélatine de tomber au fond.

Battre les blancs en neige. Les incorporer à la préparation et verser le tout dans un moule passé à l'eau froide. Placer au réfrigérateur pendant 10 à 12 h. Démouler au moment de servir.

585. Riz aux citrons

Préparation : 20 min – Cuisson : 1 h 10

6 citrons non traités
2 oranges non traitées
500 g de sucre en poudre
Pour le riz au lait :
150 g de riz rond
1 litre de lait
Sel
40 g de beurre
100 g de sucre en poudre

Couper les citrons bien lavés en petits dés. Recueillir le jus des oranges.

Mettre dans une casserole les dés de citron, le sucre, 50 cl d'eau et les jus d'oranges. Laisser cuire à feu moyen pendant 1 h pour obtenir des fruits confits.

Pendant ce temps, cuire le riz bien lavé, dans le lait avec un peu de sel et le beurre (422) ; sucrer en fin de cuisson. Incorporer les morceaux de citrons confits. Servir frais.

586. Compote de coings

Préparation : 15 min – Cuisson : 40 min

1 kg de coings
Vanille en poudre
1/2 citron
250 g de sucre en poudre

Éplucher les coings. Enlever cœur et pépins. Les mettre dans une casserole avec 25 cl d'eau, la vanille et le jus du demi-citron. Recouvrir avec le sucre. Laisser cuire à feu doux jusqu'à ce qu'ils soient parfaitement tendres. Servir froid.

587. Purée de coings aux poires
Préparation : 25 min – Cuisson : 40 min

Préparer et cuire les coings selon la formule 586. Les réduire en purée et les disposer dans le fond d'un compotier.
Cuire les poires (en compote) selon la formule 659, et en garnir le compotier.
Terminer en ajoutant de l'angélique et les cerises.
Servir froid.

Pour les coings :
500 g de coings
Vanille en poudre
1/2 citron
125 g de sucre en poudre
Pour les poires :
500 g de poires
150 g de sucre en poudre
1 citron non traité (zeste)
Angélique
Cerises confites

588. Coings au four
Préparation : 10 min – Cuisson : 45 min

1 kg de coings
250 g de sucre en poudre
Vanille en poudre
50 g de beurre

Éplucher les coings, les couper en quartiers, enlever le cœur et les pépins. Mettre les fruits dans un plat allant au four, les arroser de 30 cl d'eau, saupoudrer de sucre et de vanille et parsemer de petits morceaux de beurre. Enfourner pendant 45 min à four moyen. Arroser de temps en temps pour que les fruits ne dessèchent pas. Lorsqu'ils sont cuits, les dresser sur un compotier et faire réduire le jus si cela est nécessaire. Le verser ensuite sur les fruits.

589. Compote de fruits associés
(à préparer la veille)
Préparation : 30 min – Cuisson : 35 min

300 g de dattes
180 g de pruneaux
160 g d'abricots secs
Sucre en poudre

Faire cuire les pruneaux et les abricots selon les formules 716 et 521. Les mixer avec les dattes préalablement dénoyautées.
Servir froid.

590. Beignets de dattes
(1 h à l'avance)
Préparation : 35 min – Cuisson : 10 min

100 g d'amandes en poudre
50 g de confiture d'abricots
200 g de dattes
10 cl de kirsch
Pâte à frire
Huile pour friture
Sucre en poudre

Mixer les amandes et la confiture d'abricots.
Enlever le noyau de chaque datte et le remplacer par un peu de cette préparation.
Mettre les dattes dans une terrine, les arroser de kirsch et les laisser macérer pendant 1 h.
Préparer une pâte à frire (464). Y tremper les dattes. Les faire dorer dans l'huile bien chaude. Saupoudrer de sucre et servir aussitôt.

591. Compote de figues
Préparation : 5 min – Cuisson : 1 h 30

350 g de figues sèches
2 oranges non traitées

Passer les figues à l'eau fraîche puis les mettre dans une casserole recouvertes d'eau. Ajouter le zeste râpé des 2 oranges et leur jus dans l'eau. Cuire les figues à feu très doux pendant 1 h 30. Elles doivent gonfler.
Lorsque les figues sont cuites, les égoutter ; les placer sur un compotier et les arroser du sirop de cuisson que l'on a fait un peu réduire.

592. Fraises à la crème
Préparation : 10 min

500 g de fraises
200 g de crème liquide
Sucre en poudre

Laver les fraises. Les équeuter.
Les dresser sur un compotier et masquer de crème liquide fouettée et sucrée à volonté.

593. Fraises au vin

(3 h à l'avance)
Préparation : 10 min

500 g de fraises
185 g de sucre en poudre
40 cl de très bon vin rouge

Laver les fraises. Les équeuter. Les mettre dans une jatte, les recouvrir avec le sucre et le vin. Laisser macérer 3 h au frais.

594. Granit aux fraises

(1 h à l'avance)
Préparation : 20 min

500 g de fraises
200 g de sucre en poudre
Crème Chantilly

Laver les fraises. Les équeuter. Les passer à travers un tamis pour obtenir une purée très fine. Ajouter par petites quantités le sucre en poudre et mélanger à la spatule. Laisser reposer au frais pendant 1 h.

Au moment de servir, garnir de crème Chantilly (8).

595. Crème bavaroise aux fraises

Voir formule 363.

596. Frangipane aux fraises

Voir formule 375.

597. Mousse aux fraises

Voir formule 392.

598. Beignets aux fraises

Voir formule 469.

599. Tartelettes aux fraises

Voir formule 233.

600. Gâteau de pain aux fraises
Préparation : 20 min – Cuisson : 1 h

Faire bouillir le lait. Ajouter le pain hors du feu. Le laisser ramollir. Le réduire en purée. Ajouter le sucre, le beurre, les 3 jaunes d'œufs. Incorporer la confiture et pour finir les blancs battus en neige bien ferme.

Beurrer un moule. Y verser la préparation. Faire cuire le gâteau à four chaud, pendant 1 h environ.

Pendant ce temps préparer la crème anglaise à la vanille selon la formule 344.

Démouler froid et servir avec la crème anglaise à la vanille dans laquelle on a mis les fraises entières équeutées.

50 cl de lait
350 g de pain rassis (de préférence la mie)
180 g de sucre en poudre
60 g de beurre
3 œufs
200 g de confiture de fraises
50 cl de crème anglaise à la vanille
250 g de fraises

601. Pain de framboises
Préparation : 20 min – Cuisson : 30 min

Mettre 25 cl d'eau, le vin, le jus de citron, le sucre et la vanille dans une casserole. Laisser bouillir 5 min. Ajouter la semoule en pluie. Faire cuire 30 min à feu doux.

Beurrer un moule à charlotte. Y verser la préparation. Laisser refroidir.

Écraser de belles framboises et les passer à l'étamine. Ajouter le sucre glace. Bien mélanger.

Démouler le gâteau froid sur un compotier. Napper de sauce aux framboises.

25 cl de vin blanc sec
1 citron
120 g de sucre en poudre
1 pincée de vanille en poudre
250 g de semoule de blé dur
250 g de framboises
180 g de sucre glace

602. Granit aux framboises
(1 h à l'avance)
Préparation : 20 min

500 g de framboises	
250 g de sucre en poudre	
Crème Chantilly	

Procéder comme pour le granit aux fraises (formule 594).

603. Fromage blanc aux framboises
(2 à 3 h à l'avance)
Préparation : 25 min

250 g de framboises
125 g de sucre en poudre
500 g de fromage blanc
10 cl de crème liquide

Recouvrir les framboises épluchées avec le sucre et les laisser macérer pendant 1 à 2 h.
Passer le fromage blanc à travers une passoire fine ou un tamis.
Passer ensuite les framboises, recueillir le jus dans un autre récipient.
Battre le fromage avec un fouet, ajouter peu à peu le jus de framboises et la crème liquide. Mettre au frais pendant 1 h.

604. Tartelettes aux framboises
Voir formule 233.

605. Crème bavaroise aux framboises
Comme la crème bavaroise aux fruits (364).

606. Groseilles au sucre
Préparation : 5 min

Égrener 400 g de groseilles à l'aide des dents d'une fourchette. Saupoudrer de sucre et laisser macérer 1 h environ.

607. Groseilles à la neige
Préparation : 20 min – Cuisson : 3 min

200 g de groseilles blanches
200 g de groseilles rouges
2 blancs d'œufs
200 g de sucre en poudre

Les groseilles doivent rester en grappes. Battre les blancs en neige.
Passer les groseilles dans les blancs, puis dans le sucre en poudre. Les placer sur un papier beurré et faire sécher quelques minutes à four moyen. Servir froid ou chaud.

608. Groseilles cardinal
(3 h à l'avance)
Préparation : 20 min

250 g de groseilles rouges
250 g de groseilles blanches
150 g de framboises
180 g de sucre vanillé
1 citron

Laver, égoutter, égrapper les groseilles. Les placer dans une jatte. Laver les framboises. Les placer dans une étamine et en exprimer complètement le jus. Verser ce jus sur les groseilles, ajouter le sucre et le jus du citron. Entourer la jatte de glace. Laisser refroidir 3 h.

609. Tartelettes aux groseilles
Voir formule 233.

610. Mandarines en marmelade
Préparation : 10 min – Cuisson : 50 min

500 g de mandarines non traitées
500 g de sucre en poudre

Choisir de belles mandarines saines. Essuyer la peau, la retirer. La débarrasser de toutes les fibres et peaux blanches. Jeter ces écorces nettoyées dans 50 cl d'eau bouillante et les laisser cuire environ 30 min pour les rendre bien tendres. Égoutter. Passer au mixeur.
Préparer avec l'eau de cuisson et le sucre un sirop qu'on laisse bouillir 5 min (35).
Verser sur la purée d'écorce. Remettre cette préparation sur le feu. Y ajouter les quartiers de mandarines épépinées. Laisser mijoter 10 min. Servir froid.

611. Riz en mandarines

Voir formule 429.

612. Préparation des marrons

Avant d'utiliser les marrons pour un entremets, il faut les éplucher. Un excellent moyen consiste à fendre la surface bombée de chaque marron, de façon à ouvrir l'écorce et la deuxième peau. Faire bouillir de l'eau. À ce moment, plonger les marrons et les laisser dans le liquide de 5 à 10 min. Éplucher aussitôt les marrons pendant qu'ils sont chauds.

Procéder ensuite à la cuisson : au lait, à l'eau ou au sirop.

613. Vermicellerie de marrons
Préparation : 45 min – Cuisson : 30 min

750 g de marrons
Sel
250 g de sucre en poudre
25 cl de crème Chantilly

Éplucher les marrons (612).
Les faire bouillir 30 min dans de l'eau très légèrement salée. Passer à travers une passoire à gros trous, au-dessus du compotier de service. Saupoudrer de sucre. Dresser une pyramide de crème Chantilly (8) sur les marrons.

614. Mont-Blanc
Préparation : 40 min – Cuisson : 30 min

750 g de marrons
Sel
200 g de sucre vanillé
25 cl de crème Chantilly

Préparer les marrons (612). Les cuire à l'eau bouillante très légèrement salée, 30 min. Les réduire en purée. Incorporer le sucre vanillé. Dresser en pyramide sur un compotier et garnir de crème Chantilly (8) à l'aide d'une poche à douille.

615. Marronnette
Préparation : 40 min – Cuisson : 30 min

1 kg de marrons
Sel
150 g de sucre en poudre
250 g de beurre
50 cl de crème anglaise à la vanille

Préparer les marrons (612). Les cuire à l'eau bouillante très légèrement salée, 30 min. Les réduire en purée très fine. Incorporer le sucre et le beurre. Travailler longtemps et soigneusement la pâte pour la rendre onctueuse et légère. Verser dans un moule beurré et tenir au frais.
Préparer la crème anglaise à la vanille (344).
Pour démouler le gâteau, passer un couteau contre la paroi du moule et plonger quelques instants le moule dans de l'eau bouillante. Servir avec la crème anglaise à la vanille.

616. Délicieux aux marrons
Voir formule 381.

617. Soufflé aux marrons
Voir formule 417.

618. Pudding aux marrons
Voir formule 446.

619. Boule aux marrons
Préparation : 50 min – Cuisson : 30 min

500 g de marrons
Sel
50 cl de crème anglaise au chocolat
200 g de sucre vanillé
Lait
80 g de noisettes mondées

Préparer les marrons (612). Les cuire à l'eau bouillante très légèrement salée pendant 30 min. Pendant ce temps préparer la crème anglaise au chocolat (352).
Réduire les marrons en purée. Y ajouter le sucre vanillé et mettre un peu de lait chaud si nécessaire.
Dresser l'entremets en boule dans un compotier. Napper de crème au chocolat et saupoudrer de noisettes hachées grossièrement.

Les entremets 259

620. Gâteau de marrons
Préparation : 40 min – Cuisson : 1 h 30

375 g de marrons
Sel
200 g de sucre en poudre
6 œufs
Vanille en poudre

Préparer les marrons (612). Les cuire à l'eau bouillante très légèrement salée pendant 30 min.
Réduire les marrons en purée. Incorporer le sucre, les jaunes, de la vanille en poudre, puis les blancs battus en neige.
Mettre la préparation dans un moule beurré et cuire à four assez chaud pendant 1 h.

621. Pain de marrons à l'abricot
Préparation : 40 min – Cuisson : 1 h 30

375 g de marrons
Sel
125 g de sucre en poudre
60 g de beurre
25 cl de lait
3 œufs
Sauce à l'abricot et au kirsch

Préparer les marrons (612). Les cuire à l'eau bouillante très légèrement salée pendant 30 min.
Réduire les marrons en purée. Y ajouter le sucre, le beurre, le lait chaud et un soupçon de sel. Mélanger le tout dans une casserole, à feu doux.
Ajouter hors du feu les œufs battus en omelette.
Verser le tout dans un moule beurré et faire cuire à four assez chaud pendant 45 min environ.
Préparer la sauce à l'abricot et au kirsch (29). Démouler froid et servir, arrosé de sauce à l'abricot.

622. Tartelettes aux marrons
Voir formule 239.

623. Nid aux marrons
Préparation : 25 min – Cuisson : 15 min

400 g de débris de marrons glacés
60 g de beurre
10 cl de lait
Vanille en poudre
3 blancs d'œufs

Faire chauffer le lait et y mettre les débris de marrons glacés afin de les ramollir parfaitement. Les passer à travers une passoire fine à l'aide d'un pilon. Dans le mélange chaud, ajouter le beurre et la vanille. Travailler la pâte, si possible au mortier, pour obtenir une préparation très lisse et très onctueuse. Vous pouvez aussi utiliser un mixeur.

Former alors un boudin dont on rapproche les deux extrémités afin de faire une espèce de nid. Dessiner avec un bâtonnet des nervures.

Battre les blancs en neige très ferme. Incorporer le sucre. Battre encore quelques minutes.

Faire bouillir 2 litres d'eau, la saler. Prendre des portions de blanc, cuillerée par cuillerée : elles doivent être moulées très soigneusement et décollées de la cuillère à l'aide d'une autre cuillère plongée dans l'eau bouillante. Laisser tomber le blanc dans l'eau bouillante et cuire quelques secondes de chaque côté. Retirer à l'écumoire. Déposer sur un torchon pour essorer. Placer ces œufs au milieu du nid. Servir frais.

40 g de sucre en poudre
20 g de sel

624. Nid d'hirondelles

Préparation : 45 min – Cuisson : 45 min

750 g de marrons
Sel
200 g de sucre en poudre
50 g de beurre
25 cl de lait
200 g de crème Chantilly
1 pâte sablée

Préparer une purée de marrons selon la formule 621.

Former avec cette préparation, sur un grand plat, des petits nids.

Mettre au centre de chaque nid une cuillerée de crème Chantilly (8).

Préparer la pâte sablée (219), l'étendre au rouleau sur une épaisseur de 0,5 cm, former des oiseaux ayant la silhouette d'une hirondelle (queue fourchue et ailes pointues). Cuire ces gâteaux sur une plaque beurrée comme des sablés.

Piquer un oiseau sur le bord de chacun des nids.

625. Bûche de Noël

(4 h à l'avance)

Préparation : 40 min – Cuisson : 30 min

1 kg de marrons
Sel
100 g de beurre
250 g de chocolat fin
5 cl de lait ou d'eau

Préparer une purée de marrons (621), y incorporer le beurre. Faire fondre à feu doux le chocolat dans le lait ou l'eau, sans laisser attacher. Incorporer cette pâte aux marrons. Mélanger intimement. Laisser refroidir plusieurs heures. Mouler en forme de bûche, décorer de fleurs cristallisées, entourer de crème Chantilly (8).

60 g de fleurs cristallisées
25 cl crème Chantilly

626. Compote de melon vert
Préparation : 10 min – Cuisson : 35 min

3 petits melons
250 g de sucre en poudre
5 cl de vinaigre

Choisir des melons non mûrs. Peler largement. Enlever les pépins. Couper en fines lamelles. Cuire dans une casserole avec le sucre et le vinaigre. Laisser bouillir à petit feu 30 à 35 min. Servir froid.

627. Melon surprise
(à préparer la veille)
Préparation : 15 min

1 beau melon mûr
250 g de fraises des quatre-saisons
75 g de sucre en poudre
5 cl de kirsch
10 g de beurre

Couper le melon en deux. Sans abîmer l'écorce, retirer la chair, la débarrasser des pépins, la couper en petits morceaux. Mélanger ensuite ces morceaux aux fraises lavées et équeutées, au sucre et au kirsch. Garnir de cette préparation les deux moitiés du melon ; puis réunir ces moitiés, ficeler serré et mastiquer la coupure d'un peu de beurre frais. Mettre au réfrigérateur 24 h et servir très frais.

628. Melon au porto
(2 h à l'avance)
Préparation : 10 min

1 beau melon bien mûr
20 cl de porto

Inciser le melon autour du pédoncule, de façon à pratiquer une ouverture circulaire de 10 cm de diamètre. Retirer délicatement toutes les graines. Verser le porto dans la cavité. Entourer de glace et laisser rafraîchir.
Pour servir, creuser le melon avec une cuillère.
Remarque. – On peut remplacer le porto par du malaga, du madère, etc.

629. Marmelade d'oranges

Préparation : 10 min – Cuisson : 15 min

| 1 kg d'oranges |
| 300 g de sucre en poudre |

Éplucher les oranges. Les couper en tranches ; les mettre dans une casserole avec le sucre, sans eau. Faire chauffer et laisser cuire 10 min à partir de l'ébullition.

630. Oranges surprise

Préparation : 30 min

| 6 oranges non traitées |
| 1 pomme |
| 1 poire |
| 2 bananes |
| 50 g de raisins de Malaga |
| 50 g de cerises confites |
| 100 g de sucre en poudre |
| 10 cl de rhum |

Enlever un très petit chapeau à chaque orange. Creuser les fruits avec une petite cuillère et recueillir la pulpe dans une terrine. Ajouter à volonté tranches de pomme, poire, bananes épluchées. Mettre les raisins, les cerises, le sucre et le rhum. Mélanger.
Remplir chaque orange de cette salade de fruits. Couvrir avec le chapeau. Y piquer une feuille verte. Tenir au frais.

631. Oranges à la liqueur

(30 min à l'avance)
Préparation : 10 min

| 6 oranges non traitées |
| 10 cl de curaçao |
| 100 g de sucre en poudre |

Peler largement les oranges, mais les laisser entières.
Les placer dans un compotier. Piquer chaque fruit en plusieurs endroits avec une fourchette. Arroser avec la liqueur et saupoudrer largement de sucre. Laisser macérer au moins 30 min. Servir frais.

632. Oranges tahitiennes

Préparation : 15 min

| 6 oranges non traitées |
| 6 tranches d'ananas |
| Gelée de groseille |
| 125 g de fruits confits |

Peler largement les oranges mais les laisser entières. Mettre sur un plat les tranches d'ananas.
Placer une orange sur chaque tranche d'ananas.
Napper l'ananas de gelée de groseille chauffée avec 2 c. à s. d'eau et garnir en couronne avec les fruits confits hachés. Servir frais.

633. Crème à l'orange
Voir formule 350.

634. Crème aux oranges
Voir formule 358.

635. Flan à l'orange
Voir formule 379.

636. Crème d'oranges
Voir formule 389.

637. Mousse à l'orange
Voir formule 397.

638. Pain de riz aux oranges
Voir formule 431.

639. Beignets d'oranges
Voir formule 468.

640. Tartelettes à l'orange
Voir formule 235.

641. Savarin à l'orange
Voir formule 178.

642. Fleur d'orange

Préparation : 30 min – Cuisson : 20 min

6 oranges
2 tranches d'ananas
60 g d'amandes en poudre
60 g de noix en poudre
125 g de sucre en poudre
30 g de farine
1 œuf
1 citron
125 g de crème Chantilly
6 cerises au kirsch

Ouvrir les oranges comme une fleur en six, mais en laissant l'écorce suffisamment fermée à la base pour qu'elle puisse tenir lieu de récipient. Retirer la pulpe.

Broyer les tranches d'ananas. Mélanger cette purée à la pulpe d'oranges, aux amandes et noix en poudre et au sucre.

Délayer la farine avec l'œuf et le jus du citron. Mélanger à la préparation précédente et faire épaissir au bain-marie tout en tournant.

Préparer la crème Chantilly (8). L'incorporer à la préparation. En remplir chaque orange et garnir d'une cerise. Servir très frais.

643. Oranges à l'andalouse

(à préparer la veille)
Préparation : 20 min – Cuisson : 25 min

50 cl de lait
100 g de sucre en poudre
Sel
3 oranges non traitées
100 g de semoule de blé dur
6 œufs
40 cl de crème fraîche
10 cl de curaçao
Sabayon au madère

Faire bouillir le lait avec le sucre, un peu de sel et une écorce d'orange. Jeter la semoule et cuire à feu doux jusqu'à épaississement.

Ajouter les jaunes d'œufs. Faire chauffer encore pour obtenir une pâte consistante mais lisse. Laisser refroidir.

Battre la crème fraîche. L'aromatiser avec le curaçao et mélanger à la semoule.

Verser le tout dans un moule passé à l'eau. Laisser prendre au frais toute la nuit.

Le lendemain, préparer le sabayon au madère (34). Démouler le gâteau, le garnir de quartiers d'orange. Servir avec le sabayon au madère.

644. Salade d'oranges

(1 h à l'avance)
Préparation : 10 min

6 oranges
100 g de sucre en poudre
Kirsch, Cointreau, Grand-Marnier ou rhum

Éplucher les oranges. Les couper en fines rondelles. Les placer dans un compotier. Saupoudrer de sucre. Parfumer, si l'on veut, avec du kirsch, du rhum, du Cointreau ou du Grand-Marnier. Servir frais.

645. Pêches pochées

Préparation : 5 min – Cuisson : 4 min

6 pêches
Sucre en poudre

Essuyer les fruits. Les jeter dans une casserole d'eau bouillante. Les laisser 3 à 4 min. Les plonger aussitôt dans de l'eau glacée. Retirer, égoutter, peler et dresser sur un compotier les pêches entières. Saupoudrer de sucre à volonté.

646. Compote de pêches au kirsch

Préparation : 5 min – Cuisson : 15 min

600 g de pêches
150 g de sucre en poudre
10 cl de kirsch

Tremper d'abord les pêches dans de l'eau bouillante afin d'enlever la peau très facilement. Éplucher les fruits. Les fendre en deux ; retirer le noyau.
Avec 50 cl d'eau et le sucre, préparer un sirop (36) et y faire pocher les pêches pendant 5 min. Laisser refroidir les fruits dans le sirop.
Égoutter les fruits, les dresser sur un compotier. Faire réduire le jus pendant 5 min environ. Ajouter le kirsch et verser le tout sur les pêches.

647. Pêches flambées au kirsch

Préparation : 10 min – Cuisson : 25 min

6 belles pêches
200 g de sucre en poudre
1 gousse de vanille
Sauce à l'abricot et au kirsch
20 cl de kirsch

Faire pocher les pêches selon la formule 645. Les éplucher. Les réserver entières. Faire avec 50 cl d'eau, la vanille et le sucre, un sirop (36) dans lequel on fait cuire à feu doux les pêches pendant 15 à 20 min. Les laisser refroidir dans la casserole.

Préparer la sauce à l'abricot et au kirsch (29).

Au moment de servir, poser les pêches dans un plat, y verser le kirsch tiédi et flamber. Accompagner cet entremets de la sauce à l'abricot.

648. Pêches meringuées

Préparation : 25 min – Cuisson : 1 h 10

100 g de riz rond
40 cl de lait
Sel
200 g de sucre en poudre
3 jaunes d'œufs
500 g de pêches
Meringue italienne

Faire cuire le riz bien lavé dans le lait bouillant avec un peu de sel, selon la formule 422. Ajouter 100 g de sucre et les jaunes d'œufs.

Faire pocher les pêches selon la formule 645. Les éplucher. Les fendre au milieu ; retirer le noyau.

Faire une meringue italienne (794).

Disposer le riz en dôme dans un plat allant au four. Garnir en couronne avec les moitiés de pêches. Recouvrir entièrement de meringue dans laquelle on a mis le reste du sucre. Faire, si possible, un décor avec la meringue à l'aide d'une poche munie d'une douille cannelée.

Passer 10 min à four chaud.

649. Pudding à la Maïzena et aux pêches

Voir formule 461.

650. Beignets aux pêches

Voir formule 470.

651. Omelette aux pêches

Voir formule 509.

652. Croûtes aux pêches
Préparation : 25 min – Cuisson : 30 min

6 tranches de pain de mie
60 g de beurre
6 pêches
100 g de sucre en poudre
5 c. à s. de kirsch ou de rhum

Beurrer les tranches de pain. Les placer dans un plat beurré allant au four. Éplucher les pêches, les fendre en deux, retirer le noyau. Mettre à la place un peu de sucre et une noisette de beurre. Placer 2 moitiés de fruit sur chaque tranche de pain. Saupoudrer avec le reste de sucre. Arroser avec un mélange d'eau (10 cl) et de kirsch. Faire cuire à four moyen pendant 25 à 30 min. Servir aussitôt.

653. Pêches Colbert

Procéder comme pour les abricots Colbert, formule 531.

654. Pêches à la crème
(quelques heures à l'avance)
Préparation : 20 min – Cuisson : 25 min

50 cl de lait
4 œufs
100 g de sucre en poudre
10 cl de kirsch
6 pêches
100 g de gelée de groseille
40 g d'amandes entières mondées

Faire avec le lait et les jaunes d'œufs une crème anglaise bien épaisse (343). La sucrer et la parfumer avec la moitié du kirsch. Tenir au frais.
D'autre part, cuire les pêches selon la formule 645. Les éplucher, mais les laisser entières.
Mettre la crème anglaise dans une coupe creuse. Y placer les pêches, régulièrement.
Faire fondre la gelée de groseille avec le reste de kirsch. Lorsqu'elle est bien lisse, en napper les pêches et parsemer d'amandes hachées et grillées au four. Tenir au frais avant de servir.

655. Pêches Colombine

Préparation : 5 min – Cuisson : 1 h

250 g de riz au lait
6 pêches
100 g de sucre en poudre
Quelques fruits confits (cerises, angélique)
25 cl de sabayon au madère

Préparer du riz au lait un peu ferme (422). Avec une cuillère, dresser des tas en forme d'œufs, bien réguliers, au centre d'un plat rond.
Cuire les pêches entières 5 min dans de l'eau sucrée bouillante selon la formule 646, les égoutter, les couper en deux et les dénoyauter. Farcir chaque demi-pêche d'un peu de riz et rapprocher les deux moitiés. Dresser les pêches en couronne autour des œufs de riz, décorer de demi-cerises confites et de languettes d'angélique. Préparer le sabayon au madère (34) et en napper les pêches et le riz. Servir frais.

656. Pêches Chantilly

Préparation : 15 min – Cuisson : 5 min

6 pêches
200 g de crème liquide
100 g de sucre en poudre
Kirsch

Faire pocher les pêches selon la formule 645. Les éplucher. Les réduire en purée très fine. Battre la crème en Chantilly (8). Incorporer la purée de fruits à la crème, sucrer et parfumer au kirsch selon le goût. Tenir au frais avant de servir.

657. Pêches Condé

Procéder comme pour les abricots Condé, formule 532.

658. Savarin aux pêches

(2 h à l'avance)
Préparation : 1 h – Cuisson : 40 min

1 savarin
Sirop au kirsch
6 pêches
50 cl de bourgogne rouge
250 g de fraises
150 g de sucre en poudre
150 g de gelée de groseille ou de framboise

Préparer un savarin selon la formule 176. L'arroser d'un sirop au kirsch (25).
Préparer les pêches, les pocher 5 min (645), les éplucher, enlever le noyau et les mettre à macérer pendant 1 ou 2 h dans le vin.
Réduire 200 g de fraises en purée, sucrer. Ajouter le reste des fraises entières.

Mettre la purée de fruits au milieu du savarin.
Garnir avec les moitiés de pêches égouttées et napper de gelée de groseille ou de framboise chauffée avec 2 c. à s. d'eau. Tenir au frais avant de servir.
Remarque. – On peut remplacer la purée de fraises par une purée d'ananas.

659. Compote de poires
Préparation : 15 min – Cuisson : 30 min

500 g de poires	
150 g de sucre en poudre	
1 citron non traité ou vanille en poudre	

Peler les poires et les citronner ou les mettre au fur et à mesure dans une terrine d'eau fraîche pour éviter leur noircissement. Couper en quartiers. Enlever le cœur. Mettre dans une casserole avec 25 cl d'eau, le sucre et le zeste du citron râpé ou la vanille. Laisser cuire 30 min environ, parfois plus, selon la nature et la maturité des poires. Dresser sur un compotier. Servir froid.

660. Poires tapées au four
Préparation : 5 min – Cuisson : 20 min

6 poires
Sucre en poudre

Laver les poires. Les mettre dans un plat allant au four. Laisser cuire à four chaud jusqu'à ce que les fruits soient tendres et dorés.
Servir en saupoudrant de sucre les poires chaudes.

661. Poires au vin rouge
Préparation : 15 min – Cuisson : 45 min

500 g de poires
25 cl de vin rouge tanique
150 g de sucre en poudre
Cannelle en poudre

Éplucher les poires ; les couper en quartiers ; enlever les pépins. Mettre dans une casserole 15 cl d'eau, le vin, le sucre et de la cannelle, faire chauffer. Placer les quartiers de fruits les uns à côté des autres. Laisser cuire à feu doux pendant 30 à 35 min.
Disposer les quartiers de poires cuits et égouttés dans un compotier. Laisser réduire le jus et en napper les fruits.
Remarque. – Le sirop au vin rouge peut être enrichi de crème de cassis, de madère, de poivre en grains ou de clous de girofle.

662. Poires flambantes
Préparation : 15 min – Cuisson : 40 min

500 g de poires
125 g de sucre en poudre
Vanille en poudre
10 cl de rhum

Éplucher les poires, mais les laisser entières. Les faire cuire dans une casserole avec 30 cl d'eau, 100 g de sucre et de la vanille, à feu très doux pendant 30 min.

Les ranger ensuite dans un plat allant au four. Les napper de sirop, saupoudrer avec le reste de sucre en poudre. Passer à four chaud pendant 10 min. Au moment de servir, verser le rhum tiédi. Flamber et servir aussitôt.

663. Poires à la crème
Préparation : 10 min – Cuisson : 45 min

6 poires
100 g de sucre en poudre
Vanille en poudre
50 cl de crème anglaise à la vanille

Éplucher les poires, les couper en quartiers. Enlever le cœur. Les cuire doucement dans 20 cl d'eau avec le sucre et de la vanille pendant 20 min. Elles doivent, en cuisant, absorber tout le sirop.

Préparer la crème anglaise à la vanille (344).

Dresser les quartiers de poires sur un compotier et napper de crème anglaise.

664. Poires Chantilly

Servir les poires cuites selon la formule 659, accompagnées de 250 g de crème Chantilly (8).

665. Crème belle et bonne

Voir formule 369.

666. Demi-Saison

Préparer l'entremets selon la formule 380 et l'accompagner d'une compote de poires (659).

667. Poires sur compote de pommes
Préparation : 20 min – Cuisson : 30 min

375 g de poires	
200 g de sucre en poudre	
Vanille en poudre ou 1 citron non traité (zeste)	
500 g de pommes	
3 c. à s. de gelée de groseille	

Cuire les poires selon la formule 659. Les poires doivent être coupées en filets assez minces.
Préparer une compote de pommes (675).
Servir les poires sur un lit de compote de pommes et décorer de gelée de groseille.

668. Compote de poires et de rhubarbe
Préparation : 20 min – Cuisson : 45 min

300 g de rhubarbe
300 g de poires
300 g de sucre en poudre

Bien laver les tiges de rhubarbe. Les couper en tronçons.
Éplucher les poires, enlever les pépins et couper en quartiers assez minces.
Faire cuire le tout ensemble, sans eau, avec le sucre. Laisser mijoter à feu très doux jusqu'à réduction du jus. Laisser refroidir avant de servir.

669. Poires Belle-Hélène
Préparation : 15 min – Cuisson : 25 min

6 poires
150 g de sucre en poudre
Glace à la vanille
60 g d'amandes effilées
100 g de chocolat
40 g de beurre

Préparer les poires au sirop avec le sucre et 20 cl d'eau selon la formule 659. Les laisser refroidir dans le sirop.
Servir les fruits entiers dans une jatte au centre de laquelle on met de la glace à la vanille. Parsemer d'amandes effilées et grillées.
Accompagner d'une sauce chaude faite avec le chocolat fondu dans 10 cl d'eau et mélangé au beurre. Servir sans attendre.

670. Poires à l'italienne

Préparation : 25 min – Cuisson : 30 min

75 cl de lait
Sel
250 g de sucre en poudre
1 citron non traité (zeste)
125 g de farine de maïs
80 g de beurre
6 poires
Sauce au kirsch

Faire bouillir le lait avec un peu de sel, 100 g de sucre et le zeste de citron râpé. Y jeter la farine de maïs en pluie. Laisser cuire en tournant jusqu'à épaississement. Incorporer 40 g de beurre. Laisser refroidir.

Disposer la préparation dans un plat allant au four. Parsemer de beurre. Saupoudrer de 50 g de sucre et faire dorer à four chaud pendant 10 min environ.

Pendant ce temps, éplucher les poires. Les couper en deux. Enlever cœur et pépins et faire cuire dans le sirop fait avec 100 g de sucre, selon la formule 659.

Égoutter. Lorsque la galette est dorée, y disposer les moitiés de poires. Arroser d'une sauce au kirsch (25). Passer au four 5 min et servir bien chaud, saupoudré du reste de sucre.

671. Poires impératrice

(à préparer la veille)
Préparation : 1 h 40 – Cuisson : 55 min

Riz à l'impératrice
6 poires
100 g de gelée de groseille
10 cl de kirsch

Préparer un riz à l'impératrice (435).
Faire pocher les poires selon la formule 659.
Garnir l'entremets au riz avec les quartiers de poires.
Napper de gelée de groseille chauffée et fondue dans le kirsch.
Servir bien frais.

672. Poires Melba

Procéder comme pour les pêches Melba (786).

673. Poires aux fruits confits
Préparation : 30 min – Cuisson : 40 min

1 brioche en couronne
150 g de sucre en poudre
6 poires
50 cl de crème anglaise au kirsch
100 g de cerises confites
60 g d'angélique

Couper la brioche en tranches régulières. Il en faut au moins 12. Les saupoudrer de 50 g de sucre et les faire rôtir au four.

D'autre part, faire cuire dans un sirop fait avec 50 cl d'eau et 100 g de sucre les poires épluchées et coupées en deux dans le sens de la longueur pendant 30 min.

Préparer la crème anglaise au kirsch (345). La verser dans une coupe. Placer une demi-poire sur chaque croûton.

Hacher les fruits confits séparément et mettre un cordon de cerises autour d'une moitié de poire, et un cordon d'angélique autour d'une autre moitié, etc. Placer les poires dans la coupe et servir frais.

674. Tarte aux poires

Procéder comme pour les tartelettes à la crème et à l'ananas (237) mais remplacer l'ananas par des poires. Napper de gelée d'abricot ou de glace royale (2).

675. Compote de pommes
Préparation : 15 min – Cuisson : 15 min

500 g de pommes
100 g de sucre en poudre
Vanille en poudre ou 1 citron non traité (zeste)

Peler, évider, couper les pommes en quartiers et les citronner. Mettre dans une casserole avec 25 cl d'eau, le sucre et la vanille ou le zeste râpé de citron. Faire cuire à couvert, à feu vif, pendant 15 min. Servir tiède ou froid.

676. Purée de pommes
Préparation : 15 min – Cuisson : 20 min

500 g de pommes
100 g de sucre en poudre
1 citron non traité (zeste)

Couper les pommes lavées en quartiers, retirer les queues et les parties abîmées, mais ne pas les peler ni les évider. Mettre dans une casserole avec 1 verre d'eau. Laisser cuire à feu vif, à couvert, 15 à 20 min. Passer au mixeur. Ajouter le zeste du citron, le sucre, et mélanger. Dresser sur un compotier. Servir froid.

677. Compote de pommes meringuée
Préparation : 20 min – Cuisson : 35 min

500 g de purée de pommes
3 blancs d'œufs
125 g de sucre en poudre

Préparer une purée de pommes (676). L'étendre dans un plat beurré allant au four. Battre les blancs en neige très ferme. En recouvrir la purée. Saupoudrer de sucre. Mettre 15 min à four doux.

678. Purée sur croûtons
Préparation : 25 min – Cuisson : 20 min

500 g de pommes
125 g de sucre en poudre
1 citron non traité (zeste)
6 tranches de pain de mie
125 g de beurre
60 g de cerises confites

Préparer une purée de pommes avec le sucre et 1 c. à s. d'eau (676). Parfumer au zeste de citron râpé.
Faire frire les tranches de pain dans le beurre chaud. Garnir ces croûtons de purée disposée en dôme. Mettre au sommet quelques cerises confites.

679. Pommes châtelaine
Préparation : 20 min – Cuisson : 30 min

6 pommes de reinette
150 g de sucre en poudre
Vanille en poudre
2 citrons

Peler les pommes. Enlever le cœur au vide-pomme. Les couper en deux. Les citronner. Placer les demi-pommes dans une casserole, côté bombé contre le fond. Ajouter 25 cl d'eau, le sucre et de la vanille. Mettre à cuire à feu moyen. Au bout de 10 min environ, quand les fruits commencent à devenir transparents, les retourner sans les briser. Laisser cuire (sans ébullition) à couvert pendant 10 min.
Égoutter. Dresser les fruits sur un compotier. Faire réduire le jus pour obtenir une gelée claire. Parfumer avec le jus du citron restant. Napper les pommes de gelée. Servir froid.

Les entremets 275

680. Pommes hérissons
Préparation : 30 min – Cuisson : 30 min

6 pommes
150 g de sucre en poudre
Vanille en poudre
1 citron
50 g d'amandes effilées

Préparer, selon la formule 679, des pommes châtelaine.

Faire légèrement griller les amandes à four chaud. En piquer les demi-pommes de façon à leur donner la forme d'un hérisson. Servir froid.

681. Pommes meringuées
Préparation : 30 min – Cuisson : 25 min

6 pommes de reinette
150 g de sucre en poudre
Vanille en poudre
3 blancs d'œufs
2 c. à s. de gelée de framboise

Faire cuire les pommes épluchées dans un sirop fait avec 25 cl d'eau, 100 g de sucre et de la vanille, selon la formule 679.

Lorsqu'elles sont cuites, les égoutter, les placer dans un plat allant au four.

Battre les blancs en neige très ferme. Ajouter 50 g de sucre et la gelée de framboise. Mélanger doucement. Étendre sur les pommes et passer à four assez chaud pendant quelques minutes.

682. Pommes aux amandes
Préparation : 25 min – Cuisson : 30 min

6 pommes
150 g de sucre en poudre
60 g d'amandes douces
3 c. à s. de gelée de framboise
10 cl de kirsch

Faire cuire les demi-pommes épluchées au sirop avec 50 cl d'eau et le sucre selon la formule 679.

Lorsqu'elles sont cuites, les égoutter et les disposer dans une coupe. Mettre une amande dans le cœur de chaque pomme. Effiler les autres amandes et les piquer sur toute la surface de chacune des pommes.

Faire réduire le sirop. Ajouter la gelée de framboise, le kirsch et verser cette sauce dans le fond de la coupe.

683. Pommes tapées
Préparation : 5 min – Cuisson : 20 min

6 pommes
Sucre en poudre

Placer les pommes bien lavées dans un plat allant au four.
Faire cuire à four chaud jusqu'au moment où la peau se plisse et brunit. L'intérieur doit être parfaitement cuit.
Saupoudrer de sucre et servir chaud.

684. Pommes à la normande
Préparation : 5 min – Cuisson : 25 min

6 pommes
150 g de sucre en poudre
150 g de crème fraîche

Laver les pommes. Les couper en deux, retirer le cœur et les pépins.
Beurrer un plat allant au four, y disposer les moitiés de fruits en mettant la partie bombée à l'extérieur. Saupoudrer de sucre et laisser cuire à four moyen ; 5 min avant la fin de la cuisson, napper les pommes de crème fraîche. Servir aussitôt.

685. Pommes au beurre
Préparation : 15 min – Cuisson : 40 min

6 belles pommes
6 tranches de pain rassis
100 g de beurre (on peut réduire à 75 g)
60 g de sucre en poudre
Vanille en poudre

Choisir de belles pommes saines et autant que possible de même taille. Peler, vider soigneusement avec le vide-pomme, sans briser les fruits.
Couper de minces tranches de pain rassis, les beurrer des deux côtés ; garnir de ces tartines le fond d'un plat allant au four. Poser une pomme sur chaque tranche. Emplir le trou fait au milieu de chacune d'un petit morceau de beurre. Saupoudrer le tout de sucre et d'une pincée de vanille en poudre. Ajouter 3 c. à s. d'eau. Mettre à four doux pendant 40 min. Servir bien chaud dans le plat de cuisson.

Les entremets **277**

686. Pommes farcies aux fruits confits
Préparation : 20 min – Cuisson : 35 min

6 pommes	
100 g de fruits confits assortis	
60 g de raisins de Corinthe	
5 c. à s. de rhum	
60 g de sucre en poudre	
60 g de beurre	

Éplucher les pommes, retirer le cœur au vide-pomme. Agrandir l'ouverture pour lui donner une largeur de 2 cm de diamètre. Réserver la pulpe. La hacher avec les fruits confits. Ajouter les raisins et le rhum. Mélanger.

Remplir chaque pomme de cette farce. Saupoudrer de sucre. Mettre une noisette de beurre.

Disposer dans un plat beurré allant au four et cuire à four chaud en arrosant de temps en temps avec un peu d'eau. Servir chaud.

687. Pommes sautées à la cannelle
Préparation : 20 min – Cuisson : 40 min

6 pommes	
140 g de beurre	
Brioche rassise	
150 g de sucre en poudre	
10 g de cannelle	

Éplucher les pommes. Enlever le cœur. Les couper en quartiers. Faire fondre 50 g de beurre dans une casserole et faire sauter les quartiers de pommes. Puis continuer la cuisson à feu très doux pendant 30 min. Saupoudrer de sucre et de cannelle au bout de 20 min de cuisson.

Pendant ce temps, couper la brioche en tranches ayant environ 1,5 cm d'épaisseur. Les faire dorer dans 80 g de beurre chaud.

Disposer les canapés sur un plat. Mettre quelques morceaux de pomme sur chacun d'eux. Arroser avec le jus de cuisson des pommes dans lequel on a mis le reste du beurre. Servir chaud.

688. Pommes flambantes
Préparation : 10 min – Cuisson : 20 min

500 g de pommes de reinette	
150 g de sucre en poudre	
1 pincée de vanille en poudre	
5 c. à s. de rhum	

Peler les pommes, les évider au vide-pomme sans les briser. Placer les fruits dans une casserole avec 2 verres d'eau, le sucre et la vanille. Couvrir. Laisser bouillir à petit feu 15 ou 20 min. Quand les

fruits sont cuits, mais non défaits, les retirer à l'écumoire, égoutter, dresser sur un plat pouvant aller au four et maintenir très chaud.
Faire rapidement réduire le sirop. Ajouter presque tout le rhum, verser brûlant sur les pommes. Chauffer la dernière cuillerée de rhum dans une cuillère, l'enflammer, répandre sur les fruits. Servir en flammes.

689. Pommes en bougies
Préparation : 10 min

4 très grosses pommes
6 noix
1 gâteau rond de forme plate

Tailler au vide-pomme dans de très grosses pommes, de petits cylindres en forme de bougie.
Casser et décortiquer les noix. Planter un cerneau de noix au sommet de chaque petite bougie, puis en garnir le gâteau. Allumer les noix au moment de servir. Les noix prennent très facilement feu.
Remarque. – Pour cette préparation, on peut choisir un pudding à la semoule (436), un gâteau de riz (430), un pain de Gênes (126) ou un biscuit manqué (118).

690. Flan campagnard
Voir formule 373.

691. Flan de riz
Voir formule 374.

692. Crème Eva
Voir formule 382.

693. Pommes Eva
Préparation : 20 min – Cuisson : 30 min

125 g de sucre en poudre
1 gousse de vanille
6 belles pommes
10 cl de vin rouge

Préparer un sirop avec le sucre et 40 cl d'eau. Ajouter la gousse de vanille. Lorsqu'il frémit, y mettre

les demi-pommes épluchées et citronnées. Les laisser cuire à très petit feu jusqu'à ce que les moitiés de fruits soient transparentes (voir pommes châtelaine, 679).
Égoutter les pommes. Ajouter le vin rouge au sirop et faire réduire pour le rendre assez épais. Napper les pommes de cette gelée qui doit colorer le dessert.

694. Pudding de riz aux pommes

Voir formule 428.

695. Beignets aux pommes

Voir formule 467.

696. Omelette normande

Voir formule 505.

697. Timbale de pommes
Préparation : 15 min – Cuisson : 1 h

200 g de pain rassis
500 g de pommes
100 g de sucre en poudre
100 g de beurre
10 cl de lait
50 cl de crème anglaise

Beurrer un moule à charlotte. Garnir le fond de tranches de pain coupées très minces, puis d'une couche de fines lamelles de pommes épluchées. Saupoudrer de sucre ; parsemer de quelques petits morceaux de beurre. Recommencer, en alternant, à mettre jusqu'à épuisement. Arroser de lait.
Mettre à cuire à four moyen pendant 1 h.
Préparer la crème anglaise (343).
Laisser refroidir pour démouler. Servir froid nappé de crème anglaise.

698. Tarte aux pommes

Voir formule 230.

699. Chaussons aux pommes

Voir formules 245 et 246.

700. Pommes en pâte ou Bourdelots normands
Préparation : 30 min – Cuisson : 45 min

400 g de pâte feuilletée
6 petites pommes
6 c. à s. de gelée de groseille
1 œuf

Préparer la pâte feuilletée (221).
Choisir des pommes plutôt petites (reinettes). Les éplucher, les garder entières. Enlever le cœur, mais pas jusqu'au fond : mettre dans chaque pomme 1 c. à s. de gelée de groseille.
Étendre la pâte feuilletée au rouleau sur 4 mm d'épaisseur. La couper en 6 parts pour envelopper chaque pomme dedans. Mouiller si cela est nécessaire pour souder les bords de la pâte. Dorer à l'œuf.
Cuire à four moyen pendant 15 min, puis chaud. Servir chaud ou froid.

701. Aspic de pommes
(à préparer la veille)
Préparation : 15 min – Cuisson : 30 min

1 kg de pommes (reine des reinettes)
350 g de sucre en poudre
Vanille en poudre
1 citron
40 g de beurre

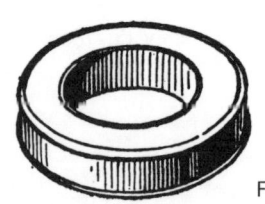

Peler les pommes. Les couper en tranches très minces. Les mettre dans une casserole avec le sucre, de la vanille et le jus du citron. Couvrir, faire

Fig. 29

cuire à très petit feu, 30 min au moins, en veillant à ne pas laisser attacher la préparation.

Passer au mixeur, ajouter le beurre par petits morceaux en tournant sans cesse. Verser dans un moule (fig. 29) huilé. Laisser prendre l'aspic toute la nuit au moins au réfrigérateur. Démouler sur un compotier plat.

Remarques. – On peut servir avec une crème anglaise à la vanille (344) ou une crème anglaise au kirsch (345).

– Il est possible d'ajouter un coing à la préparation pour qu'il y ait plus de pectine.

702. Pommes Condé

Procéder comme pour les abricots Condé. Voir formule 532.

703. Pommes Colbert

Procéder comme pour les abricots Colbert. Voir formule 531.

704. Pommes à la piémontaise
Préparation : 35 min – Cuisson : 1 h 20

9 pommes	
90 g de beurre	
180 g de sucre en poudre	
75 cl de lait	
125 g de farine de maïs	
100 g de figues sèches	
60 g de noix	
10 cl de rhum	
2 macarons rassis	
Sirop au kirsch	

Faire cuire 6 pommes avec 50 g de beurre et 60 g de sucre selon la formule 685 mais sans le pain, pendant 40 min.

Faire bouillir le lait, y mettre 60 g de sucre et y jeter en pluie la farine de maïs. Laisser cuire jusqu'à épaississement.

Avec 10 cl d'eau, 60 g de sucre et le rhum, faire un sirop dans lequel on cuit les figues coupées en dés et 3 pommes épluchées à feu doux pendant 25 à 30 min. Ajouter les noix décortiquées coupées en dés hors du feu.

Avec la farine de maïs, préparer une couronne bien moulée sur une plaque beurrée. La badigeonner de 40 g de beurre fondu. La passer à four chaud pendant 10 min.

Mettre au centre de cette couronne la salade de fruits précédemment

préparée. Ranger, par-dessus, les pommes coupées en deux. Saupoudrer de macarons pilés.
Passer à four vif 5 min et servir chaud arrosé d'un sirop au kirsch (25).

705. Pommes à la Bourdaloue
Préparation : 40 min – Cuisson : 40 min

6 pommes
160 g de sucre en poudre
Crème frangipane
Pâte sucrée

Éplucher les pommes, les couper en quartiers, les pocher dans un sirop fait avec 25 cl d'eau et 100 g de sucre à petite ébullition, pendant 10 min.
Préparer une crème frangipane (22).
Faire la pâte sucrée selon la formule 220, et la cuire à blanc à four chaud pendant 10 min.
Disposer sur cette pâte cuite une couche de crème frangipane. Garnir avec les quartiers de pommes égouttés. Recouvrir avec le reste de la crème et verser à la surface un caramel roux fait avec 60 g de sucre (36).

706. Potiron en entremets
Préparation : 20 min – Cuisson : 20 min

1 kg de potiron bien rouge
Sel
200 g de sucre en poudre
20 cl de kirsch

Couper la chair de potiron en dés et la faire cuire 20 min dans de l'eau bouillante très légèrement salée. Réduire en purée et sucrer avec 100 g de sucre. Préparer, avec les 100 g de sucre restant, un caramel (36) ; couvrir l'entremets de ce caramel et arroser de kirsch. Servir chaud.

707. Tarte au potiron
Préparation : 30 min – Cuisson : 1 h 45

500 g de pulpe de potiron
Pâte brisée
70 g de farine
150 g de sucre en poudre
Sel
3 œufs
25 cl de lait

Cuire la pulpe du potiron en petits dés avec très peu d'eau, à feu doux, pendant 45 à 60 min. La réduire en purée.
Préparer la pâte brisée (218).
Mettre la farine dans une terrine, ajouter le sucre,

un peu de sel et les œufs. Mélanger. Délayer avec le lait. Ajouter le zeste de citron râpé et la purée de potiron. Faire prendre un bouillon à feu moyen.

1 citron non traité (zeste)

Étendre la pâte brisée et en foncer une tourtière beurrée. Verser la garniture et cuire à four chaud pendant 45 min.

708. Flan au potiron
Préparation : 20 min – Cuisson : 1 h 10

300 g de pulpe de potiron
60 g de farine
3 œufs
150 g de sucre en poudre
50 cl de lait
Sel
1 citron non traité (zeste)

Cuire la pulpe de potiron, coupée en petits dés, avec très peu d'eau, à feu doux pendant 40 à 50 min. Réduire en purée.

Mettre la farine dans une terrine. La délayer avec les 3 œufs. Ajouter le sucre, le lait, un peu de sel. Mélanger. Terminer en mettant le zeste de citron râpé et la purée de potiron. Verser dans un moule à charlotte beurré. Cuire à four chaud pendant 15 à 20 min.

709. Compote de prunes
Préparation : 10 min – Cuisson : 25 min

500 g de prunes
150 g de sucre en poudre
1/2 gousse de vanille

Laver, équeuter et dénoyauter les fruits. Les mettre dans une casserole avec 10 cl d'eau, le sucre et la vanille. Laisser cuire 25 min à feu doux. Servir froid.

710. Prunes Condé

Procéder comme pour les abricots Condé, formule 532.

711. Pudding au pain et aux prunes

Voir formule 450.

712. Beignets aux prunes

Voir formule 470.

713. Tarte aux prunes

Voir formule 227.

714. Charlotte aux quetsches
Préparation : 20 min – Cuisson : 65 min

1 pain de mie
125 g de beurre
1 kg de quetsches
200 g de sucre en poudre

Couper le pain de mie en tranches assez minces. Les tremper dans le beurre fondu et en tapisser un moule à charlotte (paroi et fond) bien beurré.

Préparer la compote de quetsches : avec 25 cl d'eau et le sucre, préparer un sirop assez épais. Y mettre les prunes dénoyautées. Les laisser cuire jusqu'à ce qu'elles forment une marmelade assez épaisse, presque sans jus. La verser dans le moule à charlotte en ayant soin d'alterner une couche de fruits et une couche de pain beurré. Terminer par le pain. Cuire à four chaud pendant 30 à 40 min. Laisser refroidir pour démouler.

715. Pudding aux reines-claudes
(à préparer la veille)
Préparation : 20 min – Cuisson : 20 min

200 g de biscuits à la cuillère
20 cl de rhum
1 pot de confiture de reines-claudes
50 cl de crème à la vanille
50 g de fruits confits

Imbiber les biscuits de rhum. Les disposer régulièrement dans un moule à charlotte, côté bombé vers l'intérieur. Alterner une couche de confiture et une couche de biscuits imbibés. Terminer avec des biscuits.

Mettre le moule au réfrigérateur, couvert d'une assiette portant un poids léger, toute la nuit.

Le lendemain, préparer la crème anglaise à la vanille (344), réserver au frais. Démouler la charlotte au moment de servir en trempant le fond du moule dans de l'eau chaude. Napper de crème anglaise et garnir de fruits confits.

Les entremets **285**

716. Pruneaux
(quelques heures à l'avance)
Préparation : 5 min – Cuisson : 30 min

| 500 g de pruneaux |
| 100 g de sucre en poudre |

Choisir des pruneaux bien frais et tendres. Les laver. Les mettre à tremper plusieurs heures dans 30 cl d'eau froide. Les faire cuire dans cette eau 30 min à feu doux, avec le sucre. Servir froid.

717. Pruneaux au thé
(4 ou 5 h à l'avance)
Préparation : 10 min

| 350 g de pruneaux |
| 50 cl de thé de Ceylan |
| 1 pincée de vanille en poudre |
| 100 g de sucre en poudre |

Choisir de très belles prunes d'Agen, tendres et moelleuses. Les laver, les mettre à tremper 2 h dans de l'eau froide. Égoutter.
Dresser dans une jatte. Préparer 50 cl de bon thé de Ceylan et verser bouillant sur les pruneaux. Ajouter la vanille et le sucre. Laisser macérer et refroidir 2 ou 3 h.

718. Pruneaux au vin
(2 ou 3 h à l'avance)
Préparation : 10 min

| 350 g de pruneaux |
| 50 cl de bordeaux rouge |
| 100 g de sucre en poudre |
| 1 pincée de cannelle en poudre |
| 1 citron non traité ou 1 orange non traitée |

Choisir de beaux pruneaux. Les laver. Les mettre à tremper 2 h dans de l'eau froide. Égoutter, dresser sur un compotier. Faire bouillir 50 cl d'eau avec le vin, la cannelle, le citron (ou l'orange) coupé en rondelles et le sucre. Verser bouillant sur les pruneaux. Laisser macérer et refroidir 2 ou 3 h.

719. Pruneaux à la crème
Préparation : 10 min – Cuisson : 1 h

| 500 g de pruneaux |
| 100 g de sucre en poudre |
| 50 cl de crème anglaise |

Mettre les pruneaux à tremper dans de l'eau froide.
Les faire cuire selon la formule 716.
Les égoutter et faire réduire le jus des pruneaux.

Préparer la crème anglaise épaisse (343).
Laisser refroidir les pruneaux, retirer les noyaux. Dresser sur un compotier. Masquer de crème anglaise et verser le jus réduit des pruneaux.

720. Crème aux pruneaux

Voir formule 348.

721. Far breton
Préparation : 20 min – Cuisson : 40 min

250 g de pruneaux
125 g de farine
3 g de sel
4 œufs
100 g de sucre en poudre
1 litre de lait
2 cl de rhum

La veille, mettre les pruneaux à tremper dans de l'eau froide.
Le jour même, mettre la farine dans une terrine avec le sel ; casser les œufs un à un et mélanger soigneusement pour éviter les grumeaux. Travailler la pâte pour la rendre légère. Ajouter le sucre, puis le lait. Parfumer avec le rhum. Mettre enfin les pruneaux égouttés. Verser la pâte dans un plat beurré allant au four. Mettre à four chaud, et ralentir la cuisson une fois le far saisi. Servir froid ou chaud.

722. Pruneaux Condé

Voir formule 532. Remplacer les abricots par des pruneaux.

723. Pruneaux Colbert

Préparer un gâteau de semoule selon la formule 436 B.
Cuire les pruneaux (716). Garnir le gâteau avec les pruneaux.

724. Beignets aux pruneaux
Préparation : 15 min – Cuisson : 15 min

Préparer une pâte à frire (464).
Faire cuire les pruneaux selon la formule 716.
Les retirer du jus. Les égoutter, les placer sur du papier absorbant et les dénoyauter.
Mettre les pruneaux dans la pâte à frire et les cuire comme n'importe quel beignet (466).

725. Tartelettes au raisin
Voir formule 238.

726. Raisins givrés
Préparation : 10 min – Cuisson : 10 min

500 g de raisins
2 blancs d'œufs
300 g de sucre en poudre

Couper les grappes de raisin d'égale grosseur. Les laver, les essuyer. Les passer ensuite dans les blancs d'œufs battus en neige. Puis rouler chaque grappe dans le sucre en poudre.
Les placer ensuite sur un papier sulfurisé à four tiède pendant 10 min.

727. Pudding aux amandes et aux raisins
Voir formule 442.

728. Pudding au pain et aux raisins
Voir formule 449.

729. Riz smyrniote
(1 h à l'avance)
Préparation : 10 min – Cuisson : 30 min

250 g de raisins de Smyrne	
10 cl de rhum	
150 g de riz rond	
75 cl de lait	
Sel	
100 g de sucre en poudre	
30 g de beurre	
10 g de cannelle en poudre	

Laver les raisins. Les faire macérer dans le rhum pendant 1 h au moins.

Préparer le riz et le faire cuire dans le lait, avec un peu de sel, le sucre et le beurre, selon la formule 422.

Mélanger au riz chaud, les raisins et le rhum. Saupoudrer de cannelle et laisser refroidir.

Remarque. – On peut servir avec une sauce au rhum (26).

730. Crêpes aux raisins
(1 h à l'avance)
Préparation : 10 min – Cuisson : 3 min par crêpe

15 g de raisins de Corinthe	
Pâte à crêpes	

Mettre les raisins lavés à tremper dans de l'eau tiède pendant 15 min au moins.

Préparer une pâte à crêpes selon la formule 465 et y ajouter aussitôt les raisins de Corinthe égouttés. Laisser reposer 1 h. Cuire comme des crêpes ordinaires.

Remarque. – On peut flamber au rhum au moment de servir.

731. Flan aux raisins
Préparation : 20 min – Cuisson : 45 min

Pâte brisée	
Raisin blanc	
60 g d'amandes mondées	
10 cl de lait	
1 œuf	
Sucre en poudre	

Faire avec la farine et le beurre une pâte brisée (218). Étendre cette pâte au rouleau et en foncer un moule à tarte beurré. Garnir à volonté avec les grains de raisin lavés et essuyés. Napper avec une pâte faite avec les amandes pilées, le lait, l'œuf et 50 g sucre. Saupoudrer de sucre et faire cuire à four doux pendant 45 min.

732. Compote de rhubarbe
Préparation : 10 min – Cuisson : 25 min

750 g de rhubarbe
200 g de sucre en poudre

Laver et retirer les fils des tiges de rhubarbe. Les couper en tronçons de 1 cm. Ébouillanter pour retirer l'acidité. Les mettre dans une casserole avec le sucre, sur feu doux. Laisser cuire en remuant souvent. Servir froid sur un compotier. Ajouter du sucre si nécessaire.

733. Rhubarbe à la française
Préparation : 15 min – Cuisson : 40 min

250 g de pommes
300 g de sucre en poudre
750 g de rhubarbe

Laver les pommes. Les couper en quartiers, les éplucher et les cuire à feu moyen avec peu d'eau. Lorsqu'elles sont cuites, les égoutter et en recueillir le jus. Réduire les pommes en purée et les mettre dans un compotier.

Faire bouillir le jus de pommes avec le sucre. Lorsque le sirop est assez épais, y mettre la rhubarbe lavée et coupée en tronçons. Laisser cuire à feu moyen pendant 10 min.

Retirer les morceaux de rhubarbe et les mettre sur la compote. Laisser réduire le sirop jusqu'à ce qu'il soit à l'état de gelée. Le verser sur l'entremets.

734. Compote de poires et de rhubarbe
Voir formule 668.

735. Tarte à la rhubarbe
Voir formule 229.

736. Compote tous fruits
Préparation : 30 min – Cuisson : 6 min

200 g de sucre en poudre
250 g d'abricots
250 g de pêches
200 g de cerises
200 g de fraises
250 g de framboises
200 g de groseilles

Faire chauffer 50 cl d'eau et le sucre. Au moment où le sirop bout, y jeter les abricots épluchés, dénoyautés et coupés en quartiers. Laisser cuire 3 min.
Mettre ensuite les pêches épluchées et dénoyautées. Laisser cuire 3 min. Incorporer les cerises dénoyautées dans le liquide bouillant. Retirer du feu et ajouter les autres fruits préparés. Laisser refroidir, mettre sur la glace et servir très frais.

737. Fruits rafraîchis au naturel
(4 h à l'avance)
Préparation : 30 min

2 bananes
200 g de cerises
200 g de fraises
200 g de raisins
1 pomme
1 poire
1 orange
Pêches, abricots, etc.
150 g de sucre en poudre

Peler les fruits qui le nécessite. Enlever les noyaux, équeuter. Les couper en tranches.
Mettre cette macédoine de fruits dans une jatte, recouvrir de sucre et tenir au frais avant de servir.

738. Fruits rafraîchis au sirop
(3 ou 4 h à l'avance)
Préparation : 30 min – Cuisson : 5 min

Fruits
60 g de sucre en poudre
10 cl de cognac
10 cl de rhum

Procéder selon la recette 737 avec tous les fruits de cette recette. Au moment où tous les fruits sont recouverts de sucre, les mélanger délicatement. Mettre au frais.
D'autre part, avec 60 g de sucre et un peu d'eau, faire un caramel roux (36) ; y ajouter, quand il commence à refroidir, un peu d'eau, puis le cognac et le rhum. Le faire fondre parfaitement.
Récupérer le jus des fruits et l'ajouter à la sauce refroidie. Au moment de servir, arroser les fruits de la sauce.
Remarque. – Il faut faire très attention en ajoutant l'eau dans le cara-

mel, car des risques de projection de sucre sont possibles à cette température. Il est donc préférable de laisser refroidir le caramel. Les alcools sont également toujours ajoutés à froid, car ils risquent de s'enflammer et de s'évaporer.

739. Oranges surprise

Voir formule 630.

740. Melon surprise

Voir formule 627.

741. Coupe de fruits
(4 h à l'avance)
Préparation : 30 min

Fruits
1/2 bouteille de champagne

Procéder selon la formule 737 avec tous les fruits de cette recette, mais laisser macérer dans du champagne. Servir glacé dans des coupes à champagne.

742. Croûte au madère
(6 ou 8 h à l'avance)
Préparation : 45 min

1 brioche en couronne de 500 g
50 g de beurre
1/2 pot de marmelade d'abricots
6 tranches d'ananas ou un petit ananas frais
50 cl de fruits au sirop ou 1 boîte de macédoine de fruits
25 cl de madère
Cerises confites

Choisir une brioche en couronne ou à défaut du pain brioché, ou même du pain de mie. Y tailler 12 tranches de 1 cm d'épaisseur à peu près. Faire frire chacune de ces tranches dans une poêle, sur les deux faces, avec une noisette de beurre. Les tartiner sur un côté de marmelade d'abricots et reformer ensuite la couronne sur un plat ovale en intercalant entre chaque tranche une demi-rondelle d'ananas.

D'autre part, couper les fruits au sirop ou en conserve en morceaux assez gros ; ajouter les restes d'ananas s'il y en a. Faire macérer ces fruits dans le madère.

Préparer une sauce à l'abricot : mettre 6 c. à s. de marmelade dans une casserole. Ajouter 20 cl du sirop de conserve des fruits et des ananas ou, à défaut, d'eau. Faire bouillir 2 à 3 min, passer au mixeur. Ajouter la moitié de cette sauce à la macération de fruits. Laisser prendre goût 6 à 7 h en vase clos au frais.

Avec le reste de la sauce, napper la couronne, décorer de quelques cerises. Au moment de servir, verser les fruits et leur sauce dans le creux de la couronne.

Remarque. – Si on veut servir cet entremets chaud, il faut le dresser sur un plat allant au four, passer 7 à 10 min la couronne vide à four moyen, réchauffer le mélange de fruits au madère sans laisser bouillir, verser dans la couronne et servir sans tarder.

743. Coupes Jack

Préparer une macédoine de fruits rafraîchis (737). Répartir la salade de fruits dans chaque coupe et recouvrir de glace à la vanille (752) et de glace aux fraises et à la crème (763).

Les fromages sucrés

Remarque importante – Toutes les crèmes contenant du blanc d'œuf doivent être consommées le jour même.

744. Fromage à la crème surfin
(8 h à l'avance)
Préparation : 15 min

50 cl de fromage blanc
60 cl de crème liquide
3 blancs d'œufs

Égoutter le fromage blanc dans une passoire, le mélanger à 50 cl de crème liquide et travailler au fouet pendant 10 min. Battre les blancs d'œufs en neige, les mélanger à la préparation. Verser dans une éclisse d'osier garnie d'une mousseline propre. Laisser égoutter 8 h au réfrigérateur. Démouler et servir frais, avec quelques cuillerées de crème liquide.

Les entremets

745. Fromage à la crème au chocolat
Préparation : 10 min

250 g de crème liquide
Lait
250 g de fromage blanc
175 g de sucre en poudre
150 g de chocolat en poudre

Délayer la crème avec un peu de lait. Fouetter pour la rendre tout à fait légère. D'autre part, battre à la fourchette le fromage blanc. L'incorporer à la crème et continuer à fouetter. Ajouter le sucre et le chocolat en poudre. Tenir au frais avant de servir.

Remarque. – On peut remplacer le chocolat par de l'extrait de café ou de vanille.

746. Crémets
Préparation : 10 min

250 g de crème fraîche épaisse
Lait
2 blancs d'œufs
100 g de crème liquide
Sucre en poudre

Délayer la crème épaisse avec un peu de lait. La battre pour la rendre très légère. D'autre part, battre les blancs en neige. Mélanger intimement, mais délicatement, les deux préparations et verser dans des petits moules en osier, percés de trous. Mettre au frais. Au moment de servir, démouler sur le plat et napper de crème liquide. Sucrer selon le goût.

747. Crème Chantilly

Voir formule 8.

748. Crème Pompadour
Préparation : 10 min

300 g de crème fraîche
Sucre en poudre
Colorants alimentaires bleu et rouge

Préparer une crème fouettée, sucrée suivant le goût. Colorer un tiers avec une dose de colorant alimentaire rouge, un tiers avec une dose de colorant alimentaire bleu, le dernier tiers reste blanc. Disposer de manière décorative dans une coupe.

749. Coupes Bourbon
(2 h à l'avance)
Préparation : 20 min

60 g de fraises des bois	
100 g de groseilles rouges	
10 cl de kirsch	
200 g de crème fraîche épaisse	
3 blancs d'œufs	
4 coquilles de meringue	
Sucre en poudre	

Faire macérer les fraises et les groseilles égrenées dans le kirsch.
Battre la crème d'une part, les blancs d'œufs d'autre part, selon la formule 746. Mélanger les deux préparations avec les coquilles de meringues brisées en petits morceaux.
Mêler les fruits macérés et le kirsch à la crème. Disposer dans des coupes à fruits ou dans des coquilles. Sucrer selon le goût. Tenir au frais au moins 1 h avant de servir.

750. Croûtes Chantilly
Préparation : 15 min

100 g de crème fraîche	
100 g de fromage blanc	
100 g de sucre en poudre	
60 g de cerises confites	
6 coquilles de meringue	

Battre au mixeur la crème, d'une part. D'autre part, battre le fromage blanc. Mélanger les deux préparations en incorporant le sucre et les cerises confites.
Garnir les croûtes de meringues de cette préparation et servir bien frais.

751. Petits pots corinthiens
(1 h à l'avance)
Préparation : 10 min

125 g de raisins de Corinthe	
10 cl de rhum	
200 g de crème fraîche épaisse	
90 g de sucre en poudre	

Mettre les raisins lavés à macérer dans le rhum pendant 1 h.
Battre la crème en Chantilly (8). Sucrer et ajouter les raisins égouttés. Servir frais.

Les glaces et les sorbets

N.B. – Dans nos recettes, les proportions sont établies pour 6 personnes.

Les glaces

Les glaces sont des desserts particulièrement rafraîchissants. Comme ils sont fabriqués à base de lait ou de crème, d'œufs, de sucre, de jus de fruits, ils sont nourrissants.

La congélation de ces éléments n'est possible que lorsqu'ils se trouvent à une température égale à – 12 °C qui est obtenue grâce à l'utilisation d'une sorbetière.

Pour servir la glace maison, on doit la mouler. Il existe des moules variés. Ils doivent toujours être munis d'un couvercle.

Verser la crème glacée dans le moule. Bien tasser afin d'éviter les vides. Couvrir d'une feuille de papier sulfurisé. Mettre le couvercle et placer le moule dans un congélateur à – 18 °C.

Un moule de 1 litre est pour 6 à 8 personnes gourmandes.

Pour démouler, arroser le moule d'eau tiède pendant 2 à 3 s. Bien essuyer pour enlever toutes traces d'eau.

Les glaces sont le plus souvent façonnées à la cuillère et dressées en coupes rafraîchies ou sur des assiettes.

On distingue deux sortes de glaces : les glaces fermes, obtenues par le procédé énoncé ci-dessus, et les glaces légères (mousses), qui ne sont pas battues en sorbetière mais seulement moulées et sanglées.

Les meilleures glaces se font impérativement avec de la crème liquide UHT. Cependant, on peut, par mesure d'économie, préparer une crème anglaise avec du lait et des œufs. Si cette crème est soigneusement faite, l'entremets glacé est excellent.

752. Glace à la vanille
Préparation : 20 min – Cuisson : 20 min

1 litre de lait
1 gousse de vanille
8 jaunes d'œufs
250 g de sucre en poudre

Faire bouillir le lait vanillé. Mettre les jaunes dans une terrine avec le sucre. Travailler pendant 5 min au moins pour rendre le mélange blanc et mousseux. Verser peu à peu le lait chaud. Procéder ensuite comme pour une crème anglaise (343). La crème étant épaissie, la faire refroidir en battant continuellement pour accélérer le refroidissement : elle devient onctueuse et moelleuse en refroidissant. Verser la crème dans la sorbetière et faire fonctionner selon les indications du fabricant.

753. Glace à la vanille fine

Procéder selon la formule 752 et utiliser 75 cl de lait et 25 cl de crème liquide UHT, que l'on met à bouillir ensemble.

754. Glace à la vanille et au kirsch
Préparation : 5 min

1 litre de crème liquide UHT
280 g de sucre en poudre
Kirsch à volonté
Vanille en poudre

Mélanger tous les ingrédients et faire prendre aussitôt en sorbetière.

755. Glace au chocolat
Préparation : 20 min – Cuisson : 15 min

100 g de sucre en poudre
8 jaunes d'œufs
1 litre de lait
200 g de chocolat

Travailler le sucre et les jaunes pour obtenir un mélange mousseux. D'autre part, faire fondre le chocolat dans le lait. L'ajouter peu à peu sur le mélange. Faire épaissir cette crème au bain-marie, à feu doux. Lorsqu'elle a bonne consistance, la battre au fouet pour la faire refroidir et la rendre mousseuse. Mettre en sorbetière et faire congeler. On peut ajouter, avant de commencer la congélation, 50 cl de crème fouettée qui la rendra plus onctueuse.

756. Glace au café
Préparation : 20 min – Cuisson : 20 min

1 litre de lait
8 jaunes
150 g de sucre en poudre
Café soluble ou extrait

Faire une crème comme l'indique la formule 752, mais la parfumer au café à volonté. Procéder comme pour la glace à la vanille.

757. Glace fine au café

Procéder selon la formule 756. Ajouter 50 cl de crème fouettée UHT avant de commencer la congélation.

758. Café glacé
Formule A
Préparation : 5 min

250 g de sucre en poudre
1 litre de crème liquide UHT
Café extrait ou soluble

Mélanger le sucre, la crème et l'essence de café à volonté. Faire prendre aussitôt en sorbetière.

Formule B
Préparation : 10 min

50 cl de lait
185 g de café moulu
250 g de sucre en poudre
50 cl de crème liquide UHT

Faire infuser le café dans le lait bouillant. Passer à travers une mousseline et ajouter le sucre. Le faire bien fondre. Ajouter la crème liquide et faire prendre dans la sorbetière. Servir en tasse.

759. Glace au caramel
Préparation : 20 min – Cuisson : 10 min

100 g de sucre en morceaux
75 g de sucre en poud[re]
1 litre de crème liquide UHT

Faire avec le sucre en morceaux et un peu d'eau froide un caramel (36). Au moment où il est bien roux, verser 2 c. à s. d'eau chaude pour le faire fondre et obtenir un sirop. Laisser refroidir complètement.
Ajouter la crème et le sucre en poudre. Mélanger. Faire prendre en sorbetière.

760. Glace pralinée
Préparation : 35 min – Cuisson : 15 min

Pour la crème :
1 litre de lait
Vanille en poudre
8 jaunes
150 g de sucre en pou[dre]
Pour le pralin :
200 g d'amandes dou[ces]
200 g de sucre en pou[dre]

Faire une crème à la vanille selon la formule 752. Préparer le pralin (13). L'incorporer à la crème à la vanille, puis faire prendre en glace à l'aide de la sorbetière.

761. Glace aux noisettes
Préparation : 5 min

1 litre de crème liquide UHT
200 g de noisettes en poudre
150 g de sucre en pou[dre]
Vanille en poudre

Mêler à la crème liquide les noisettes en poudre, le sucre et de la vanille. Faire prendre à la sorbetière.

762. Glaces aux fruits (remarques)

On peut faire les glaces aux fruits de deux façons différentes. Soit en mêlant la purée de fruits à la crème fraîche, soit en ajoutant le jus de fruits à un sirop de sucre. Par ce dernier procédé, on obtient des sorbets qui fondent aussi beaucoup plus rapidement.

763. Glace aux fraises et à la crème
Préparation : 15 min

500 g de fraises des bois
200 g de sucre en poudre
1 litre de crème liquide UHT

Réduire les fraises en purée en les passant à travers un tamis.
Ajouter le sucre. Bien mélanger à la crème et faire prendre en sorbetière.

764. Glace aux framboises et à la crème

Procéder selon la formule 763, mais remplacer les fraises par des framboises.

765. Glace à l'abricot et à la crème
Préparation : 20 min

500 g d'abricots
200 g de sucre en poudre
1 litre de crème liquide UHT

Dénoyauter les abricots. Les éplucher. Les réduire en purée. Procéder selon la formule 763.

766. Glace à la pêche et à la crème

Procéder selon la formule 765, mais remplacer les abricots par des pêches.

767. Glace à l'ananas
Préparation : 25 min

400 g d'ananas
150 g de sucre en poudre
1 litre de crème à la vanille

Piler l'ananas et le mêler au sucre.
Préparer une crème à la vanille (752).
Mélanger la pulpe d'ananas sucrée à cette crème. Faire prendre en sorbetière.

768. Crème glacée à la vanille
Préparation : 20 min – Cuisson : 20 min

25 cl de lait
1 gousse de vanille
4 jaunes d'œufs
100 g de sucre en poudre
25 cl de crème liquide UHT
Vanille en poudre

Faire d'abord une crème anglaise (344) avec le lait dans lequel on a mis la gousse de vanille à bouillir, les jaunes d'œufs et le sucre.

Passer au chinois et laisser complètement refroidir.

Battre la crème fraîche pour obtenir une crème fouettée. Ajouter un peu de vanille en poudre.

Mélanger crème anglaise et crème fouettée. Verser le tout dans un moule, placer au congélateur et laisser prendre le temps nécessaire.

769. Crème glacée aux fruits confits
Préparation : 20 min – Cuisson : 20 min

Mettre les fruits confits coupés en petits morceaux à macérer dans du kirsch.

Procéder selon la formule 768 mais ne mettre que 75 g de sucre dans la crème à la vanille (l'alcool retardant la congélation, il faut diminuer la quantité de sucre qui, lui aussi, la retarde).

Ajouter la crème liquide fouettée. Mettre la préparation dans un moule, placer au congélateur et laisser prendre à moitié. Ajouter alors les fruits confits et le kirsch.

Mélanger le tout, dans le moule, à l'aide d'une spatule, en donnant un mouvement de va-et-vient. Laisser encore dans le réfrigérateur le temps nécessaire pour que la crème prenne complètement.

770. Crème glacée au café
Préparation : 20 min – Cuisson : 20 min

25 cl de lait
4 jaunes d'œufs
100 g de sucre en poudre
Nescafé ou extrait de café
25 cl de crème liquide UHT

Faire avec le lait, le sucre et les jaunes d'œufs une crème anglaise (343). Passer au chinois. Parfumer avec une quantité suffisante d'extrait de café. Laisser refroidir.

Incorporer la crème fraîche fouettée. Verser le tout dans un moule, placer au congélateur et faire prendre le temps nécessaire pour que la crème glacée soit ferme.

771. Crème glacée au chocolat
Préparation : 20 min – Cuisson : 20 min

100 g de chocolat
25 cl de lait
60 g de sucre en poudre
4 jaunes d'œufs
25 cl de crème liquide UHT

Faire fondre le chocolat dans le lait chaud. Ajouter le sucre et faire avec les jaunes et le lait chocolaté une crème anglaise (343).
Laisser bien refroidir avant d'incorporer la crème fraîche fouettée.
Verser le tout dans un moule, placer au congélateur et laisser prendre consistance.

772. Crème glacée aux framboises
Préparation : 20 min

50 cl de jus de framboises
125 g de sucre en poudre
25 cl de crème liquide UHT

Mixer les framboises afin d'obtenir 50 cl de jus. Ajouter le sucre et tourner jusqu'au moment où il est fondu.
Verser ce mélange dans un moule, placer au congélateur et laisser épaissir (1 à 2 h). Mettre alors la crème fouettée. Mélanger avec soin. Laisser refroidir pendant 30 min. Remuer alors avec une spatule en lui donnant un mouvement de va-et-vient (d'avant en arrière et vice versa). Laisser congeler. Recommencer cette opération toutes les heures (ceci afin d'éviter la formation de paillettes de glace.)

773. Crème glacée aux fraises

Procéder exactement selon la recette précédente, mais remplacer les framboises par des fraises. Mélanger la purée de fraises, légèrement congelée à l'avance, à la crème fouettée. Agiter avec la spatule la crème glacée toutes les heures jusqu'à ce que la crème soit bien prise.

774. Crème glacée aux abricots
Préparation : 20 min

50 cl de purée d'abricots crus et bien mûrs
90 g de sucre en poudre
25 cl de crème liquide UHT

Passer au mixeur les abricots bien mûrs de façon à obtenir une purée lisse.
Ajouter le sucre en poudre. Tourner jusqu'à ce qu'il soit parfaitement fondu.
Faire prendre dans un moule, au congélateur pendant 1 h. Incorporer la crème fouettée et bien mélanger. Remettre dans le congélateur sans oublier d'agiter le mélange toutes les 1 h 30 à l'aide d'une spatule.

775. Crème glacée à la pêche
Préparation : 20 min

50 cl de purée de pêche crues
90 g de sucre en poudre
1 c. à c. de jus de citron
25 cl de crème liquide UHT

Procéder exactement selon la recette précédente en employant des pêches bien mûres. Sucrer la pulpe de fruits. Ajouter le jus de citron. Verser dans un moule et faire prendre à moitié au congélateur. Ajouter la crème fouettée.
Procéder ensuite comme pour la crème glacée aux abricots.

776. Café glacé
Préparation : 10 min

1/2 boîte de lait concentré sucré
1/3 boîte de lait concentré non sucré
Lait
Café lyophilisé

Mélanger le lait concentré sucré au lait concentré non sucré. Ajouter le même volume de lait. Parfumer au café lyophilisé selon goût.
Verser dans un moule, mettre au congélateur et laisser prendre en crème glacée.
Remarque. – On peut servir le café glacé décoré de crème Chantilly (8).

Les mousses

Dans les glaces mousseuses, on incorpore, au moment où la glace est prise, de la crème fouettée. On mélange très intimement. On met en moule et on sangle dans un congélateur à – 18 °C.

777. Mousse glacée aux fraises
Préparation : 30 min – Cuisson : 15 min

50 cl de sirop de sucre
8 jaunes d'œufs
200 g de fraises
25 cl de crème fouettée

Préparer le sirop de sucre à 120 °C (35).
Battre fortement les jaunes dans une terrine. Ajouter le sirop chaud en filet très mince.
Faire épaissir au bain-marie en tournant au fouet, sans arrêt. Lorsque le mélange est très épais, arrêter la cuisson mais continuer à fouetter pour refroidir le mélange.
Mélanger à la préparation les fraises écrasées au mixeur et la crème fouettée. Faire congeler en sorbetière.

778. Mousse glacée à l'ananas
Préparation : 30 min – Cuisson : 15 min

50 cl de sirop de sucre
8 jaunes d'œufs
185 g d'ananas confit
Essence d'ananas
25 cl de crème fouettée

Procéder selon la formule 777, ajouter à la préparation 2 gouttes d'essence d'ananas et l'ananas confit haché. Finir avec la crème fouettée. Faire congeler en sorbetière.

779. Mousse glacée à la mandarine
Préparation : 30 min – Cuisson : 15 min

50 cl de sirop
8 jaunes d'œufs
6 mandarines non traitées
25 cl de crème fouettée

Procéder selon la formule 777, ajouter dans le sirop de sucre, les zestes râpés des mandarines.
Ajouter la crème fouettée. Faire congeler en sorbetière.

780. Mousse glacée à l'orange

Procéder selon la formule 779 en remplaçant les mandarines par 4 oranges non traitées.

781. Mousse glacée aux pêches

500 g de pêches
150 g de groseilles
50 cl de sirop
8 jaunes d'œufs
25 cl de crème fouettée

Éplucher les pêches. Les écraser au mixeur ainsi que les groseilles.
Procéder selon la formule 777, ajouter la purée de fruits à la préparation. Incorporer la crème fouettée et faire prendre à la sorbetière.

782. Mousse glacée aux abricots

Remplacer les pêches par 500 g d'abricots et procéder exactement selon la formule 781.

783. Café liégeois
Préparation : 15 min

Préparer un café glacé selon la formule 758 A. Préparer d'autre part 200 g de crème fouettée en Chantilly sucrée (8). Servir le café glacé dans des grands verres ou dans des tasses. Ajouter par-dessus 1 c. à s. de crème Chantilly.

784. Chocolat liégeois
Préparation : 35 min – Cuisson : 15 min

Préparer une glace au chocolat, formule 755. Préparer d'autre part 200 g de crème fouettée en Chantilly sucrée (8). Servir le chocolat glacé dans des grands verres ou dans des tasses. Ajouter par-dessus 1 c. à s. de crème Chantilly.

785. Coupes Jack

Voir formule 743.

786. Pêches Melba

Préparation : 30 min – Cuisson : 15 min

| 6 pêches |
| Glace à la vanille |
| 150 g de sucre en poudre |
| 2 c. à s. de gelée de groseille ou de coulis de framboise |

Préparer la glace à la vanille selon la formule 752. Faire cuire les pêches entières, mais épluchées, dans le sirop fait avec 150 g de sucre et 50 cl d'eau selon la formule 647. Les laisser refroidir.
Mettre, dans une grande coupe, un fond de glace à la vanille. Disposer les pêches par-dessus. Napper de gelée de groseille ou d'un coulis de framboise.

787. Fraises Melba

Procéder comme pour les pêches Melba (786) mais avec 300 g de fraises cuites dans un sirop fait avec 150 g de sucre et 50 cl d'eau.

788. Glace plombières

Préparation : 25 min – Cuisson : 20 min

| 225 g de fruits confits |
| 10 cl de kirsch |
| 1 litre de glace à la vanille |

Faire macérer les fruits confits, coupés en petits morceaux, dans le kirsch.
Préparer la glace à la vanille selon la formule 752.
Les incorporer à la glace à la vanille juste avant de servir.

Les sorbets

Le sorbet est un mélange de sirop de sucre, de pulpe de fruits, d'alcool ou de vins (liqueur, champagne) et parfois additionnés de meringue italienne.
Remarque importante. – Pour toutes les glaces préparées à base de sirop, il faut :

306 Je sais faire la pâtisserie

– Faire dissoudre 1 kg de sucre dans 50 cl d'eau.
– Faire chauffer et bouillir, puis surveiller la formation du sirop. Il doit être au grand filet (36).
– Mélanger à ce sirop refroidi le jus des fruits choisis, la crème fraîche si on le désire, et faire prendre en sorbetière.

En règle générale, il faut compter 1 volume de pulpe de fruit pour 1 volume de sirop.

Les sorbets se servent dans des verres à pied ayant environ une capacité de 15 cl.

789. Sorbet à la fraise
Préparation : 10 min

80 cl de sirop au grand filet
1 kg de fraises
1/2 citron

Préparer le sirop de sucre avec 500 g de sucre et 50 cl d'eau (36).

Passer les fraises à travers un tamis très fin, ajouter le jus du demi-citron. Mélanger le jus obtenu au sirop de sucre refroidi. Faire prendre en sorbetière.

790. Sorbet à la framboise
Préparation : 10 min

Procéder selon la formule 789, mais remplacer les fraises par 1 kg de framboises et 500 g de groseilles.

791. Sorbet au citron
(1 h à l'avance)
Préparation : 10 min

80 cl de sirop au grand filet
6 citrons non traités

Préparer le sirop de sucre avec 500 g de sucre et 50 cl d'eau (36).

Râper le zeste de 3 citrons. Presser le jus des 6 citrons. Verser dans le sirop chaud. Laisser macérer et refroidir pendant 1 h.

Passer au tamis et faire prendre en sorbetière lorsque le mélange est complètement refroidi.

792. Sorbet à l'orange
Préparation : 10 min

Procéder selon la formule 791, mais remplacer les citrons par 6 oranges non traitées.

793. Sorbet à la mandarine

Procéder selon la formule 791, mais remplacer les citrons par 8 mandarines non traitées.

794. Meringue italienne
Préparation : 10 min

4 blancs d'œufs
300 g de sucre en poudre

Battre les blancs en neige très ferme.
Préparer en même temps un sirop au boulé (36) avec le sucre à 120 °C et 6 c. à s. d'eau.
Verser en filet ce sirop chaud contre la paroi de la terrine où sont les blancs en neige et battre sans arrêt pour obtenir une pâte très homogène.

795. Sorbet au kirsch
Préparation : 15 min

80 cl de sirop léger
15 cl de kirsch
25 cl de champagne
Meringue italienne

Préparer le sirop de sucre avec 500 g de sucre et 50 cl d'eau (36).
Mélanger à froid le sirop, le kirsch et le champagne. Faire congeler à la sorbetière. Turbiner à – 20 °C car l'alcool abaisse la température de congélation.
Préparer la meringue italienne (794).
Au moment où la glace commence à prendre, incorporer la meringue.
Remettre à turbiner.

796. Sorbet au rhum
Préparation : 15 min

Procéder selon la formule 795, mais remplacer le kirsch par du rhum.

797. Sorbet au Grand-Marnier
Préparation : 15 min

Procéder selon la formule 795, mais remplacer le kirsch par du Grand-Marnier.

798. Ice cream soda
Préparation : 15 min

Préparer une glace au parfum désiré.
La mettre dans un grand verre et envoyer au moyen d'un tuyau recourbé, à la base de la glace, un jet d'eau gazeuse. Se boit avec des pailles.

Les boissons

Notre organisme a besoin, chaque jour, d'une assez grande quantité de liquide (2 litres à 2,5 litres). L'être humain ne peut vivre sans boire.

Et c'est l'eau qui est la boisson la plus hygiénique et surtout la moins coûteuse.

On n'est pas toujours sûr de la provenance de l'eau destinée à être bue. C'est pourquoi, la gourmandise aidant, on a pris l'habitude de remplacer l'eau par d'autres boissons.

Quelquefois, on adjoint à l'eau une substance destinée à en modifier le goût.

Nous ne signalons ici que les boissons utilisées en cas de réceptions.

C'est à dessein que les tisanes ne sont pas mentionnées[6].

Les jus de fruits

Ce sont des boissons extrêmement saines. Les jus de fruits ont une valeur alimentaire très appréciable, surtout s'ils sont obtenus à partir de fruits qui sont en pleine maturité.

Contenant beaucoup d'eau (de 80 à 88 %), ils apportent :

---

6. Se reporter à *Je sais cuisiner* pour les tisanes.

– du sucre dans une proportion qui est de 5 à 20 % suivant leur nature ;
– des sels à réactions acides (tartrates, citrates, malates, etc.) ;
– des matières pectiques.

Les fruits sont assez riches en sels minéraux. Et ils sont les végétaux qui nous apportent le plus de vitamines : C-B (dans tomate, orange, ananas) et quelquefois A (banane, tomate, ananas).

À cause des précieux éléments qui les composent, les fruits (et par conséquent les jus de fruits) ont une valeur nutritive diététique et thérapeutique.

Le jus de fruits n'est parfaitement bon que s'il provient de fruits parvenus à une maturité complète et s'il est consommé immédiatement.

On vend, dans le commerce, des jus de fruits extrêmement variés, qui offrent toutes les garanties de fraîcheur, de pasteurisation et de stérilisation.

Il est bien facile, dans un ménage, suivant la saison, de préparer soi-même les jus de fruits.

On utilise pour cela des presses variées ou des centrifugeuses particulièrement efficaces. Leur maniement est en général très simple. Il est nécessaire de les entretenir avec le plus grand soin, sous peine de voir rapidement un commencement de fermentation se produire dans le jus obtenu.

Fruits utilisés couramment : ananas, cerises, fraises, framboises, groseilles, myrtilles, oranges, raisins, pamplemousses, tomates.

Tous les jus de fruits se servent dans des verres d'une contenance de 10 ou 20 cl au maximum.

799. Jus de fruits nature

Fraises, groseilles, myrtilles, raisins, tomates, framboises : bien laver les fruits. Les presser complètement. Recueillir le jus. Servir frais.

Cerises : bien laver les fruits. Enlever les noyaux. Procéder ensuite comme ci-dessus.

Oranges, pamplemousses : bien laver les fruits. Les couper en deux ou en quatre. Faire quelques entailles sur le bord de l'écorce pour permettre à la presse d'exprimer totalement le jus. Servir frais.

Ananas : enlever l'écorce du fruit. Le couper en tronçons. Exprimer le jus. Servir frais.
Remarque. – On peut toujours ajouter, si on le veut, un peu de sucre et d'eau. En effet, certains jus de fruits (pamplemousses et ananas) ont un goût très prononcé.

800. Jus de tomates

Mélanger tous les ingrédients à 1 litre de jus de tomates. Tenir au frais avant de servir.

1 litre de jus de tomates
2 c. à c. de Worcester sauce
1 c. à c. de sucre en poudre
1 c. à c. de sel de céleri
Un peu de noix muscade râpée
2 jus de citrons

801. Eau de groseilles
(2 ou 3 h à l'avance)
Préparation : 5 min

750 g de groseilles
250 g de framboises
250 g de sucre en poudre

Passer les fruits à la centrifugeuse. Recueillir le jus. Ajouter le sucre et 1 litre d'eau. Passer à la passoire très fine. Tenir au frais 2 ou 3 h avant de servir.

802. Eau de cerises
(2 ou 3 h à l'avance)
Préparation : 20 min

1 kg de cerises
250 g de sucre en poudre

Équeuter et dénoyauter les cerises ; les laver. Les presser pour en extraire le jus. Ajouter le sucre et 1 litre d'eau. Tenir au frais.
D'autre part, piler les noyaux dans un mortier. Les mettre à macérer dans le jus préparé pendant 2 h.
Passer à travers un tamis très fin avant de remettre au frais.
Remarque. – On peut ajouter, selon les goûts, un peu de kirsch. Mais cette boisson est déjà très parfumée par elle-même.

803. Orgeat
(quelques heures à l'avance)
Préparation : 30 min

450 g d'amandes douces mondées
50 g d'amandes amères mondées
550 g de sucre en poudre
1 c. à s. d'eau de fleur d'oranger

Piler les amandes ou bien utiliser un mixeur. Les mettre dans une terrine recouvertes de 2 litres d'eau. Verser l'eau peu à peu pour obtenir une pâte très lisse et très fluide. (Voir lait d'amande, formule 537.)

Verser le tout dans un torchon; exprimer le liquide et le recueillir. Remettre, sur les amandes qui restent, encore 1 litre d'eau. Procéder comme précédemment.

Mettre dans les 3 litres d'orgeat obtenus le sucre et l'eau de fleur d'oranger.

Faire fondre soigneusement. Passer au tamis très fin et tenir au frais quelques heures avant de servir.

804. Eau d'ananas
(3 h à l'avance)
Préparation : 10 min

1 kg d'ananas
350 g de sucre en poudre
20 cl de kirsch

Écraser le mieux possible la pulpe d'ananas. La mettre dans une terrine.

Faire bouillir 1 litre d'eau et le sucre pendant 5 min.

(Si l'ananas est en boîte, recueillir le jus, l'ajouter à l'eau, mais de façon à n'avoir qu'1 litre de liquide.)

Recouvrir la pulpe d'ananas avec le sirop.

Laisser macérer pendant 3 h.

Passer à travers un tamis très fin. Ajouter le kirsch. Servir glacé.

805. Orangeade
Formule A
Préparation : 5 min

6 oranges
150 g de sucre en poudre

Exprimer le jus des oranges. Faire fondre le sucre dans 150 cl d'eau. Ajouter le jus des oranges. Servir très frais.

Formule B
(3 ou 4 h à l'avance)
Préparation : 10 min

5 oranges non traitées	
200 g de sucre en poudre	
Eau gazeuse	

Faire avec 2 litres d'eau et le sucre un sirop que l'on doit laisser bouillir pendant 5 min. Presser le jus de 4 oranges. Le tenir au frais. Mettre les écorces dans le sirop chaud. Laisser refroidir ainsi et macérer pendant 3 ou 4 h.
Au moment de servir, réduire les écorces en purée, ajouter le jus de fruits et un trait d'eau gazeuse. Couper la dernière orange en fines rondelles et les mettre dans la boisson.

Formule C
(2 h à l'avance)
Préparation : 5 min

1 verre de bordeaux blanc	
200 g de sucre en poudre	
5 oranges non traitées	
2 citrons non traités	

Faire macérer dans le vin sucré, pendant 2 h, 2 oranges et 1 citron coupés en rondelles. Ajouter le jus des autres fruits. Verser alors 3 litres d'eau. Tenir au frais avant de servir.

806. Citronnade

Formule A
Préparation : 5 min

4 citrons	
180 g de sucre en poudre	

Procéder selon la formule 805 A.

Formule B
(3 ou 4 h à l'avance)
Préparation : 10 min

4 citrons non traités	
300 g de sucre en poudre	
Eau gazeuse	

Procéder selon la formule 805 B.

807. Boisson rafraîchissante

3 citrons	
4 oranges	
200 g de sucre en poudre	

Procéder selon la formule 805 A.
Les parfums des deux fruits se mêlent très agréablement.

Les sirops

Les sirops sont des préparations liquides dans lesquelles on a fait dissoudre du sucre, en quantité plus ou moins grande. Le rôle du sucre est de permettre une conservation de longue durée, à condition de faire bouillir le tout suffisamment longtemps.
Le sirop de sucre est composé uniquement d'eau et de sucre.
On fait des sirops parfumés à tous les fruits.

808. Sirop de groseilles
Préparation : 20 min – Cuisson : 5 min

1,5 kg à 2 kg de groseilles	
1 kg de sucre en poudre	

Presser les fruits pour recueillir le jus. Il faut en obtenir environ 1 litre. Ajouter le sucre. Faire chauffer puis bouillir le mélange. Écumer. Le sirop doit être au petit boulé (36).
Mettre en bouteilles aussitôt.

809. Sirop de framboises

Formule A
(4 jours à l'avance)
Préparation : 20 min – Cuisson : 5 min

1,5 kg à 2 kg de framboises
Sucre en poudre

Écraser les framboises. Les mettre au réfrigérateur pendant 4 jours. Remuer chaque jour.
Passer à travers un tamis ; presser pour obtenir tout le jus. Peser le jus. Mettre un poids égal de jus et de sucre.
Faire cuire. Écumer. Lorsque le sirop est au grand perlé (36), mettre en bouteilles.

Formule B
(4 h à l'avance)
Préparation : 20 min – Cuisson : 5 min

Écraser les framboises. Les mettre sur un tamis et laisser égoutter 3 à 4 h. Peser 1,5 kg de sucre pour 1 litre de jus. Faire bouillir. Écumer. Le sirop doit être au grand filet.
Mettre en bouteilles.

810. Sirop de cerises

Formule A
(24 h à l'avance)
Préparation : 20 min – Cuisson : 5 min

1,5 à 2 kg de cerises	
Sucre en poudre	

Équeuter les cerises. Les mettre dans une terrine en grès.
Les écraser de façon à exprimer tout le jus. Passer au tamis et laisser reposer 24 h. Recueillir le jus et le peser. Compter 800 g de sucre pour 500 g de jus.
Mettre le sucre dans une bassine et faire couler le jus, goutte à goutte, sur le sucre. Lorsque tout est fondu, mettre à feu vif. Écumer. Laisser bouillir 3 min.
Mettre en bouteilles.

Formule B
Préparation : 15 min – Cuisson : 5 min

Équeuter les cerises; les écraser. Recueillir le jus. Compter 1,5 kg de sucre par litre de jus.
Laisser bouillir jusqu'au moment où le sirop est au grand filet (36). Écumer. Mettre en bouteilles.

811. Sirop de coings

(24 h à l'avance)
Préparation : 5 min – Cuisson : 50 min

3 gros coings
1 kg de sucre en poudre

Râper les fruits. Les mettre dans une casserole avec 75 cl d'eau. Laisser bouillir 40 min. Tamiser au tamis de crin. Laisser reposer 24 h. Remettre dans une casserole, ajouter le sucre. Au premier bouillon, écumer, retirer du feu et filtrer sur une étamine. Laisser refroidir. Mettre en flacons et boucher.

812. Sirop d'ananas

Procéder selon la formule 811, mais remplacer les coings par 1 ananas.

813. Sirop d'oranges

Formule A
(2 ou 3 jours à l'avance)
Préparation : 45 min – Cuisson : 3 min

3 oranges non traitées	
1 kg de sucre en morceaux	
1/2 citron	
5 g d'acide citrique	

Laver et essuyer les oranges. Frotter un à un les morceaux de sucre sur le zeste des oranges, de manière à les colorer fortement. Quand tout le sucre est employé, ajouter au sucre le jus des oranges, celui du citron et l'acide citrique. Verser sur le tout, 50 cl d'eau ayant bouilli 2 à 3 min. Couvrir et laisser reposer 2 ou 3 jours en remuant souvent. Passer sur une étamine bouillie, mettre dans des bouteilles lavées à l'eau bouillante et boucher de bouchons également ébouillantés. Ce sirop s'emploie avec de l'eau. Il se conserve plusieurs mois.

Formule B
Préparation : 15 min – Cuisson : 5 min

6 oranges non traitées
500 g de sucre en poudre

Éplucher les oranges lavées. Réserver les zestes. Préparer un sirop avec 25 cl d'eau et le sucre, laisser cuire 5 min à feu vif. Ajouter le jus des oranges. Retirer du feu. Mettre les zestes lavés sur un tamis, verser dessus le sirop bouillant. Laisser refroidir. Filtrer. Mettre en bouteilles.

814. Sirop de café

(12 h à l'avance)
Préparation : 10 min – Cuisson : 7 min

250 g de café moulu
1 kg de sucre en poudre

Verser peu à peu 50 cl d'eau bouillante sur le café moulu. On doit obtenir de l'extrait de café.
Couvrir, laisser infuser pendant 12 h. Filtrer ensuite pour n'obtenir que le liquide.
Avec 1 kg de sucre et 25 cl d'eau, préparer un sirop au grand filet (36). Y verser le café.
Continuer l'ébullition pendant 5 min. Laisser refroidir. Mettre en bouteilles.

815. Limonade à la fraise
Préparation : 45 min – Cuisson : 5 min

2 citrons non traités
125 g de sucre en morceaux
350 g de fraises

Frotter les citrons avec les morceaux de sucre jusqu'à ce que ceux-ci soient bien colorés par le zeste. Passer les fraises au tamis. Ajouter le jus des citrons. Verser ce liquide sur le sucre. Verser ensuite 75 cl d'eau bouillante sur le tout. Remuer. Laisser refroidir. Filtrer. Mettre en flacons.

Les boissons alcoolisées

816. Grog
Préparation : 10 min

1 citron non traité
20 cl de cognac
60 g de sucre en poudre

Couper le citron en rondelles. En mettre une dans chaque verre. Préparer, dans un pot, 60 cl d'eau bouillante sucrée. Répartir le cognac dans chacun des verres. Verser l'eau chaude par-dessus. Servir aussitôt.

Remarque. – Le grog peut se faire aussi avec du rhum ou du calvados.

817. Punch
Préparation : 10 min

50 cl de thé
175 g de sucre en poudre
1 citron non traité
25 cl de rhum

Sucrer le thé. Verser bouillant sur le zeste de citron râpé. Ajouter le jus du citron, puis le rhum très chaud, mais très doucement, pour qu'il reste en surface. Enflammer. Servir bouillant.

818. Punch à l'œuf
Préparation : 10 min – Cuisson : 10 min

4 jaunes d'œufs
100 g de sucre en poudre
25 cl de cognac ou de rhum

Bien battre les jaunes avec le sucre. Ajouter 75 cl d'eau et faire épaissir au bain-marie. Ajouter pour finir le cognac ou le rhum. Servir chaud.

819. Punch aux fraises
Préparation : 15 min

Mettre dans une terrine les fraises équeutées et lavées. Recouvrir avec le sirop, le marasquin et le cognac. Réduire en purée. Arroser de champagne frais et battu et de sauternes. Servir frais, de préférence avec de la glace.

- 500 g de fraises
- 20 cl de sirop de fraises
- 10 cl de marasquin
- 20 cl de cognac
- 1/2 bouteille de champagne
- 1/2 bouteille de sauternes

820. Punch à l'ananas
Préparation : 10 min

Mélanger tous les ingrédients. Servir dans une carafe de cristal. Ce punch doit être bien frappé.

- 20 cl de rhum blanc
- 40 cl de sirop d'ananas
- 10 cl de cognac
- 1 bouteille de champagne
- 4 tranches d'ananas coupées en dés
- 2 g de cannelle en poudre
- Citron vert coupé en morceaux

821. Cup à l'ananas
Préparation : 5 min

Bien mélanger tous les ingrédients. Servir très frais avec de la glace.

- 40 cl de sirop d'ananas
- 10 cl de kirsch
- 1 bouteille d'eau gazeuse ou 1 litre d'eau

822. Citronnette
(24 h à l'avance)
Préparation : 5 min

- 2 citrons non traités
- 40 cl de kirsch
- 600 g de sucre en poudre
- 2 litres de vin blanc sec

La veille, hacher les zestes des citrons. Les mettre à macérer dans le kirsch.
D'autre part, faire fondre le sucre dans le vin blanc.
Le jour même, passer le kirsch au tamis et le mélanger au vin blanc sucré. Servir glacé.

823. Ambroisie

(3 h à l'avance)
Préparation : 15 min

Éplucher et couper en tranches les citrons et les pommes. Les disposer en couches dans une terrine. Saupoudrer de sucre. Ajouter les clous de girofle et l'eau de fleur d'oranger.
Arroser avec le vin et laisser macérer 3 h. Filtrer. Servir frais.

2 citrons non traités
2 pommes de reinette
125 g de sucre en poudre
6 clous de girofle
1 c. à s. d'eau de fleur d'oranger
1 litre de bourgogne blanc

824. Marquise

Préparation : 5 min

Faire fondre le sucre dans le porto. Ajouter le jus des oranges. Mélanger le tout en mettant 2 grands verres d'eau de Seltz. Terminer en versant le champagne. Tenir au frais.

1 verre de porto
150 g de sucre en poudre
3 oranges
Eau de Seltz
2 bouteilles de champagne

825. Vin chaud

Préparation : 5 min – Cuisson : 10 min

Faire bouillir le vin, 30 cl d'eau, le sucre et la cannelle pendant 1 min. Servir brûlant avec des rondelles d'orange.

75 cl de vin rouge
125 g de sucre en poudre
15 g de cannelle en poudre
1 orange non traitée

Les boissons chaudes

826. Chocolat à l'eau

Préparation : 5 min – Cuisson : 25 min

Mettre le chocolat à fondre dans très peu d'eau. Quand il forme une pâte lisse, ajouter le reste de l'eau et de la vanille. Laisser cuire 10 à 15 min à feu doux. Faire mousser dans la chocolatière avec un fouet. Servir aussitôt.

Par personne :
35 g de chocolat
1 tasse d'eau
Vanille en poudre

827. Chocolat au lait
Préparation : 5 min – Cuisson : 20 min

Par personne :
35 g de chocolat
1 tasse de lait

Mettre le chocolat à fondre dans très peu d'eau. Quand il forme une pâte lisse, ajouter le lait.
Cuire 10 à 15 min à feu doux et faire mousser au moment de servir.

828. Cacao
Préparation : 10 min

Par personne :
25 g de cacao
30 g de sucre en poudre
1 tasse d'eau ou de lait

Délayer, à froid, le cacao et le sucre dans 10 cl d'eau.
Ajouter peu à peu, en tournant, le liquide, eau ou lait bouillant. Servir aussitôt.

829. Chocolat espagnol
Préparation : 5 min – Cuisson : 10 min

Par personne :
70 g chocolat
1 tasse d'eau
3 g de vanille en poudre
3 g de cannelle en poudre

Faire fondre et cuire le chocolat dans très peu d'eau. Ajouter le reste d'eau. Laisser sur feu doux 8 à 10 min. Aromatiser. Fouetter fortement pour rendre mousseux. Servir aussitôt.

830. Café à la turque
Préparation : 5 min – Cuisson : 10 min

Moudre du café en une poudre extrêmement fine. Prendre 1 c. à c. de poudre par tasse. Placer dans la casserole en cuivre spéciale. Ajouter le même volume de sucre en poudre et délayer petit à petit avec de l'eau bouillante. Quand la quantité nécessaire est obtenue, porter à ébullition. Quand le café monte, retirer du feu. Au bout de 2 min, remettre à chauffer, laisser monter à nouveau. Retirer. Verser 1 c. à c. d'eau froide pour faire tomber la lie. Servir aussitôt.

831. Café au lait
Préparation : 5 min – Cuisson : 10 min

– Ajouter au lait, en quantité variable, du café ordinaire ou, mieux, de l'essence de café (835).
– Moudre finement 1 c. à c. de grains de café par tasse. Placer dans le filtre de la cafetière posée dans un bain-marie. Presser fortement cette poudre. Verser dessus du lait bouillant par petites quantités. L'opération doit se faire lentement. Servir très chaud avec du sucre en morceaux. Préparé de cette façon, le café est excellent.

832. Thé
Préparation : 5 min

Ébouillanter la théière à l'eau bouillante. Égoutter l'eau. Placer dans la théière 1 c. à c. de thé par convive plus 1. Verser dans la théière la valeur d'un verre d'eau très bouillante. Laisser infuser 5 min. Remplir ensuite la théière d'eau. La couvrir. Laisser infuser 3 à 4 min. Servir avec du lait ou de la crème et du sucre en morceaux.
Remarque. – Le thé de Chine s'accompagne de rondelles de citron.

833. Fleurs de thé
Préparation : 5 min

Procéder selon la formule 832, en doublant la dose de thé.

834. Thé à la menthe
Préparation : 5 min

Dans une théière ébouillantée, mettre 1 c. à c. de thé vert par convive, quelques feuilles de menthe et du sucre, selon le goût. Ajouter de l'eau bouillante et laisser infuser 5 min avant de servir.

835. Essence de café

Préparation : 5 min – Cuisson : 20 min

200 g de café en grains
25 cl d'eau

Prendre du café de bonne qualité, nouvellement torréfié. Le moudre. Jeter dans l'eau bouillante la moitié de la poudre, retirer aussitôt du feu. Couvrir. Laisser infuser jusqu'à refroidissement complet. Filtrer. Remettre à bouillir le liquide ainsi obtenu, garnir le filtre avec le reste de la poudre de café. Et procéder avec ce café et le liquide bouillant comme pour obtenir du café ordinaire. Mettre en flacons. Boucher hermétiquement.

La confiserie de ménage

N.B. – Dans nos recettes, les proportions sont établies pour 6 personnes.

Nous n'exposerons dans ce chapitre que des recettes très faciles à exécuter, ne demandant aucun apprentissage spécial. Laissons aux maîtres confiseurs l'exécution, avec tout leur art et leur goût, des bonbons exquis et variés.

Le matériel nécessaire sera par conséquent très simple et très modeste.

Le matériel de confiserie

Poêlon en cuivre. – Il faut qu'il soit toujours de la plus grande propreté à cause des composés de cuivre dangereux pouvant se former.
On peut prévoir deux ou trois poêlons, de tailles différentes, par exemple :
– 1 poêlon à pastilles de 12 cm de diamètre.
– 1 poêlon à fondants de 14 cm de diamètre.
– 1 poêlon à 2 becs de 15 cm de diamètre.

Une bassine en cuivre ou en acier inoxydable de 24 cm de diamètre.

Un mortier, un pilon. – Ils doivent être en marbre ou en porcelaine. En bois, ils absorberaient l'huile des produits destinés à être pilés (amandes, noisettes, etc.) et garderaient une odeur de graisse rance.

Un tamis. – La toile tendue sur ce tamis sera de préférence en acier inoxydable.

Une écumoire.

Un marbre. – 40 cm de côté est une bonne taille. Le marbre est tout à fait nécessaire en confiserie. Il offre une surface lisse, facile à nettoyer. Il est froid et permet le durcissement rapide de certaines préparations.

Des spatules en bois ou en exoglass. – Ne jamais utiliser de couverts de cuisine.

Découpoir à bonbons. – Soit de petits moules emporte-pièce de formes variées, soit des découpoirs à caramels. Ceux-ci se font à 25, 30, 40, 50 et jusqu'à 88 cases.

Grilles. – analogues à celles utilisées pour la pâtisserie.

Les produits utilisés en confiserie

Le sucre. – Voir page 26.

Le glucose. – C'est du sucre qui est non cristallisable et que l'on trouve dans les fruits mûrs.
Industriellement, il est fabriqué en faisant agir à une certaine température l'acide sulfurique sur de la fécule ou de l'amidon.
Le glucose sucre beaucoup moins que le sucre ordinaire ou saccharose. On l'utilise en confiserie sous forme de sirop très concentré (42°). Il a l'avantage de retarder ou d'éviter la cristallisation du sucre.

La confiserie de ménage

Les fruits variés. – *Fruits frais* : abricots, angélique, cassis, cerises, citrons, coings, dattes, fraises, framboises, marrons, oranges, poires, pommes, prunes, raisins, etc.

Fruits gras : arachides, amandes douces, amandes amères, noisettes, pistaches, etc.

Le chocolat. – Provient du cacao.

Les graines du cacaoyer sont décortiquées, après avoir été mises en silo pour fermenter, puis torréfiées et broyées.

La poudre obtenue : le cacao est moulé en pain (pâte de cacao) ; on en retire une grande partie du beurre, puis on la broie à nouveau pour obtenir la poudre de cacao utilisée couramment.

Le chocolat est de la pâte de cacao mêlée à du sucre et un parfum (vanille très souvent). Ces produits sont broyés ensemble, fondus et moulés en tablettes ou réduits en poudre à nouveau (chocolat en poudre), ou moulés en grains (chocolat granulé).

Le chocolat de couverture est du chocolat fait avec une petite proportion de sucre. On y ajoute du beurre de cacao dans le but de le rendre liquéfiable à faible température.

On trouve le chocolat de couverture en plaques de 500 g ou de 1 kg dans les grandes épiceries ou chez les marchands de fournitures pour pâtissiers.

Pour utiliser le chocolat de couverture, le râper sur une petite râpe plate. Mettre la poudre dans un poêlon. Faire ramollir au bain-marie. Travailler de temps en temps à la spatule pour obtenir une pâte très lisse et très brillante.

Le miel. – Le miel est le produit de la transformation du nectar des fleurs dans le jabot des abeilles, sous l'action de leur salive et de leur suc gastrique.

Le miel est riche en glucose. Il contient aussi de l'eau, du saccharose, de la dextrine et des substances aromatiques.

La qualité et le goût du miel varient suivant la région de France où il a été récolté.

On distingue principalement le miel du Gâtinais, de Savoie, des Vosges, de Bretagne, de Narbonne, etc. Le plus utilisé est le miel « toutes fleurs ».

Si le miel devient granuleux ou dur, il est facile de le rendre liquide à nouveau en le faisant fondre au bain-marie.

Matières aromatiques naturelles. – Elles comprennent les principes ou complexes ou mélanges obtenus à partir de substances végétales au moyen de traitements appropriés. L'expression « denrées aromatiques » sera employée pour désigner « toute substance aromatique naturelle consommable en l'état »[7].

Il vaut mieux se contenter des parfums habituels : vanille, cannelle, café ou quelques alcools variés : kirsch, rhum, etc.

Les colorants. – On peut utiliser des colorants alimentaires réglementaires.

On peut avoir recours à des colorants du commerce qui donnent toutes garanties. On peut aussi utiliser des produits naturels tels que le jus de betterave, le vert d'épinards, le caramel.

Les bonbons au sucre

836. Sucre d'orge
Préparation : 5 min – Cuisson : 25 min

250 g de sucre en poudre
1 c. à c. de jus de citron ou de vinaigre ou 15 g de glucose
Parfum au choix
Colorant au choix

Faire chauffer dans un poêlon le sucre avec 10 cl d'eau et l'acide ou le glucose. Surveiller la cuisson pour atteindre le degré du caramel clair (36). Le sirop doit commencer à prendre une teinte jaune pâle. Retirer le poêlon du feu. Colorer et parfumer. Faire chauffer pour ramener au degré de cuisson. Verser le sirop dans un découpoir huilé. Couper à l'aide du cadre. Détacher lorsque le sucre est complètement froid.

Remarque. – On mettait autrefois dans ce sirop de sucre 75 g d'orge en décoction environ pour 250 g de sucre. L'habitude est complètement perdue.

---

7. Dehove.

837. Sucre de pommes
Préparation : 10 min – Cuisson : 15 min

300 g de pommes
250 g de sucre en poudre
1 c. à c. de jus de citron
1 citron non traité (zeste) ou 1 gousse de vanille

Faire d'abord, avec les pommes lavées et coupées en petits morceaux et 20 cl d'eau, une décoction de pommes.
Faire chauffer dans un poêlon le sucre, le jus de citron et la décoction de pommes qui va parfumer le sirop de sucre jusqu'au degré du caramel clair. Ajouter soit la moitié du zeste de citron, soit la gousse de vanille, mais retirer au moment de couler le sirop dans le découpoir.

838. Sucre d'orge tordu
Préparation : 10 min – Cuisson : 15 min

Lorsque le sucre est cuit selon la formule 836 et qu'il est coulé sur un marbre, il commence à refroidir. Lorsqu'on peut le toucher avec les mains, le couper en bandes de 1 cm environ et rouler chacune de ces bandes en spirales.

839. Sucre d'orge roulé
Préparation : 15 min – Cuisson : 15 min

Lorsque le sucre est cuit selon la formule 836, le verser sur un marbre huilé. Le mettre en boule en le travaillant avec une spatule de métal huilé (ou un large couteau huilé).
Puis couper dans cette boule des morceaux de 1 à 2 cm de diamètre.
Les rouler à la main en cylindre.
Laisser complètement durcir.

840. Berlingots
Préparation : 15 min – Cuisson : 15 min

Préparer un sirop de sucre selon la formule 836. Verser sur un marbre huilé.

Couper ensuite des bandes de 1 à 2 cm. Les rouler pour leur donner une forme cylindrique. À l'aide de ciseaux huilés, couper en berlingots. Procéder très vite afin d'avoir le temps de tout détailler avant que le sucre n'ait durci.

841. Berlingots à la menthe
Préparation : 20 min – Cuisson : 15 min

250 g de sucre en poudre
15 g de glucose
Essence de menthe
Colorant vert

Faire cuire dans un poêlon le sucre, 10 cl d'eau et le glucose jusqu'au moment où il atteint le degré grand cassé (36). Parfumer avec de l'essence de menthe. Colorer en vert. Couler le sirop sur un marbre huilé.

À partir du moment où les doigts peuvent toucher et pétrir la pâte, la travailler en l'étirant. La replier sur elle-même. Étirer de nouveau. Travailler jusqu'au moment où la pâte a l'aspect soyeux ; rouler pour obtenir un cylindre. Détailler très rapidement en forme de berlingot en coupant avec de gros ciseaux huilés.

Remarque. – Pour tordre la pâte de sucre, on peut, pour plus de facilité, la suspendre à un crochet à bonne hauteur.

842. Nougat au sucre
Préparation : 20 min – Cuisson : 15 min

200 g d'amandes ou noisettes mondées
250 g de sucre en poudre

Laver les amandes ou noisettes. Les hacher grossièrement. Les mettre dans un découpoir huilé ou sur un marbre huilé.

Faire chauffer le sucre et 10 cl d'eau. Et mener la cuisson jusqu'à formation du caramel clair (36). Verser le caramel sur les amandes.

Au moment où la pâte durcit, couper à l'emporte-pièce ou avec un couteau, en commençant par marquer les divisions et en accentuant les lignes jusqu'au moment où les morceaux se trouvent bien séparés.

843. Sucre filé pour garnitures
Préparation : 10 min – Cuisson : 10 min

Cuire le sucre (dans les proportions indiquées formule 35) au grand cassé (36).
Le laisser un peu refroidir.
Plonger une spatule en bois, mais creuse, dans le sirop. Prendre une cuillerée de sucre, tourner cette cuillère autour d'un rouleau à pâtisserie. Il faut : – avoir soin de coller le début du fil de sucre au rouleau ; – laisser un espace de 40 à 50 cm entre le début du fil et la remontée.
On obtient ainsi un écheveau de fils blancs très brillants qui peuvent servir de garniture pour entremets.

844. Sucre tourné
Préparation : 5 min – Cuisson : 10 min

Cuire au poêlon 250 g de sucre en poudre et 10 cl d'eau. Atteindre le degré de cuisson entre le gand boulé et le petit cassé (36). Le couler sur un marbre huilé.
Lorsqu'il commence à refroidir, il est malléable. On peut alors le travailler à la main et réaliser des pétales de fleurs, des feuilles, etc.
On peut le colorer et le parfumer suivant les besoins et les goûts.

845. Nougat au miel
Préparation : 15 min – Cuisson : 15 min

150 g de miel
400 g d'amandes, noisettes ou pistaches mondées

Mettre le miel dans le poêlon d'office, le faire bouillir 10 min, ajouter les amandes, noisettes, pistaches légèrement grillées au four. Laisser cuire en remuant constamment jusqu'à l'obtention d'un sirop au grand boulé (36).
Retirer du feu. Verser sur un marbre huilé, ou mieux sur une feuille de pain azyme posée sur un marbre fariné. Égaliser la surface avec une spatule en bois frottée de citron. Recouvrir d'une autre feuille de pain azyme. Poser sur le tout une plaque chargée d'un poids. Laisser refroidir.

Les pastilles

846. Pastilles à la menthe

Préparation : 10 min – Cuisson : 6 h 30

250 g de sucre en poudre
Essence de menthe

Mouiller le sucre avec l'essence de menthe et un peu d'eau mais en mettant la quantité de liquide juste nécessaire pour obtenir une pâte. Verser la pâte dans le poêlon à pastilles (p. 324). Faire chauffer à petit feu, en tournant à la spatule, jusqu'à ce que la pâte soit bien chaude. Huiler un marbre ou une plaque. Couler goutte à goutte le sirop et songer, chaque fois qu'une goutte est tombée, à arrêter le sirop avec un couteau ou un fil de fer emmanché dans une poignée de bois. Passer les pastilles à l'étuve, c'est-à-dire à four tiède (four qui a été chaud et qui refroidit) pendant 6 h au moins.

847. Pastilles aux framboises

Préparation : 20 min – Cuisson : 6 h 30

60 g de framboises
250 g de sucre en poudre

Passer les framboises au tamis et recueillir le jus. Le mêler au sucre. Ajouter un peu d'eau si nécessaire. Procéder selon la formule 846.

848. Pastilles à l'orange

Préparation : 10 min – Cuisson : 6 h 30

250 g de sucre en poudre
1 c. à c d'essence d'orange ou 1 c. à s. de jus d'orange

Procéder selon la formule 846.

849. Pastilles au citron

Préparation : 10 min – Cuisson : 6 h 30

250 g de sucre en poudre
1 c. à c d'essence de citron ou 1 c. à s. de jus de citron

Procéder selon la formule 846.

ID ménage** **331

Les fondants

Les bonbons fondants peuvent être colorés et parfumés suivant le goût. On peut assez facilement les mouler, ce qui leur donne, naturellement, un aspect beaucoup plus présentable.
Mais ils sont tous faits avec la même pâte dont nous donnons la formule.

850. Fondant

Préparation : 10 min – Cuisson : 5 min

500 g de sucre en poudre
30 g de glucose

Faire chauffer le sucre, 15 cl d'eau et le glucose jusqu'au degré de cuisson dit petit boulé (36).
Verser le sirop sur un marbre huilé. Laisser refroidir quelques minutes. Travailler à la spatule jusqu'au moment où le sucre forme une pâte blanche consistante, composée d'une infinité de petits cristaux. On peut conserver le fondant, si on ne l'utilise pas aussitôt, jusqu'au moment de l'emploi ; c'est alors qu'on ajoute colorant et parfum. Pour ramollir le fondant, le faire tiédir au bain-marie. C'est le seul moyen de pouvoir bien couler les bonbons.
Remarque. – On trouve dans le commerce du fondant tout préparé vendu en boîte.

851. Moulage des bonbons fondants

Nous donnons ici un procédé qui peut convenir parfaitement à un débutant ayant un matériel restreint.
Verser le fondant sur un plateau dont les bords sont nettement perpendiculaires à la base. Remplir d'amidon en poudre. Égaliser avec une latte de bois pour que la surface soit absolument lisse.
Creuser dans l'amidon, à l'aide de petits moules, des alvéoles. On peut utiliser un poêlon spécial (p. 324). Retirer les bonbons un à un, lorsqu'ils sont froids, et retirer le reste de l'amidon à l'aide d'un pinceau très doux.

852. Fondants au café
Préparation : 20 min – Cuisson : 5 min

Procéder selon la formule 850, mais parfumer avec du café (extrait ou soluble), recuire un peu pour diminuer la quantité d'eau. Mouler suivant la formule 851.

853. Fondants au chocolat
Préparation : 20 min – Cuisson : 5 min

Procéder selon la formule 850, parfumer et colorer avec du cacao en poudre. Mouler suivant la formule 851.

854. Fondants au citron
Préparation : 20 min – Cuisson : 5 min

Procéder selon la formule 850, parfumer avec de l'essence de citron. Colorer avec du safran. Mouler suivant la formule 851.

855. Fondants à l'orange
Préparation : 20 min – Cuisson : 5 min

Procéder selon la formule 850, parfumer avec de l'essence d'orange. Colorer avec très peu de carmin. Mouler suivant la formule 851.

Les fruits déguisés

856. Cerises au kirsch
Préparation : 1 h – Cuisson : 10 min

Cerises avec leur queue
Gomme arabique
Sucre glace
Fondant
Kirsch
Colorant rose

Laver, égoutter les cerises, attention à conserver leur queue. Rouler chacune des cerises dans de la gomme arabique pulvérisée. Les faire sécher pendant environ 1 h dans un endroit ayant une température de 25 °C (four refroidissant). Placer chaque fruit sur un marbre saupoudré de sucre glace.

Faire fondre doucement la pâte de fondant (850). Parfumer au kirsch. On peut colorer le fondant en rose.
Tenir chaque cerise par la queue. Les plonger une à une dans le fondant. Poser aussitôt sur le marbre huilé et laisser refroidir et durcir.
Si les cerises n'ont pas de queue, les jeter dans le fondant et les en retirer à l'aide d'un petit anneau en fil de fer du diamètre de la cerise. En retirant l'anneau, un filet de fondant tombera. S'efforcer de le faire tomber en demi-cercle pour en garnir le dessus de la cerise. Servir dans des caissettes en papier.

857. Raisins au fondant
Préparation : 1 h – Cuisson : 20 min

Procéder selon la formule 856.
Parfumer le fondant avec de l'eau-de-vie de marc.
Servir les fondants aux raisins dans des caissettes en papier.

858. Cerises au caramel
Préparation : 30 min – Cuisson : 10 min

Égoutter les cerises au kirsch. Les rouler ensuite dans de la gomme arabique pulvérisée. Les faire sécher pendant 1 h environ dans un endroit ayant une température de 25 °C (four refroidissant). Puis les tremper dans le sucre cuit au grand cassé coloré en rouge (36). Les faire refroidir et durcir sur un marbre huilé.

859. Marrons déguisés
Préparation : 30 min – Cuisson : 10 min

200 g de débris de marrons glacés
500 g de sucre en poudre
15 g de glucose
125 g de chocolat en poudre

Broyer les débris de marrons glacés ; humecter la pâte avec un sirop de sucre léger, si par hasard elle était trop épaisse. Mouler à la main des marrons.
Préparer la glace destinée à enrober les marrons : faire chauffer le sucre, 20 cl d'eau et le glucose jusqu'au degré de cuisson dit grand filet (36).
Ajouter le chocolat. Continuer la cuisson jusqu'au grand cassé (36). Enfoncer les marrons, l'un après l'autre, dans ce sirop, mais qu'aux trois quarts. Les faire refroidir et durcir sur un marbre huilé.

Les caramels

On désigne sous le nom de caramels un mélange de sucre et de matière grasse (beurre ou crème) porté jusqu'à un certain degré de cuisson. Dans plusieurs cas, le miel remplace le sucre. On peut parfumer les caramels à diverses essences. On distingue les caramels mous et les caramels durs.

Leur consistance dépend beaucoup du degré de cuisson.

Lorsque le sucre est cuit seulement au grand boulé, on obtient des caramels mous. Lorsque le sucre est cuit au petit cassé, on obtient des caramels durs.

860. Caramels au chocolat (pour 60 caramels)
Préparation : 5 min – Cuisson : 20 min

3 barres de chocolat
60 g de miel
100 g de beurre
100 g de sucre glace
80 g de crème fraîche

Râper le chocolat, le mettre dans un poêlon. Ajouter crème fraîche, miel, beurre et sucre glace. Laisser bouillir 12 à 15 min à feu doux. Verser dans un découpoir à caramels huilé.

861. Caramels mous au chocolat
Préparation : 5 min – Cuisson : 7 min

125 g de miel
125 g de chocolat en poudre
125 g de sucre en poudre
125 g de beurre

Mélanger tous les ingrédients dans un poêlon. Faire chauffer puis bouillir pendant 7 min. Verser dans un moule huilé ou sur un marbre. Découper le caramel tiède avec un emporte-pièce pour caramels.

862. Caramels durs au chocolat
Préparation : 5 min – Cuisson : 15 min

Utiliser les mêmes proportions que dans la formule 861.

Prolonger la cuisson jusqu'au grand cassé (36), 15 min de cuisson environ.

Découper tiède, sur marbre huilé, avec un emporte-pièce pour caramels.

863. Caramels mous au café
Préparation : 5 min – Cuisson : 15 min

	225 g de sucre en poudre
	200 g de crème fraîche
	125 g de miel
	1 c. à s. de lait
	3 c. à s. de café soluble

Placer le sucre dans un poêlon. Ajouter la crème, le miel et le lait, faire fondre le tout. Laisser bouillir à feu très doux 15 min, ajouter le café et mélanger. Verser dans un découpoir à caramels huilé.

864. Caramels durs au café
Préparation : 5 min – Cuisson : 15 min

	250 g de sucre en poudre
	Café soluble
	10 gouttes de jus de citron
	100 g de crème fraîche

Mettre dans un poêlon le sucre, du café à volonté et le jus de citron. Faire chauffer, bouillir pour atteindre le degré de cuisson au grand filet (36). Ajouter la crème et continuer la cuisson jusqu'au grand cassé. Verser la pâte sur un marbre huilé. Découper à l'emporte-pièce lorsqu'elle est encore tiède.

865. Caramels mous à la crème
Préparation : 5 min – Cuisson : 7 min

	125 g de crème fraîche
	125 g de sucre en poudre
	Vanille en poudre

Faire chauffer tous les ingrédients dans un poêlon. Lorsque la pâte commence à prendre une couleur jaune paille, la verser dans un découpoir à caramels. Détacher lorsque les bonbons sont froids.
À consommer rapidement.

866. Caramels durs à la crème
Préparation : 5 min – Cuisson : 15 min

	125 g de crème fraîche
	125 g de sucre en poudre
	Vanille en poudre

Procéder selon la formule 865, mais laisser cuire jusqu'au moment où le mélange prend la couleur rousse du sucre brûlé. Verser sur marbre huilé dans un découpoir à caramels. Découper tiède à l'aide de l'emporte-pièce.

867. Toffees
Préparation : 10 min – Cuisson : 15 min

125 g de mélasse
500 g de cassonade
250 g de beurre

Mettre la mélasse dans un poêlon. Chauffer doucement. Ajouter cassonade et beurre. Laisser fondre près d'une source de chaleur mais sans chauffer. Cuire à feu doux, puis faire bouillir 15 min. Une goutte de la pâte doit se solidifier immédiatement dans un verre d'eau froide.

Verser la pâte sur un marbre huilé et dans un découpoir à caramels. Découper lorsque la préparation est encore tiède. Séparer les bonbons lorsqu'ils sont froids.

868. Canougats au chocolat
Préparation : 10 min – Cuisson : 25 min

250 g de cassonade
100 g de beurre
70 g de chocolat

Faire chauffer dans un poêlon la cassonade et le beurre. Laisser bouillir pendant 10 min, en remuant de temps en temps avec une spatule en bois.

Faire fondre le chocolat dans 10 cl d'eau. L'ajouter au mélange et laisser bouillir encore 10 min.

Lorsqu'une goutte précipitée dans un verre d'eau se durcit, le mélange est cuit.

Verser sur un marbre huilé. Détailler les caramels tièdes à l'aide d'un découpoir à caramels.

869. Canougats au café
Préparation : 10 min – Cuisson : 25 min

250 g de cassonade
100 g de beurre
10 cl de crème fraîche
20 cl de café ou
1 c. à c. d'extrait de café

Procéder selon la formule 868. Remplacer le chocolat par le café et la crème.

870. Nogalines au café
(1 ou 2 h à l'avance)
Préparation : 20 min – Cuisson : 18 min

150 g d'amandes en poudre
1 c. à c. d'extrait de café
20 g de beurre
150 g de sucre en poudre

Piler les amandes au mortier en incorporant l'extrait de café. Ajouter le beurre et le sucre, et former une pâte bien lisse que l'on maintient au frais pendant 1 ou 2 h.
Diviser la pâte en petites portions. Leur donner la forme d'une olive. Mettre au frais pendant la préparation du sirop au cassé (36) fait avec 500 g de sucre et 50 cl d'eau.
Une bonne précaution consiste à piquer à l'extrémité de chaque olive une tige de métal destinée ensuite à suspendre chaque bonbon.
Tremper, un à un, chaque bonbon en forme d'olive dans le sirop. Les faire sécher piqués au-dessus d'un tamis. Servir en caissettes de papier.

871. Sirop de glaçage
Préparation : 5 min – Cuisson : 15 min

250 g de sucre en poudre
Quelques gouttes d'acide acétique
20 g de beurre
1 c. à c. d'extrait de café

Mettre le sucre dans un poêlon avec 10 cl d'eau et l'acide acétique. Cuire jusqu'au boulé (36) pendant 5 à 7 min.
Ajouter alors le beurre, l'extrait de café et mener la cuisson jusqu'au grand cassé (36). Ce sirop de glaçage permet de glacer, entre autres, les fruits confits.

872. Saucisson au chocolat
Préparation : 20 min – Cuisson : 10 min

250 g de chocolat en poudre
125 g de miel
125 g d'amandes effilées

Faire fondre le chocolat au bain-marie. Ajouter le miel. Cuire en tournant jusqu'à épaississement.
Retirer du feu, ajouter les amandes.
Verser la pâte sur un marbre huilé.
Lorsqu'elle commence à refroidir, malaxer à la main pour obtenir un cylindre assez régulier. Lorsque ce « saucisson » est complètement froid, l'envelopper dans du papier d'argent et le ficeler comme du saucisson de Milan.

Les truffes et les bonbons au chocolat

873. Truffes au chocolat
(4 ou 5 h à l'avance)
Préparation : 25 min – Cuisson : 15 min

- 250 g de chocolat fin
- 2 c. à s. de lait
- 2 jaunes d'œufs
- 75 g de beurre
- 60 g de chocolat en poudre ou granulé

Faire fondre à feu très doux le chocolat dans le lait. Retirer du feu quand le tout forme une pâte très lisse. Ajouter les jaunes d'œufs en tournant, puis le beurre par petits morceaux. Travailler le mélange 2 à 3 min. Mettre au frais 4 ou 5 h.

Former à la main avec cette pâte des boulettes de la grosseur d'une noix, les rouler dans le chocolat en poudre ou granulé. Mettre en boîte dans des godets de papier blanc plissé. Tenir au frais.

Consommer dans les 48 h.

874. Truffes au chocolat aux amandes
(quelques heures à l'avance)
Préparation : 35 min – Cuisson : 15 min

- 60 g d'amandes douces mondées
- 125 g de beurre
- 125 g de chocolat en poudre
- 1 jaune d'œuf
- 125 g de sucre glace
- 60 g de chocolat en poudre ou 100 g de chocolat granulé

Faire griller les amandes à four chaud et les réduire en poudre aussi fine que possible.

Travailler dans une terrine le beurre et le chocolat en poudre pour obtenir une pâte bien lisse. Ajouter le jaune d'œuf, le sucre et la poudre d'amande. Pétrir la pâte pour la rendre lisse. Laisser durcir au frais quelques heures.

Former à la main des petites boules. Les rouler dans le chocolat en poudre ou granulé.

Servir dans des godets en papier plissé.

875. Truffes aux marrons
(quelques heures à l'avance)
Préparation : 35 min – Cuisson : 40 min

500 g de marrons
160 g de chocolat
80 g de beurre
125 g de sucre en poudre
60 g de chocolat en poudre ou 100 g de chocolat granulé

Préparer les marrons selon la formule 612. Les éplucher. Les faire bouillir 30 min dans de l'eau. Lorsque les marrons sont cuits, les réduire en purée.

Incorporer le chocolat ramolli au bain-marie, le beurre et le sucre. Travailler la purée de façon à la rendre bien lisse. Mettre au frais quelques heures.

Former à la main de petites boulettes. Les rouler dans le chocolat en poudre ou granulé.

Servir dans des godets en papier.

876. Truffes aux noisettes
Préparation : 10 min – Cuisson : 15 min

100 g de noisettes entières
100 g de sucre en poudre
30 g de glucose
2 gouttes d'acide acétique
200 g de chocolat de couverture
100 g de chocolat granulé

Faire chauffer dans un poêlon les noisettes, le sucre, le glucose et l'acide acétique. Lorsque le sirop a atteint la couleur du caramel (36), retirer du feu, verser sur un marbre huilé et laisser refroidir. Piler ensuite au mortier pour obtenir une pâte molle et lisse. (On peut utiliser un robot-coupe.)

Faire des petites boules. Les passer dans le chocolat de couverture râpé puis fondu au bain-marie, puis aussitôt dans le chocolat granulé.

877. Amandes au chocolat
Préparation : 10 min – Cuisson : 15 min

125 g d'amandes douces mondées
200 g de chocolat de couverture

Préparer le chocolat de couverture (p. 326). Y plonger les amandes. Les sortir délicatement et les mettre à durcir sur un marbre huilé ou du papier graissé.

878. Écorces d'oranges confites au chocolat
Préparation : 10 min – Cuisson : 15 min

3 quartiers d'écorce d'orange confite

200 g de chocolat de couverture

Préparer le chocolat de couverture (p. 326).
Détailler les écorces d'oranges confites (899) en fines languettes ayant 0,5 cm environ de largeur. Enrober chacune de ces languettes de chocolat de couverture. Faire refroidir et durcir sur un marbre huilé ou du papier graissé.

879. Noisettes au chocolat
Préparation : 40 min – Cuisson : 15 min

Pâte à truffes

125 g de noisettes mondées

60 g de chocolat en poudre ou 100 g de chocolat granulé

Préparer la pâte à truffes selon la formule 873. Enrober chaque noisette dans une petite quantité de pâte. Rouler au creux de la main pour donner une forme bien régulière. Passer ensuite dans le chocolat en poudre ou granulé.

Les bonbons aux fruits

Pâtes de fruits

On peut préparer des pâtes de fruits, surtout avec les fruits qui sont parfumés et riches en pectine.
Les fruits qui se prêtent le mieux à ce genre de préparation sont : les coings, les pommes, les abricots, les groseilles, les cassis et les framboises.
Le procédé est toujours le même. Il consiste à cuire d'abord les fruits, à les réduire en purée, puis à leur faire perdre, par évaporation, toute l'eau qu'ils contiennent.
Mêlés au sucre, ils prennent une consistance ferme qui augmente encore au bout de quelques jours.

880. Pâte de coings

(4 jours à l'avance)
Préparation : 40 min – Cuisson : 25 min

500 g de coings
250 g de sucre en poudre
2 citrons non traités
Sucre cristallisé

Laver, éplucher les coings et les couper en petits morceaux. Les mettre dans une casserole avec 20 cl d'eau et le zeste des citrons. Faire cuire jusqu'à ce qu'ils soient en purée. Ajouter alors le sucre en poudre. Mélanger soigneusement et faire recuire en tournant sans arrêt jusqu'à ce que la pâte se détache de la casserole. Verser la pâte sur un marbre légèrement huilé. Saupoudrer de sucre cristallisé. Laisser sécher 4 jours.

Découper au couteau ou avec le découpoir à caramels. Conserver en boîte de métal garnie de papier blanc. Ces pâtes se conservent des mois.

881. Pâte de pommes

Procéder selon la formule 880, mais remplacer les coings par des pommes.

882. Pâte d'abricots

Procéder selon la formule 880, mais remplacer les coings par des abricots.

883. Pâte de prunes

Procéder selon la formule 880, mais remplacer les coings par des prunes.

884. Pâte de groseilles, de framboises ou de cassis

Procéder selon la formule 880 mais remplacer les coings par des groseilles, des framboises ou des cassis.

Fruits fourrés ou farcis

885. Pâte d'amande pour farcir
Préparation : 20 min

125 g d'amandes en poudre
125 g de sucre glace
1 c. à s. de crème de riz
1 c. à s. de kirsch
Un colorant (vert ou rose)

Mettre les amandes en poudre et le sucre glace dans une terrine.
Délayer d'autre part la crème de riz avec 1 c. à s. d'eau bouillante. Ajouter au mélange. Mettre parfum et colorant (à petite dose). Pétrir avec les mains pour obtenir une pâte bien homogène.
Se servir de cette préparation pour farcir des fruits.

886. Dattes farcies
Préparation : 40 min

Pâte d'amande
36 dattes environ
Sucre cristallisé

Préparer la pâte d'amande selon la formule 885.
Colorer en vert et en former, à la main, de petites olives, rappelant la forme du noyau.
Fendre chaque datte sur un seul côté. Retirer le noyau, mettre à la place une portion de pâte d'amande.
Rouler les dattes farcies dans le sucre cristallisé.
Remarque. – Ces friandises se conservent au moins 8 jours à l'abri de l'air.

887. Noix fourrées
Préparation : 40 min

Pâte d'amande
1 c. à c. d'extrait de café
60 cerneaux de noix

Préparer la pâte d'amande selon la formule 885 mais remplacer la crème de riz par un caramel fait avec 10 cl d'eau et 100 g de sucre (36). Parfumer d'extrait de café.
Former à la main des boulettes de pâte d'amande. En mettre une entre 2 cerneaux. Servir en godets de papier.

888. Cerises confites fourrées
Préparation : 40 min

Préparer la pâte d'amande selon la formule 885. Colorer avec un peu de carmin.
Former à la main des petits cylindres ayant environ 1 cm de diamètre et 2 cm de long.
Placer une cerise à chaque extrémité. Servir en godets de papier.

Pâte d'amande
125 g de grosses cerises confites
Carmin

889. Amandes vertes
Préparation : 40 min

Préparer la pâte d'amande selon la formule 885. La colorer en vert très pâle.
Former à la main des boulettes allongées auxquelles on donne la forme de la coque d'amandes vertes. Avec un couteau, faire une fente au milieu, dans le sens de la longueur. Fourrer une amande blanche dans cette fente. Servir en godets de papier.

Remarque. – Pour être consommés le jour même, tous ces fruits peuvent être enrobés de sucre cuit au grand cassé (36).
Afin de pouvoir plonger facilement chacun des fruits dans le sirop de sucre, piquer la pâte d'amande avec une brochette.
Les plonger ensuite dans le sirop et suspendre chaque brochette à un fil de fer par exemple, pour laisser au caramel le temps de sécher. Mettre ensuite dans des caissettes en papier.

Pâte d'amande
100 g de belles amandes douces mondées

890. Pruneaux fourrés
Préparation : 30 min

Choisir de très grosses prunes d'Agen. Les dénoyauter. Faire avec les moins beaux pruneaux, les amandes, les pistaches et les noisettes, un hachis grossier. Remplir le vide des gros pruneaux avec ce hachis. Refermer soigneusement. Mettre chaque pruneau dans un godet de papier.

300 g de pruneaux
125 g d'amandes et noisettes mondées mélangées
60 g de pistaches mondées

891. Pruneaux à l'orange
Préparation : 30 min

Préparer une épaisse marmelade d'oranges (629). Ajouter des amandes grossièrement hachées. Dénoyauter les pruneaux et les farcir de la préparation.

1/2 pot de marmelade d'oranges

100 g d'amandes mondées

300 g de pruneaux jaunes de Provence

892. Quartiers d'oranges glacés
Préparation : 30 min

Éplucher les oranges en ayant soin de ne pas meurtrir le fruit. Diviser en quartiers. Enlever la peau blanche et placer les tranches sur un tamis, pendant quelques heures, pour les faire dessécher à l'air libre. Lorsque les quartiers sont bien secs, les plonger dans un sirop au cassé (36).
Les retirer soit avec une fourchette, soit à l'aide de brochettes, chaque brochette étant piquée dans chaque quartier. Suspendre pour faire sécher et durcir pendant quelques heures.

Fruits confits

On confit des fruits pour pouvoir les conserver longtemps. Et ce résultat ne sera atteint que si l'on réussit à remplacer le jus (qui se compose d'une grande quantité d'eau) par du sucre ayant un degré de cuisson assez élevé pour permettre la conservation.
L'opération par laquelle on remplace progressivement le jus, à base d'eau, par le sirop de sucre, doit être menée lentement.
Les fruits soumis à un traitement trop brusque risqueraient de se racornir ou de fermenter (si tout le jus n'a pas disparu).
Il faut qu'elle se fasse en plusieurs jours : 6 ou 8, si cela est nécessaire.
– Choisir des fruits très sains et parfaitement mûrs.
– Blanchir les fruits.
– Les soumettre à l'action du sirop.

893. Blanchiment des fruits
Préparation : 40 min – Cuisson : 15 min

Mettre d'abord les fruits dans de l'eau acidulée (2 c. à s. de vinaigre par litre d'eau). Les laisser tremper pendant 30 min environ. Les égoutter.

Mettre les fruits dans une casserole. Les couvrir d'eau froide. Porter à feu vif. Au moment où les fruits surnagent, les égoutter.

Les fruits, une fois refroidis, sont prêts à être plongés dans le sirop de sucre.

On peut cependant, pour les raffermir, les plonger au sortir de l'eau bouillante, dans une terrine d'eau froide contenant 1 g d'alun par litre d'eau.

894. Sirop pour confire des fruits
(5 jours à l'avance)
Préparation : 45 min

1,5 kg de sucre en poudre	
100 g de glucose	

Faire fondre dans un poêlon le sucre, 30 cl d'eau et le glucose.

Au moment où le sirop atteint le degré de cuisson petit filet (36), plonger les fruits. Attendre que l'ébullition commence puis retirer du feu. Laisser les fruits dans le sirop jusqu'au lendemain.

Enlever les fruits, les égoutter. Refaire chauffer le sirop jusqu'au moment où il atteint le grand grand filet (36). Plonger les fruits. Attendre le commencement de l'ébullition. Retirer du feu. Laisser les fruits dans le sirop jusqu'au lendemain.

Égoutter. Faire chauffer le sirop jusqu'au moment où il atteint le petit boulé (36). Remettre les fruits. Retirer le poêlon au moment de l'ébullition. Laisser les fruits jusqu'au lendemain.

Égoutter. Reprendre la cuisson du sirop jusqu'au grand boulé (36). Remettre les fruits. Retirer le poêlon au moment de l'ébullition. Arrêter la cuisson.

Au bout de 4 à 5 jours, les fruits sont confits.

Placer les fruits sur une grille, mais dans un endroit aéré et sec.

895. Poires confites

Prendre des poires d'Angleterre ou des poires rousselet. Les faire blanchir selon la formule 893. Éplucher, couper en quartiers, enlever les pépins.
Procéder ensuite selon la formule 894.

896. Abricots confits
(4 jours à l'avance)

Fendre les abricots sur le côté opposé à la queue. Pousser le noyau avec un petit bout de bois pour le faire sortir de l'autre côté. Les faire blanchir (893), puis les traiter au sirop de sucre selon la formule 894.

897. Marrons glacés
Préparation : 30 min – Cuisson : 40 min

Le marron est un fruit très délicat à confire. Il s'épluche difficilement, s'émiette lorsqu'il est déplacé trop brusquement.
Choisir de très beaux marrons. Les éplucher et les faire cuire dans de l'eau bouillante jusqu'à ce qu'une aiguille piquée au cœur du fruit entre sans difficulté.
Préparer un sirop de sucre à la nappe (36) avec 500 g de sucre et 50 cl d'eau. Le laisser refroidir. Y mettre les marrons et attendre 24 h.
Retirer les marrons. Chauffer le sirop au bain-marie très doucement ; porter le sirop au petit filet (36). Remettre les marrons dans le sirop. Les laisser 12 h.
Retirer les marrons, les égoutter et porter le sirop au petit boulé, puis au grand boulé (36). Passer les marrons dans le sirop plusieurs fois. Disposer les marrons dans un panier de fil de fer ou sur une claie. Les laisser égoutter. Sécher à l'air sec d'abord, puis 12 h environ à l'étuve.

898. Cerises confites
(5 jours à l'avance)
Préparation : 30 min – Cuisson : 40 min

Enlever la queue et le noyau d'1 kg de cerises aigres.
Préparer avec les proportions indiquées formule 894 un sirop. Le laisser cuire au grand boulé (36).
Y jeter les fruits. Laisser cuire quelques bouillons. Retirer du feu, laisser les fruits dedans jusqu'au lendemain.
Égoutter les cerises. Refaire chauffer le sirop au grand boulé (36). Y mettre les cerises et laisser bouillir pendant 6 à 8 s. Retirer du feu. Laisser les cerises dans le sirop.
Recommencer ainsi 3 ou 4 jours de suite.
Égoutter les fruits. Les faire sécher sur un tamis, dans un endroit aéré et sec.

899. Écorces d'oranges confites
(5 jours à l'avance)
Préparation : 30 min – Cuisson : 40 min

Laver les écorces de 6 oranges. Les faire macérer pendant 3 jours dans de l'eau froide.
Dans une casserole, couvrir les écorces d'eau fraîche, ajouter 500 g de sucre en poudre. Cuire à feu très doux jusqu'à réduction complète du sirop en se conformant à la recette 894.
Les écorces sont devenues translucides. Sécher à l'air, sur une grille. Puis conserver au sec.

Post-Scriptum

Quelqu'un a écrit : « Il faut mettre de la vie dans l'art ». Quoi de plus naturel que de penser qu'il existe un art culinaire, et que celui-ci a besoin d'évoluer. La pâtisserie, comme la mode, suit le cours du temps. *Je sais faire la pâtisserie* est un livre de recettes de base : on s'y réfère volontiers pour faire des préparations traditionnelles.

Mais avec le temps les goûts se modifient. Les grands chefs l'ont bien senti ; ils ont su faire réapparaître des recettes anciennes, améliorer dans la conception ce qui devenait un peu monotone. L'impulsion donnée, on aime préparer chez soi ce que l'on a apprécié au restaurant. Finalement on a envie d'être inventif et de bien faire la pâtisserie. C'est pour aider lecteurs et lectrices à réaliser ce projet que nous avons voulu apporter conseils et suggestions qui se trouveront tout à fait adaptés à ce début de XXIe siècle.

Les coulis

Le coulis est une sauce à base de fruits et de sucre (sucre glace ou en morceaux ou encore confisuc ou sol), destinée à accompagner un entremets, un pudding, du fromage blanc ou une glace. Il convient d'utiliser toujours des fruits frais, ceux-ci gardent tout leur parfum.

Le coulis peut se préparer à froid ou à chaud.

Les ananas, fraises, framboises, mangue, melon, papaye, kiwis, pêches, poires seront préparés à froid. Les autres fruits donneront un meilleur résultat si le coulis est fait à chaud.

Remarque. – On peut, si l'on veut, incorporer au coulis une cuillère de liqueur ou demi-cuillère d'alcool dont le parfum s'harmonisera obligatoirement avec les fruits employés.

900. Coulis à froid
(1 ou 2 h à l'avance)
Préparation : 5 min

500 g de fruits
200 g de sucre glace
1 c. à c. de jus de citron

Laver les fruits choisis. Peler ceux qui ont une peau. Enlever et jeter noyaux et pépins (sauf pour framboises et mûres). Couper grossièrement les fruits.

Mettre dans le bol du mixeur les morceaux de fruits, le sucre et le jus de citron. Mixer pendant 2 à 3 min. Verser la préparation dans une boîte en plastique, fermer hermétiquement et mettre au frais. Attendre 1 à 2 h avant de déguster.

901. Coulis à chaud
(1 ou 2 h à l'avance)
Préparation : 12 min – Cuisson : 12 min

500 g de fruits
250 g de sucre en poudre
1 c. à c. de jus de citron
500 g de fruits

Mettre dans une casserole le sucre, 25 cl d'eau et le jus de citron ; faire fondre à chaud puis bouillir pendant 5 à 6 min jusqu'à formation d'un sirop présentant à la surface des petites perles.

Verser dans ce sirop les fruits pelés et dénoyautés écrasés au mixeur et cuire doucement pendant 5 min.

Laisser refroidir et réserver au frais dans une boîte en plastique bien fermée pendant 1 à 2 h avant de déguster.

Les sorbets

Le mot sorbet vient de l'italien *sorbettu*, lui-même tenant du mot turc *chorbet* signifiant boisson.

Le sorbet est une glace sans crème préparée avec des fruits, du sucre, de l'eau et (ou) de l'alcool.

Glace légère que l'on peut aromatiser à l'infini et qui est servie, en général, en fin de repas, mais que l'on peut proposer aussi, au milieu d'un repas un peu copieux, pour faire « une pause ».

On fait des sorbets avec des fruits, mais aussi avec des herbes (citronnelle, estragon), avec du vin (vin blanc, porto) ou de l'alcool (calvados, kirsch).

On trouvera dans *Je sais cuisiner* une dizaine de recettes de sorbets. En voici quelques autres (voir également p. 308).

902. Sorbet aux abricots
Préparation : 10 min – Cuisson : 5 min

1 kg d'abricots très mûrs
400 g de sucre en poudre (confisuc)
1 orange
1 citron vert
1 citron

Dénoyauter les abricots. Les mettre dans une casserole avec 30 cl d'eau, le sucre, les jus d'orange, de citron vert et de citron. Porter à ébullition et laisser cuire 5 min. Passer au mixeur, puis à travers une passoire. Laisser refroidir. Mettre en sorbetière le temps nécessaire pour que la purée prenne corps. Tenir au froid jusqu'au moment de servir.

903. Sorbet à l'ananas
Préparation : 20 min – Cuisson : 5 min

1 kg d'ananas
2 citrons
250 g de sucre en poudre

Éplucher l'ananas en enlevant l'écorce et la partie dure du cœur. Couper l'ananas en morceaux et réduire en purée au mixeur.
Exprimer le jus des citrons.
Faire fondre le sucre dans 40 cl d'eau additionnée du jus des citrons. Porter à ébullition et laisser frémir 2 ou 3 min. Incorporer la purée d'ananas. Bien mélanger. Laisser refroidir. Mettre à tourner en sorbetière jusqu'à épaississement. Tenir au froid, entouré de glace, jusqu'au moment de servir.

904. Sorbet à la fraise
Préparation : 15 min – Cuisson : 5 min

1 kg de fraises mûres
1 orange
1 citron
300 g de sucre en poudre

Laver et équeuter les fraises. Exprimer le jus de l'orange et du citron. Les mettre dans une casserole avec 20 cl d'eau, le sucre et les fraises.
Faire chauffer rapidement. Donner un bouillon pendant 3 min. Verser le tout dans le mixeur. Quand la purée est obtenue, laisser refroidir. Puis mettre dans la sorbetière et tourner jusqu'à épaississement. Tenir au froid, avant de servir.

905. Sorbet aux fruits rouges
Préparation : 20 min – Cuisson : 5 min

250 g de fraises
250 g de framboises
250 g de groseilles rouges
250 g de cassis
1 orange
350 g de sucre en poudre

Équeuter fraises et framboises. Égrener groseilles et cassis. Exprimer le jus de l'orange. Mettre dans une casserole 15 cl d'eau, le sucre et le jus d'orange. Faire bouillir le sirop. Y ajouter les fruits et les maintenir 3 min en ébullition. Passer au mixeur. Laisser refroidir. Puis mettre à tourner en sorbetière jusqu'à épaississement. Tenir au froid, en attendant de servir.

906. Sorbet aux fruits de la passion
Préparation : 30 min – Cuisson : 5 min

1 kg de fruits de la passion
1 orange
250 g de sucre en poudre

Les fruits de la passion doivent être fripés. Les ouvrir et recueillir la pulpe de chaque fruit avec une petite cuillère en inox. Exprimer le jus de l'orange. Le mettre dans une casserole avec 30 cl d'eau et le sucre. Porter à ébullition, y jeter la pulpe des fruits. Maintenir la cuisson pendant 3 min. Passer au mixeur. Laisser refroidir puis mettre à tourner en sorbetière jusqu'à épaississement. Tenir au froid en attendant le moment de servir.

907. Sorbet à l'orange
Préparation : 25 min – Cuisson : 5 min

1 orange non traitée
1,5 kg d'oranges
1 citron
300 g de sucre en poudre

Laver l'orange non traitée. Prélever le zeste et le hacher en filaments très fins. Réserver. Presser le jus du citron et des oranges. Filtrer. Verser le tout dans une casserole, avec le sucre et 30 cl d'eau. Porter à ébullition pendant 3 min, incorporer le zeste d'orange. Laisser refroidir. Mettre à tourner en sorbetière jusqu'à épaississement et tenir au froid jusqu'au moment de servir.

908. Sorbet à la pêche
Préparation : 25 min

1,2 kg de pêches blanches
2 citrons
250 g de sucre en poudre

Ébouillanter les pêches pour les éplucher sans peine. Enlever les noyaux. Dans le mixeur, mettre les pêches en morceaux, le jus des citrons et le sucre. Lorsque le tout est bien mixé, le mettre en sorbetière et tourner jusqu'à épaississement. Maintenir au froid jusqu'au moment de servir.

909. Sorbet au calvados
Préparation : 8 min

1 citron	
250 g de sucre en poudre	
30 cl de calvados	

Exprimer le jus du citron. Le mettre dans une casserole avec le sucre, 35 cl d'eau et le calvados. Porter à ébullition. Le sucre doit être fondu. Laisser refroidir. Puis mettre à tourner en sorbetière jusqu'à prise complète. Tenir au froid jusqu'au moment de servir.

910. Sorbet au kirsch
Préparation : 8 à 10 min

2 citrons	
250 g de sucre en poudre	
10 cl de guignolet	
30 cl de kirsch	

Exprimer le jus des citrons. Le mettre dans une casserole avec 35 cl d'eau, le sucre et le guignolet. Porter à ébullition. Ajouter le kirsch. Laisser refroidir. Mettre à tourner en sorbetière jusqu'à épaississement. Tenir au froid avant de servir.

911. Sorbet au whisky
Préparation : 8 min

1 citron	
250 g de sucre en poudre	
30 cl de whisky	

Procéder selon la formule 910.

Le granité

Le granité est une glace qui a pour base un sirop peu riche en sucre, qui se tourne à la main, au fur et à mesure qu'il se prend en paillettes sous l'action du froid (dans le freezer ou dans le congélateur).

L'intérêt du granité c'est qu'il ne nécessite pas de matériel (à part la source de froid), qu'il contient peu de sucre et représente un élément de milieu de repas lors de repas de fête, très apprécié pendant les périodes caniculaires.

912. Granité au café
Préparation : 10 min

1 litre de café fort
250 g de sucre en poudre
12 grains de café
ou 12 grains de café en sucre

Préparer un café fort, très aromatique. Choisir un mélange d'arabica (2/3) et de robusta (1/3). Mettre le sucre dans le café tandis qu'il est encore chaud. Mélanger et laisser refroidir. Verser le liquide dans un moule assez haut de bords. Placer ce moule dans le freezer du réfrigérateur ou dans le congélateur. Toutes les 30 min, agiter le mélange, de façon à détacher de la paroi du moule les paillettes qui s'y sont fixées. Le granité au café est prêt lorsque tout le liquide est transformé en paillettes. Se sert dans des verres ou des coupes individuelles. Décorer de grains de café.
Temps de congélation : 3 h au congélateur, 4 h au freezer.

913. Granité à la vodka
Préparation : 10 min

1 citron
40 cl de vodka
250 g de sucre en poudre

Exprimer le jus du citron. Battre quelques instants au batteur vodka, 15 cl d'eau, sucre et jus de citron. Verser le mélange dans un moule que l'on place, au choix, dans le congélateur ou dans le freezer. Procéder comme pour le granité au café (912). Compter 3 h 30 au congélateur ou 4 h 30 au freezer.

Les desserts aux fruits

914. Soufflé au citron
(recette de Claude Monteil)
Préparation : 40 min – Cuisson : 25 min

Pour la crème pâtissière
75 cl de litre de lait
1/2 gousse de vanille
6 jaunes d'œufs
40 g de farine
40 g de fécule de pomme de terre

Préparer d'abord la crème pâtissière (23) en utilisant les quantités indiquées ci-contre. Faire épaissir à feu moyen en tournant avec une spatule en bois. Retirer du feu à la première ébullition. Réserver.
Râper les zestes des citrons lavés. Exprimer le jus

et mettre le tout dans une sauteuse avec le sucre. Porter à ébullition puis verser délicatement sur les jaunes mis dans une terrine. Mélanger. Mettre au réfrigérateur, en attendant l'emploi.

Incorporer à la crème pâtissière des pistaches coupées en morceaux, 50 g de sauce acidulée, quelques gouttes de kirsch et la poudre d'amandes. Réchauffer légèrement et lier avec 2 jaunes d'œufs, hors du feu.

Beurrer un moule à soufflé.

Monter les blancs en neige très ferme, ajouter à ceux-ci un filet de jus de citron et mélanger délicatement à la crème pâtissière. Verser la préparation à mi-hauteur dans le moule. Mettre à four moyen et laisser monter le soufflé de 10 à 15 min.

Au moment de servir dès la sortie du four, ménager, dans l'appareil cuit, une petite cuvette et verser le reste de crème acidulée très froide. Servir aussitôt.

Pour la crème acidulée :
6 citrons non traités
80 g de sucre en poudre
4 jaunes d'œufs

Complément :
Pistaches mondées
50 g de poudre d'amandes
Kirsch
2 jaunes d'œufs
4 blancs d'œufs

915. Mousse de framboises
Préparation : 20 min

400 g de framboises
250 g de fromage blanc à 0 %
3 blancs d'œufs
75 g de sucre en poudre
Vanille en poudre

Réserver 50 g de framboises pour la décoration. Réduire les autres en purée dans le mixeur. Passer le jus dans une passoire fine ou un tamis pour retenir les pépins. Mixer le fromage blanc avec le jus de framboises.

Mettre les blancs dans une terrine au bain-marie. Battre au fouet en ajoutant le sucre et une pincée de vanille, afin d'obtenir une mousse ferme et brillante. Incorporer cette meringue légère à la purée parfumée à la framboise en mélangeant délicatement. Répartir dans des coupes individuelles, décorer de framboises entières et tenir au froid jusqu'au moment de servir.

916. Gratin de fruits rouges
Préparation : 30 min – Cuisson : 10 min

500 g de fraises
300 g de framboises
250 g de groseilles rouges
4 jaunes d'œufs
80 g de sucre en poudre
10 cl de lait
Eau-de-vie de framboise

Laver rapidement les fruits. Les équeuter. Couper les fraises en petits morceaux. Disposer les fruits dans un plat à gratin.
Préparer la crème : mettre les jaunes d'œufs dans une petite casserole chauffée à feu doux ; mélanger avec le sucre à l'aide d'un fouet pendant que le lait est porté, à part, à ébullition. Ajouter le lait progressivement dans la casserole en fouettant toujours pour obtenir une crème mousseuse. Glisser le plat à gratin dans le four moyen pendant 5 min puis sortir le plat du four et napper de crème. Arroser de quelques gouttes d'eau-de-vie de framboise et faire gratiner à four chaud pendant 5 à 6 min. Servir aussitôt.

Remarque. – On peut déposer sur le gratin, au dernier moment, 6 boules de glace à la vanille.

917. Mousse à l'orange
Préparation : 40 min – Cuisson : 10 min

10 oranges moyennes
1 citron
125 g de sucre en poudre
30 g de Maïzena
3 œufs
1 c. à s. de Cointreau
Pour le décor : 2 kiwis

Exprimer le jus de 4 oranges ; procéder de même pour le citron. Filtrer le jus au tamis ou à l'aide d'une passoire fine. Réserver.
Dans une terrine, mettre le sucre et la Maïzena. Incorporer les jaunes d'œufs au mélange, puis le jus des fruits. Verser dans une casserole et faire épaissir à feu doux en tournant avec une spatule en bois. Hors du feu, ajouter le Cointreau. Battre les blancs en neige très ferme et y verser délicatement la crème à l'orange. Mélanger avec soin.
Préparer les 6 oranges qui serviront de récipients. Commencer par les rouler avec la main sur une table de façon à attendrir la pulpe. Laver les oranges, les essuyer et avec un couteau qui coupe bien, découper le sommet de chaque fruit. Avec une petite cuillère, évider les écorces et recueillir la pulpe (qui pourra servir pour une salade de fruits). Remplir chaque orange de préparation mousseuse. Décorer

avec un filament de zeste d'orange et tenir au froid jusqu'au moment de servir.

Éplucher les kiwis. Les couper en rondelles et les disposer sur le plat de service autour des oranges.

918. Compote de pêches à la normande

Préparation : 10 min – Cuisson : 30 min

- 1 kg de pêches blanches
- 200 g de fraises
- 100 g de sucre en poudre
- 30 cl de jus de pomme

Ébouillanter rapidement les pêches pour les peler facilement. Les ouvrir, les dénoyauter et les couper en morceaux. Dans une casserole à fond épais, mettre les pêches, les fraises lavées et équeutées, le sucre et le jus de pomme. Couvrir et cuire à feu doux jusqu'au moment où les fruits sont moelleux. Verser dans un saladier, tenir au froid jusqu'au moment de servir.

919. Mousse de poires au coulis de cassis

(1 ou 2 h à l'avance)

Préparation : 20 min – Cuisson : 30 min

- 800 g de poires (william de préférence)
- 1 citron
- 2 sachets de sucre vanillé
- 3 blancs d'œufs
- 50 g de sucre en poudre

Pour le coulis :
- 250 g de cassis en grains
- 50 g de sucre en poudre

Préparer le coulis avec le cassis, 20 cl d'eau et le sucre, selon la formule 901.

Peler les poires et les couper en tranches. Les mettre dans une casserole avec le jus du citron et 10 cl d'eau. Couvrir et faire cuire pendant 20 min à feu doux. Ajouter le sucre vanillé. Laisser refroidir. Mixer pour obtenir une purée lisse.

Placer les blancs d'œufs dans une terrine au bain-marie. Battre au fouet en ajoutant le sucre pour obtenir une mousse meringuée ferme et brillante. Incorporer délicatement la purée de poires à la mousse. Tenir au froid.

Servir froid la mousse de poires nappée de coulis dans des coupes individuelles. Ou encore, si la coupe est transparente, alterner les couches de mousse de poires et les couches de coulis.

920. Crêpes en aumônières

(quelques heures à l'avance)
Préparation : 25 min – Cuisson : 1 h

Pâte à crêpes
600 g de pommes de reinette
40 g de beurre
50 g de sucre en poudre

Préparer une pâte à crêpes selon la recette 512. Cuire les crêpes dans une poêle à revêtement anti-adhésif, de façon à ne pas utiliser de matière grasse.

Au fur et à mesure qu'elles sont cuites, les empiler sur une assiette et les couvrir afin qu'elles restent molles.

Préparer la compote de pommes : éplucher les reinettes, enlever le cœur et les pépins. Couper en tranches fines. Faire chauffer le beurre dans une casserole, y faire sauter et cuire les tranches de pommes, jusqu'à ce qu'elles soient dorées et sèches. Réduire en purée à l'aide d'une fourchette. Ajouter le sucre.

Préparer les aumônières : sur chaque crêpe, poser 1 c. à s. de compote de pommes. Fermer la crêpe comme une aumônière en serrant la pâte avec un ruban de papier aluminium.

Placer les aumônières sur une tôle allant au four.

Au moment de servir, réchauffer les aumônières à four tiède pendant 10 min. Enlever le papier aluminium et le remplacer par un ruban de bolduc. Servir aussitôt.

Les entremets

921. Crème brûlée à la vanille

(3 ou 4 h à l'avance)
Préparation : 20 min – Cuisson : 45 min environ

50 cl de lait
50 cl de crème fleurette
2 gousses de vanille
100 g de sucre en poudre
8 jaunes d'œufs
100 g de cassonade

Mélanger le lait et la crème fleurette. Ajouter les gousses de vanille fendues par le milieu avec la moitié du sucre. Faire bouillir et laisser refroidir.

Dans une terrine, bien mélanger les jaunes avec le reste du sucre. Verser sur cette préparation le lait (sans les gousses de vanille). Verser la crème obtenue dans un plat en verre culinaire et le glisser dans le four préchauffé. La cuisson doit être douce et lente. Lorsque la crème est prise, la laisser refroidir à température ambiante, puis la mettre au réfrigérateur pendant 3 ou 4 h.

Au moment de servir, saupoudrer de cassonade et passer le plat sous le gril très chaud de façon à caraméliser la cassonade. Servir aussitôt.

922. Crème brûlée aux fruits (allégée)

Préparation : 20 min – Cuisson : 15 min

40 cl de lait écrémé
6 jaunes d'œufs
60 g de sucre en poudre
50 g de crème allégée
450 g de framboises
Cassonade

Faire chauffer le lait. Mélanger les jaunes d'œufs avec le sucre dans une terrine et y incorporer le lait chaud en tournant. Faire épaissir à feu doux comme pour une crème anglaise. Retirer du feu et, quand le mélange est tiède, ajouter la crème allégée. Répartir les framboises dans des ramequins individuels. Les remplir de crème. Saupoudrer de cassonade. Juste avant de servir, rougir à feu vif une brochette et l'approcher le plus près possible de la surface de chaque ramequin pour caraméliser la cassonade. Servir aussitôt.

Les gâteaux

923. Biscuit de Savoie aux fraises

(5 ou 6 h à l'avance)
Préparation : 45 min – Cuisson : 30 min

Pour le biscuit :
3 gros œufs (65 g pièce)
150 g de sucre en poudre
45 g de fécule de pomme de terre
30 g de farine tamisée
Pour la garniture :
700 g de fraises
50 g de sucre en poudre
2 oranges
200 g de fromage blanc à 0 %
10 cl de crème allégée

Faire avec les quantités indiquées un biscuit de Savoie (110). Verser la pâte dans un moule à manqué (24 cm) beurré et fariné. Faire cuire à four moyen pendant 30 min environ. Démouler et laisser refroidir.

Préparer la garniture : prélever 550 g de fraises. Les laver, les équeuter, les couper en quartiers et les mettre dans un saladier. Recouvrir avec le sucre en poudre et le jus des oranges. Laisser macérer pendant 1 h, au froid.

Battre le fromage blanc avec la crème allégée et le sucre vanillé.

2 sachets de sucre vanillé
Gelée de groseille

Le biscuit étant bien froid, le couper en 2 rondelles identiques. Déposer la partie inférieure du biscuit sur le plat de service. Égoutter les fraises et utiliser la moitié du jus de macération pour humecter le biscuit. Y mettre les fraises, étaler par-dessus la préparation au fromage blanc. Humecter la deuxième partie du biscuit avec le reste du jus, en recouvrir le gâteau. Ceinturer l'ensemble avec du papier aluminium plié en quatre ou six pour qu'il soit fermé. Lier avec du bolduc. Glisser le plat au réfrigérateur et l'y laisser 3 ou 4 h.

Au moment de servir, disposer en surface le reste des fraises coupées en tranches régulières de façon à faire un joli décor. Napper de gelée de groseille légèrement chauffée pour la liquéfier. Retirer la bande d'aluminium au moment de présenter.

924. Biscuit aux oranges
Préparation : 25 min – Cuisson : 30 min

2 œufs
100 g de sucre en poudre
1 sachet de sucre vanillé
1 grosse orange non traitée
75 g de farine
50 g de Maïzena
1/2 sachet de levure chimique

Dans une terrine, travailler à la spatule les jaunes d'œufs avec le sucre et le sucre vanillé. Laver l'orange. Râper la moitié de son zeste et l'ajouter à la préparation ainsi que le jus.

Battre les blancs en neige très ferme. Les incorporer au contenu de la terrine. Tamiser au-dessus de la préparation la farine, la Maïzena et la levure.

Mélanger délicatement pour ne pas écraser les blancs.

Beurrer et fariner un moule à manqué. Y verser la pâte et faire cuire à four moyen pendant 30 min au moins.

Laisser refroidir à moitié avant de démouler.

Remarque. – Pour être sûr que la pâte ne colle pas au fond du moule, disposer sur celui-ci une rondelle de papier sulfurisé.

Table alphabétique des recettes

A

	Formules
Abricots à l'anglaise	519
– au miel	530
– Chantilly	403
– Colbert	531
– Condé	532
– confits	896
– meringués	529
– secs en compote	521
– viennoise	368
Allumettes	274
– au fromage	277
– au gruyère	107
– glacées	249
Amandes au chocolat	877
– salées	541
– vertes	889
Ambroisie	823
Ananas	258
– au kirsch	548
– Chantilly	557
– des îles	549
Anneaux de Saturne	480
Arlésiennes ou Sacristains	275
Artichauts	256
Aspic de pommes	701
Avelinettes	261

B

	Formules
Baba	174
– au kirsch	179
– aux raisins	175
– économique	180
– lorrain au rhum	181
– rapide	177
Balancés	400
Bananes à la crème	560
– au four	561
– au rhum	562
– Chantilly	564
– en omelette	567
– flambantes	563
– soufflées	559
Bâtons aux amandes	66
– salés	105
Bâtonnets salés	102
Beignets alsaciens ou Dampfnoudeln	489
– à l'ananas	471
– à la banane	472
– à la confiture	485
– au riz	476
– aux abricots	526
– aux cerises, pêches, abricots, prunes	470
– aux fleurs d'acacia	477
– aux fraises	469
– aux fruits	466
– aux pommes	467
– aux pruneaux	724

- belges 484
- de banane 473
- de bouillie 474
- en couronnes 482
- de dattes 590
- de pommes de terre ... 475
- d'oranges 468
- secs 483
- soufflés 491

Benjamins 285
Berlingots 840
- à la menthe 841

Beurres 299
- à la moutarde 304
- d'anchois 300
- de corail 301
- de crevettes 302
- d'estragon 303
- de sardines 305

Biarritz 52
Biscuits à la cuillère 61
- au chocolat 139
- aux oranges ...... 116 et 924
- aux raisins 129
- de dames 124
- de Savoie .... 110 et 111
- de Savoie aux fraises ... 923
- flamand 140
- manqué 118
- roulé 195
- roulé à la confiture ... 196
- roulé, crème au beurre .. 197

Blanchiment des fruits ... 893
Blanc-manger 540
Blitzkouchen 64
Boisson rafraîchissante ... 807
Bonbons fondants (moulage) .. 851
Boules de Berlin 492
- aux marrons 619
- de neige 83
Boulettes de semoule ... 495

Bourdelots normands
(ou pommes en pâte) 700
Brésiliens 286
Brioche 165
- à la minute 169
- du pauvre 166
- norvégienne 167
- parisienne instantanée . 170
- rapide 168

Bûche au chocolat 199
- de Noël .... 198 et 625
Bugnes lyonnaises 488

C

Formules

Cacao 828
Café à la turque 830
- au lait 831
- glacé .... 758 et 776
- liégeois 783

Cake 162
- au rhum 163
- fin 164

Canougats au café 869
- au chocolat 868

Caramels au chocolat ... 860
- durs à la crème 866
- durs au café 864
- durs au chocolat 862
- mous à la crème 865
- mous au café 863
- mous au chocolat 861

Carottes en entremets ... 568
Cerises à l'anglaise 569
- au caramel 858
- au kirsch 856
- confites 898
- confites fourrées 888

Cerisettes 257

Table alphabétique des recettes

Charlotte aux abricots 528
– aux quetsches 714
– portugaise 115
Chaussons à la confiture 247
– à la marmelade de pommes 246
– aux pommes 245
Chocolat à l'eau 826
– au lait 827
– aux amandes 546
– de couverture 326
– et café 152
– espagnol 829
– liégeois 784
Choux à la crème Chantilly 204
– à la crème pâtissière 202
– caramélisés 203
– soufflés 201
Cigarettes 44
Citronnade 806
Citronnette 822
Clafoutis 574
Coings au four 588
Compote d'abricots 520
– de bananes 558
– de coings 586
– de figues 591
– de fruits associés 589
– de melon vert 626
– de pêches à la normande 918
– de pêches au kirsch 646
– de poires 659
– de poires et de rhubarbe 668
– de pommes 675
– de pommes meringuée . 677
– de prunes 709
– de rhubarbe 732
– tous fruits 736
Congolais 55

Conversations 242
Copeaux 43
Cornets à la crème 244
Coulis à chaud 901
– à froid 900
Coupes Bourbon 749
– de fruits 741
– Jack 743
Couronne d'ananas 547
– de Berlin 74
Crème à la banane 349
– à la liqueur 18
– à l'ananas 346
– anglaise 343
– à la vanille 344
– au café 351
– au chocolat 352
– au kirsch 345
– à Saint-Honoré 21
– au beurre, au café 11
– au beurre, au chocolat ... 10
– au beurre, chocolat ou café 12
– au beurre (économique) 16
– au beurre pralinée 13
– au caramel 353
– au chocolat (garniture) . 19
– au citron ou à l'orange ... 350
– au vin blanc 386
– aux abricots secs 347
– aux citrons et au vin blanc 388
– aux oranges 358
– aux pruneaux 348
– Aveline 385
– bachique 398
– bavaroise 359
– bavaroise à la vanille 360
– bavaroise au café 361
– bavaroise au chocolat ... 362
– bavaroise aux fraises 363

- bavaroise aux fruits...... 364
- belle et bonne............... 369
- blanche......................... 357
- brûlée aux fruits............ 922
- brûlée à la vanille.......... 921
- Chantilly 8
- d'amande...................... 24
- de riz à la turque 387
- d'oranges...................... 389
- Eva 382
- frangipane............22 et 376
- frite............................... 499
- ganache......................... 9
- glacée à la pêche 775
- glacée à la vanille........... 768
- glacée aux abricots 774
- glacée au café................ 770
- glacée au chocolat 771
- glacée aux fraises 773
- glacée aux framboises .. 72
- glacée aux fruits confits 769
- Jamaïque...................... 383
- liégeoise 401
- Marie-Louise 402
- moka 15
- mousseline au rhum
  et au kirsch 14
- pâtissière....................... 23
- pâtissière à fourrer......... 17
- péruvienne 354
- Pompadour.................... 748
- prise aux amandes........ 545
- prise en pots................. 366
- renversée 367
- Saint-Honoré................. 20
- suisse............................ 406
- vénitienne 356
- Zabaglione 399

Crémets 746
Crêpes américaines............... 517
— au maïs........................ 518
— aux raisins 730
— en aumônières............ 920
— flambées à la crème.... 516
— fourrées à la confiture ... 513
— fourrées à la crème
  (ou pannequets)........... 514
— légères 512
— Suzette 515

Croissants aux amandes 59
Croquantes............................. 42
— fourrées........................ 272

Croquets alsaciens................. 70
— à l'anis 65
— de Carcassonne 80
— norvégiens................... 72

Croquettes de riz 493
— de semoule 494
— orangines 273

Croquignoles 271
Croûtes à la Maïzena............. 463
— au madère 742
— aux cerises 576
— aux pêches 652
— Chantilly 750
— frites............................. 500

Cup à l'ananas 821

D

Formules

Dame-Blanche........................ 407
Dampfnoudeln
(ou beignets alsaciens)....... 489
Dartois 253
Dattes farcies......................... 886
Délice d'oranges 121
Délicieux 381
— à l'ananas 291
— aux fruits confits......... 132
— aux marrons................. 616

Table alphabétique des recettes

Demi-saison	380
Dollars	50

E

Formules

Eau d'ananas	804
– de cerises	802
– de groseilles	801
Éclairs	206
– à la frangipane	209
– au café	208
– au chocolat	207
Écorces d'oranges confites	899
– d'oranges confites au chocolat	878
Espérances	287
Essence de café	835
Eudoxies	290
Eugénie	259

F

Formules

Far breton	721
Financiers	46
Flan à l'ananas	378
– à la neige	371
– à la parisienne	377
– à l'orange	379
– au potiron	708
– aux biscuits	370
– aux fruits	372
– aux raisins	731
– campagnard	373
– de riz	374
Fleur d'orange	642
Fleurs de thé	833
Fondant	6 et 850
– au café	7
Fondants à l'orange	855
– au café	852
– au chocolat	853
– au citron	854
– au parmesan	108
Fouetté au chocolat	404
Fours au café	255 et 289
– au chocolat	288
Fraises à la crème	592
– au vin	593
– Melba	787
Frangipane aux fraises	375
Fromage à la crème au chocolat	745
– à la crème surfin	744
– blanc aux framboises	603
Fruits (blanchiment des)	893
– rafraîchis au naturel	737
– rafraîchis au sirop	738

G

Formules

Galette au chocolat	154
– grillée à la confiture	143
Galettes à la mandarine	95
– au fromage	278
– au vin blanc	71
– des Rois	248
– nantaises	94
– salées	104 et 106
Garniture des sandwiches	298
Gâteau à la crème cuite	51
– à la noix de coco	54
– à l'orange	134
– au chocolat	156
– au chocolat et aux amandes	147
– au chocolat et fruits confits	155
– au chocolat noir	161

- auvergnat 120
- aux amandes 538
- briançonnais 119
- chartrain 440
- Colette 122
- de bananes 144
- de cerises 570
- de marrons 620
- de Milan ...... 87, 88, 89 et 90
- de riz 430
- de sable 91
- de Savoie 112
- de Savoie fourré
  à la confiture 113
- des princes 142
- d'oranges 141
- Electra 146
- Esmeralda 459
- fourré norvégien 135
- Germaine 123
- lorrain 130
- marbré 138
- moscovite 153
- mousseline 125
- nancéen 131
- noisette 133
- pain aux cerises 571
- pain aux fraises 600
- petit-duc 136
- secs (économique) 47
- solognot 458
- vénitien 145

Gaufres bordelaises 186
- fines 187
- hollandaises 185

Génoise 193
- au kirsch 194

Glace à l'abricot et à la crème ... 765
- à l'ananas 767
- à la pêche et à la crème . 766
- à la vanille 752
- à la vanille fine 753
- à la vanille et au kirsch .. 754
- à l'eau 1
- au café 756
- au caramel 759
- au chocolat 755
- au chocolat (garniture) 4 et 5
- au kirsch (garniture) 3
- aux fraises à la crème ... 763
- aux framboises et
  à la crème 764
- aux fruits 762
- aux noisettes 761
- fine au café 757
- plombières 788
- pralinée 760
- royale 2

Glaçure blanche 2
Granit aux fraises 594
- aux framboises 602
Granité à la vodka 913
- au café 912
Gratin de fruits rouges 916
Grog 816
Groseilles à la neige 607
- au sucre 606
- cardinal 608

H

Formules
Hélénettes 53

I

Formules
Ice cream soda 798
Île flottante 408
Irmanettes 279

Table alphabétique des recettes

J

Formules

- Jalousies 250
- Jus de fruits nature 799
  - de tomates 800

K

Formules

- Kouglof 172
  - fin 173
- Krapfen 490

L

Formules

- Langues-de-chat 41
  - à la crème 40
  - aux noisettes 39
- Limonade à la fraise 815
- Linzertarte 224

M

Formules

- Macarons à la crème (entremets) 384
  - à la crème (gâteaux) 57
  - à la neige 409
- Madeleines 45
- Mandarines en marmelade 610
- Mandelkritzler 69
- Marmelade d'oranges 629
- Marquise 824
  - au chocolat 405
- Marrons (préparation des) 612
  - déguisés 859
  - glacés 897
- Marronnette 615
- Martiniquais 294
- Massepains 260
- Melon au porto 628
  - surprise 627
- Meringue à l'italienne 266
  - italienne 794
- Meringues ..... 214, 215 et 216
  - au café 268
  - au chocolat 267
  - aux amandes 269
- Merveilles 479
- Michettes 263
- Mille-Feuilles 251
- Mirlitons 241
- Miroirs 270
- Moelleux 148
- Moka aux amandes 114
- Mont-Blanc 614
- Moulage des bonbons fondants 851
- Mousse à la confiture 395
  - à la crème Chantilly 393
  - à l'orange ..... 397 et 917
  - au café 391
  - au chocolat 390
  - au citron 396
  - aux fraises 392
  - de framboises 915
  - aux fruits confits 394
  - de poires au coulis de cassis 919
  - glacée à l'ananas 778
  - glacée à la mandarine 779
  - glacée à l'orange 780
  - glacée aux abricots 782
  - glacée aux fraises 777
  - glacée aux pêches 781

N

	Formules
Napolitains	262
Nègre	158
Nid aux marrons	623
– d'hirondelles	624
Nogalines au café	870
Noisettes au chocolat	879
Noix fourrées	887
Nougat au miel	845
– au sucre	842

O

	Formules
Œufs à la neige	355
– au lait	365
– surprise	533
Omelette à la farine d'avoine	510
– alsacienne	503
– au rhum	501
– au sucre	506
– aux abricots	508
– aux cerises	504
– aux confitures	502
– aux pêches	509
– normande	505
– soufflée	507
Orangeade	805
Oranges à la liqueur	631
– à l'andalouse	643
– surprise	630
– tahitiennes	632
Oreilles d'ours	481
Orgeat	803

P

	Formules
Pailles au fromage	109
Pain au lait	171
– d'amandes	77 et 539
– d'anis	68
– d'épice	188
– d'épice à l'orange	190
– d'épice Claudine	192
– d'épice de ménage	191
– de framboises	601
– de Gênes	126
– de Gênes à l'orange	127 et 128
– de marrons à l'abricot	621
– de mie	296
– de riz aux oranges	431
– de Wiesbaden	79
– doré au rhum	497
– perdu	496
Palets de dame	49
– salés	103
Palmiers	243
Pannequets (ou crêpes fourrées à la crème)	514
Papillons	276
Paris-Brest	211
Pastilles à la menthe	846
– à l'orange	848
– au citron	849
– aux framboises	847
Pâte à choux	200
– à crêpes	465 et 511
– à frire	464
– à gaufres	183
– brisée	218
– d'abricots	882
– d'amande	254 et 536
– d'amande pour farcir	885
– de coings	880

Table alphabétique des recettes

- de fruits 341
- de groseilles, de framboises ou de cassis 884
- demi-feuilletée 222
- de pommes 881
- de prunes 883
- feuilletée 221
- sablée 219
- sucrée 220

Pavé au chocolat 159
Pêches à la crème 654
   – Chantilly 656
   – Colbert 653
   – Colombine 655
   – Condé 657
   – flambées au kirsch 647
   – Melba 786
   – meringuées 648
   – pochées 645
Petits beurres 81
Petites bouchées 283
Petits chaussons frits 486
   – fours à l'ananas 282
   – fours au rhum 295
   – fours aux amandes 60
   – fours aux marrons 281
   – fours aux raisins 84
   – fours duchesse 100
   – fours glacés 284
   – gâteaux au maïs 67
   – gâteaux en moules 73
   – gâteaux fondants 75
Petites gaufrettes 184
Petits macarons 56
   – pains à l'orange 265
   – pains aux amandes 78
   – pains d'épice ronds 189
   – pains soufflés aux amandes 82
   – pots corinthiens 751

Pithiviers 252
Plum-Pudding anglais 452
Poires à la crème 663
   – à l'italienne 670
   – au vin rouge 661
   – aux fruits confits 673
   – Belle-Hélène 669
   – Chantilly 664
   – confites 895
   – flambantes 662
   – impératrice 671
   – Melba 672
   – sur compote de pommes 667
   – tapées au four 660
Polkas 212
Pommes à la Bourdaloue 705
   – à la normande 684
   – à la piémontaise 704
   – au beurre 685
   – aux amandes 682
   – châtelaine 679
   – Colbert 703
   – Condé 702
   – de terre 76
   – en bougies 689
   – en pâte (ou Bourdelots normands) 700
   – Eva 693
   – farcies aux fruits confits 686
   – flambantes 688
   – hérissons 680
   – meringuées 681
   – sautées à la cannelle ... 687
   – tapées 683
Pompadour 293
Pont-Neufs 213
Potiron en entremets 706
Préparation du pain de mie ... 297
Princesses 217

Proportions pour le sirop
de sucre 35
Pruneaux................................... 716
    – à la crème...................... 719
    – à l'orange....................... 891
    – au thé 717
    – au vin............................. 718
    – Colbert 723
    – Condé 722
    – fourrés............................ 890
Prunes Condé........................... 710
Pudding à la confiture 455
    – à la Maïzena................... 460
    – à la Maïzena et
      aux pêches 461
    – à la semoule 436
    – au chocolat .... 151 et 447
    – au citron 584
    – au moka......................... 456
    – au pain........................... 451
    – au pain et aux amandes 448
    – au pain et aux fruits 450
    – au pain et aux raisins 449
    – au tapioca...................... 438
    – au vermicelle 441
    – aux amandes et
      aux raisins 442
    – aux marrons................... 446
    – aux noisettes 443
    – aux reines-claudes......... 715
    – cavarois.......................... 457
    – de cabinet...................... 454
    – de patates 445
    – de pommes de terre...... 444
    – de riz 424
    – de riz aux pommes........ 428
    – Maïzena aux abricots ... 525
    – Maïzena et chocolat..... 462
    – royal 453
    – tapioca au caramel........ 439
Punch....................................... 817
    – à l'ananas 820
    – à l'œuf............................ 818
    – aux fraises..................... 819
Purée de pommes 676
    – de coings aux poires 587
    – sur croûtons 678

Q

Formules
Quartiers d'oranges glacés 892
Quatre-Quarts.......................... 137
    – au chocolat.................... 157

R

Formules
Raisins au fondant................... 857
    – givrés............................. 726
Rêve 150
Rhubarbe à la française 733
Riz à la hongroise 425
    – à l'ananas 433
    – à la reine 432
    – à l'impératrice 435
    – au chocolat.................... 426
    – au four 423
    – au lait............................. 422
    – au sabayon.................... 427
    – aux citrons..................... 585
    – aux macarons 434
    – en mandarines............... 429
    – smyrniote....................... 729
Rochers aux amandes 58
Roussettes............................... 478
Rubans frits.............................. 487
Ruy-Blas................................... 149

Table alphabétique des recettes

	Formules
Sabayon au lait	33
– au madère	32
– au madère ou au malvoisie	34
Sablés	86
– à la vanille	97
– à l'orange	96
– au cédrat	99
– aux amandes	93
– nantais	85
– niortais	92
– normands	101
– secs	98
Sachas	264
Sacristains (ou Arlésiennes)	275
Saint-Honoré	210
Salades	306
Salade d'oranges	644
Salambos	205
Sandwiches à la confiture	342
– à la laitue	327
– à la langue	313
– à la langouste	319
– à la macédoine	328
– à la mortadelle	312
– à l'anchois	316
– à la sardine	321
– à la tomate	329
– au brie	334
– au céleri	325
– au chester	333
– au concombre	324
– au cresson	326
– au foie gras	315
– au fromage blanc	331
– au gruyère	332
– au jambon	310
– au miel	341
– au petit-suisse	337
– au poulet	314
– au roquefort	335
– au saucisson	311
– au saumon fumé	320
– au thon	322
– aux amandes	338
– aux beurres variés	308
– aux champignons	323
– aux crevettes	318
– aux marrons	340
– aux noix ou noisettes	339
– aux œufs de poisson	317
– aux pâtés	309
– aux radis	330
– chauds	336
Sauce à l'abricot et au kirsch	29
– à la framboise	30
– à la groseille	31
– au rhum	26
– aux abricots	28
– mayonnaise	307
Saucisson au chocolat	872
Savarin	176
– à l'orange	178
– aux pêches	658
– surfin	182
Schenkelés	62
Semoule à la crème	437
Sirop au rhum ou au kirsch pour baba	25
– d'ananas	812
– d'oranges	813
– de café	814
– de cerises	810
– de coings	811
– de framboises	809
– de glaçage	871
– de groseilles	808
– de sucre	35
– pour baba	27

– pour confire des fruits... 894
Sorbet à la fraise .... 789 et 904
 – à la framboise 790
 – à l'ananas 903
 – à la mandarine 793
 – à la pêche 908
 – à l'orange .... 792 et 907
 – au calvados................... 909
 – au citron 791
 – aux abricots 902
 – aux fruits de la passion.. 906
 – aux fruits rouges 905
 – au Grand-Marnier 797
 – au kirsch .... 795 et 910
 – au rhum 796
 – au whisky 911
Soufflé à la vanille 413
 – au café........................... 414
 – au chocolat .... 410 et 411
 – au citron............. 412 et 914
 – au kummel.................... 421
 – au riz 419
 – au tapioca..................... 420
 – au vermicelle 418
 – aux fruits confits 415
 – aux macarons 416
 – aux marrons.................. 417
Soupe aux cerises.................... 577
 – dorée 498
Souvaroffs................................ 280
Sucre (cuisson) 36
 – de pommes................... 837
 – d'orge 836
 – d'orge roulé 839
 – d'orge tordu 838
 – filé pour garnitures........ 843
 – tourné............................ 844

T

Formules
Tapioca au lait d'amande 537
Tarte à la compote................... 223
 – à la confiture................. 223
 – à la confiture
    de framboises ou
    Linzertorte.................. 224
 – à la crème frangipane ... 225
 – à la rhubarbe................. 229
 – alsacienne..................... 228
 – au potiron........... 232 et 707
 – au riz 226
 – aux abricots, prunes,
    cerises......................... 227
 – aux fruits cuits 223
 – aux poires 674
 – aux pommes 230
 – aux pruneaux................ 231
Tartelettes tartelettes
 à la crème et à l'ananas 237
 – à l'ananas 236
 – à l'orange...................... 235
 – au citron 234
 – au raisin........................ 238
 – au rhum et pâte
    d'amande.................... 240
 – aux fraises, framboises,
    etc. 233
 – aux marrons.................. 239
Thé.. 832
 – à la menthe................... 834
Timbale de pommes 697
Toffees....................................... 867
Tonkinois.................................. 160
Tranches sucrées 63
Truffes au chocolat................... 873
    – au chocolat
        aux amandes 874

— aux marrons	875
— aux noisettes	876
Tuiles	37
— aux noisettes	38

V

	Formules
Valencia	117
Vermicellerie de marrons	613
Véronique	292
Vin chaud	825
Visitandines	48

Cet ouvrage a été composé
par I.G.S. Charente-Photogravure à Angoulême
Impression et reliure en France, par Pollina - N° L90741

N° d'édition : 21817
Dépôt légal : septembre 2003